Elogios ao livro
EXPERTISE COMPETITIVA

"É consenso geral o fato de que a aprendizagem fornece vantagem competitiva em uma economia terceirizada e automatizada. Mas qual seria o próximo passo essencial? Em *Expertise Competitiva*, Kelly Palmer e David Blake demonstram de maneira convincente que as empresas desempenham um papel importante em moldar o futuro da aprendizagem. Este excelente livro oferece insights práticos e baseados em evidências que podem ajudar CEOs e outros líderes empresariais a desafiarem o status quo."

— Daniel H. Pink, autor de *QUANDO* e *DRIVE*

"A oportunidade de galgar novas curvas de aprendizagem no trabalho é um valor intrínseco para uma fatia cada vez maior dos trabalhadores e algo imperativo para empresas que querem permanecer no jogo, antecipando-se a ele. *Expertise Competitiva* oferece um arcabouço para os líderes conferirem se seus funcionários e organizações estão preparados para o futuro."

— Whitney Johnson, principal pensadora da área de gestão do ranking *Thinkers50*, autora dos best-sellers *Build an A-Team* e *Disrupt Yourself*

"A ruptura em qualquer segmento da indústria é um processo, não um evento isolado. Com tantas mudanças no horizonte, Kelly e David destacam que as empresas de ponta têm que explorar a aprendizagem para permanecer no jogo."

— Clayton Christensen, Kim B. Clark Professor de Administração na Harvard Business School, autor do best-seller do *New York Times*, *O Dilema da Inovação*

"Brilhante, oportuno e significativo, este livro desvenda os segredos das teorias de aprendizagem do passado!"

— Sean Covey, presidente da FranklinCovey Education

Expertise Competitiva deixa clara a importância das habilidades no mundo corporativo. Para a maioria das empresas, saber que habilidades têm seus empregados, de que habilidades precisam, e sua agilidade em aprender novas aptidões trará uma vantagem competitiva no futuro."

— Nancy Duarte, CEO da Duarte Inc., autora do best-seller *Ressonância: Apresente Histórias Visuais que Encantem o Público*

"Em *Expertise Competitiva*, Kelly Palmer e David Blake tentam demonstrar por que já está passando da hora das empresas tornarem a aprendizagem parte essencial de sua estratégia — e mostram as melhores maneiras de fazer isso. À medida que a economia passa por rápidas transformações, temos que nos adaptar."

— Michael Horn, diretor de estratégia, The Entangled Group, coautor de *Disrupting Class* e *Blended*

"Insights oportunos, inteligentes e úteis sobre como a aprendizagem permite que pessoas e empresas prosperem em um mundo em rápida mudança. Qualquer pessoa ou empresa que quiser saber como aprender apreciará esses insights e dominará esses princípios."

— Dave Ulrich, Rensis Likert Professor na Ross School of Business, sócio do RBL Group, autor de best-sellers e considerado pelo *Thinkers50* Hall of Fame um dos mais importantes pensadores de negócios do mundo

"É crucial para as empresas que elas desenvolvam e construam uma mão de obra global de alta qualidade que atenda aos desafios impostos pela Quarta Revolução Industrial. *Expertise Competitiva* é leitura obrigatória para qualquer pessoa que se preocupe com o futuro de sua força de trabalho e de sua empresa."

— Nick van Dam, PhD, sócio da McKinsey & Company, diretor de aprendizado (CLO), professor na Universidade da Pensilvânia, na Universidade de Nyenrode e na Universidade IE, fundador da e-Learning for Kids Foundation

"A aprendizagem sempre foi uma das armas secretas das empresas de melhor desempenho do mundo. O livro de Kelly e David revela esse segredo e apresenta várias dicas de como tornar a aprendizagem uma vantagem competitiva para qualquer empresa."
— Josh Bersin, analista industrial e fundador da Bersin by Deloitte

"*Expertise Competitiva* mostra como as empresas podem usar a aprendizagem e certas habilidades como diferenciais importantes para permanecer à frente dos rivais e ajudar a fechar a lacuna da crescente falta de competências necessárias."
— Jaime Casap, Propagador de Educação do Google

"*Expertise Competitiva* é um unicórnio entre os livros de negócios. Apresenta uma razão humana e empresarial para a resolução da falta de habilidades de uma maneira holística, com dicas de como universidades, empresas e pessoas podem trabalhar em conjunto para se preparar para o ambiente de trabalho do futuro."
— Jeanne Meister, sócia da Future Workplace e coautora de *The 2020 Workplace* e *The Future Workplace Experience*

"A mudança tecnológica vai tornar as habilidades da força de trabalho ainda mais cruciais para o sucesso corporativo. Este livro perspicaz e convincente mostra como a própria tecnologia pode ser usada para identificar, fornecer e avaliar as habilidades que as pessoas precisam desenvolver. A revolução tecnológica transformará a aprendizagem corporativa e este livro sugere como. É um livro inteligente sobre a criação de uma força de trabalho inteligente."
— Andrew Scott, professor de economia na London Business School, coautor de *The 100-Year Life*

"É uma verdade mundial, e principalmente aqui na Índia, que nesses tempos de grandes mudanças a agilidade em aprender é o único sustentáculo seguro. *Expertise Competitiva* é o guia definitivo para líderes empresariais de qualquer lugar do mundo aplicarem o processo contínuo de desaprendizagem e aprendizagem para assumirem a dianteira no mercado global."
— A.N. Rao, Global Head, Cognizant Academy

"Tudo se resume à questão da sobrevivência. Ao pensarmos em trabalho, habilidades, carreiras do futuro e na investida impetuosa da tecnologia, temos que nos perguntar se estamos realmente preparados para prosperar em um mundo que ainda não existe. Mas o que ele exigirá? *Expertise Competitiva* dá aos líderes a resposta de como preparar as habilidades das pessoas e das empresas para o futuro. É um livro cuja leitura era ansiada!"

— Ester Martinez, CEO & editora-chefe, People Matters Media

"Em *Expertise Competitiva*, David Blake e Kelly Palmer captam com brilhantismo a emergente realidade em que a aprendizagem não é mais episódica e sim antecede a idade escolar e vai até a terceira idade, o ganho de novas habilidades é permanente, a expertise é crucial e evoluir é a moeda de troca da força de trabalho. CEOs que não estejam sintonizados com essa mentalidade precisam se adaptar com rapidez à nova realidade e podem aprender muito com este livro oportuno e perspicaz."

— Deborah Quazzo, sócia-gerente da GSV AcceleraTE Fund, cofundadora da ASU+GSV Summit

Kelly Palmer & David Blake

EXPERTISE COMPETITIVA

Como as empresas mais inteligentes usam o aprendizado para engajar, competir e ter sucesso

ALTA BOOKS
EDITORA
Rio de Janeiro, 2019

Expertise Competitiva
Copyright © 2019 da Starlin Alta Editora e Consultoria Eireli. ISBN: 978-85-508-0609-9

Translated from original The Expertise Economy. Copyright © 2018 Kelly Palmer and David Blake. ISBN 978-1-47367-700-5. This translation is published and sold by permission of Nicholas Brealey Publishing an imprint of John Murray Press, the owner of all rights to publish and sell the same. PORTUGUESE language edition published by Starlin Alta Editora e Consultoria Eireli, Copyright © 2019 by Starlin Alta Editora e Consultoria Eireli.

Todos os direitos estão reservados e protegidos por Lei. Nenhuma parte deste livro, sem autorização prévia por escrito da editora, poderá ser reproduzida ou transmitida. A violação dos Direitos Autorais é crime estabelecido na Lei nº 9.610/98 e com punição de acordo com o artigo 184 do Código Penal.

A editora não se responsabiliza pelo conteúdo da obra, formulada exclusivamente pelo(s) autor(es).

Marcas Registradas: Todos os termos mencionados e reconhecidos como Marca Registrada e/ou Comercial são de responsabilidade de seus proprietários. A editora informa não estar associada a nenhum produto e/ou fornecedor apresentado no livro.

Impresso no Brasil — 1ª Edição, 2019 — Edição revisada conforme o Acordo Ortográfico da Língua Portuguesa de 2009.

Publique seu livro com a Alta Books. Para mais informações envie um e-mail para autoria@altabooks.com.br

Obra disponível para venda corporativa e/ou personalizada. Para mais informações, fale com projetos@altabooks.com.br

Produção Editorial	**Gerência Editorial**	**Marketing Editorial**	**Vendas Atacado e Varejo**	**Ouvidoria**
Editora Alta Books	Anderson Vieira	marketing@altabooks.com.br	Daniele Fonseca Viviane Paiva	ouvidoria@altabooks.com.br
Produtor Editorial Thiê Alves	**Assistente Editorial** Viviane Rodrigues Adriano Barros	**Editor de Aquisição** José Rugeri j.rugeri@altabooks.com.br	comercial@altabooks.com.br	
Equipe Editorial	Bianca Teodoro Ian Verçosa Illysabelle Trajano	Juliana de Oliveira Kelry Oliveira Paulo Gomes	Rodrigo Bitencourt Thales Silva Thauan Gomes	Victor Huguet
Tradução Aldir Coelho	**Copidesque** Jana Araujo	**Revisão Gramatical** Gabriela Araújo Thamiris Leiroza	**Revisão Técnica** Alberto Streicher Especialista em Neurociências e Educação pela USP	**Diagramação** Joyce Matos

Erratas e arquivos de apoio: No site da editora relatamos, com a devida correção, qualquer erro encontrado em nossos livros, bem como disponibilizamos arquivos de apoio se aplicáveis à obra em questão.

Acesse o site www.altabooks.com.br e procure pelo título do livro desejado para ter acesso às erratas, aos arquivos de apoio e/ou a outros conteúdos aplicáveis à obra.

Suporte Técnico: A obra é comercializada na forma em que está, sem direito a suporte técnico ou orientação pessoal/exclusiva ao leitor.

A editora não se responsabiliza pela manutenção, atualização e idioma dos sites referidos pelos autores nesta obra.

Dados Internacionais de Catalogação na Publicação (CIP) de acordo com ISBD

P173e   Palmer, Kelly

         Expertise competitiva: como as empresas mais inteligentes usam a aprendizagem para engajar, competir e ter sucesso / Kelly Palmer, David Blak ; traduzido por Aldir Coelho. - Rio de Janeiro : Alta Books, 2019.
         240 p. ; 17cm x 24cm.

         Tradução de: The Expertise Economy: How the smartest companies use learning to engage, compete, and succeed
         Inclui índice.
         ISBN: 978-85-5080-609-9

         1. Administração. 2. Empresas. 3. Expertise competitiva. I. Blak, David. II. Coelho, Aldir. III. Título.

2019-208   CDD 658
         CDU 65

Elaborado por Vagner Rodolfo da Silva - CRB-8/9410

Rua Viúva Cláudio, 291 — Bairro Industrial do Jacaré
CEP: 20.970-031 — Rio de Janeiro (RJ)
Tels.: (21) 3278-8069 / 3278-8419
www.altabooks.com.br — altabooks@altabooks.com.br
www.facebook.com/altabooks — www.instagram.com/altabooks

Para meu filho, Cameron, que todo dia me inspira.

E para minha mãe, que continua me inspirando.

Kelly Palmer
São Francisco, 2018

SUMÁRIO

Agradecimentos	xi
Sobre os Autores	xiii
Introdução	xv
Capítulo 1: Como Realmente Aprendemos	1
Capítulo 2: Torne a Aprendizagem uma Vantagem Competitiva	23
Capítulo 3: Abrace a Aprendizagem Personalizada	47
Capítulo 4: Combata a Sobrecarga de Conteúdo	65
Capítulo 5: Entenda o Poder dos Pares	87
Capítulo 6: Tenha Sucesso com a Tecnologia Certa	111
Capítulo 7: Analise as Habilidades com Dados e Insights	135
Capítulo 8: Faça a Expertise Ter Valor	151
Conclusão: O Futuro Já Está Aqui	175
Notas finais	195
Índice	213

AGRADECIMENTOS

Escrever um livro envolve mais pessoas do que você pode imaginar e queremos agradecer àqueles que nos ajudaram durante o processo.

Muito obrigado a todas as pessoas que encontraram um tempo em suas agendas ocupadas para serem entrevistadas para o livro: Bror Saxberg, Jaime Casap, Joanne Heyman, Rico Rodriguez, Tim Munden, Janice Burns, Tim Quinlan, Susie Lee, Wouter De Bres, Mikel Blake, Andrew Scott, Nigel Paine, Karie Willyerd, Alan Walton, Maksim Ovsyannikov, Tony Gagliardo, James Densmore, William Arruda e Dale Stephens.

O mundo da tecnologia da educação não seria o mesmo sem os seguintes pioneiros do pensamento avançado: Emily Foote, Aaron Hurst, Sam Herring e Anne Fulton — obrigado por nos permitir contar suas histórias.

Obrigado a Sal Khan, Todd Rose, Whitney Johnson e Clayton Christensen por seu tempo e pela liderança na área das ideias e por fornecer insights tão formidáveis com relação ao futuro do trabalho e da aprendizagem.

Queremos agradecer também a Christopher Michel pelas excelentes fotos; foi uma honra ter você como parte desse projeto.

Obrigado a Chris McCarthy por seu apoio e entusiasmo e a alguns de nossos colegas que ajudaram a revisar os rascunhos durante o percurso; me refiro especificamente a Sarah Danzl e Todd Tauber. E obrigado a David Johnson e à sua equipe de marca por seu suporte e design de capa.

Um agradecimento especial a Jonathan Munk, que ajudou a moldar a narrativa relacionada às credenciais baseadas em habilidades e ao valor dado à expertise.

Obrigado a Lisa DiMona e Genoveva Llosa por nos ajudarem a começar a jornada, a Alison Hankey e sua equipe na Nicholas Brealey por nos manterem empolgados e no caminho certo e a Emma Murray por sua parceria no decorrer do projeto.

Para concluir, obrigado a Karie Willyerd por se arriscar e me lançar no universo da aprendizagem. Serei para sempre grato pela oportunidade, pelo favorecimento e pela amizade que desenvolvemos ao longo do caminho.

SOBRE OS AUTORES

KELLY PALMER tem como missão mudar a maneira das pessoas aprenderem. Conhecida líder na divulgação de novas ideias de negócios, aprendizagem e desenvolvimento de carreiras, atualmente faz parte da equipe executiva da Degreed e foi diretora-executiva de aprendizagem do LinkedIn. Antes do LinkedIn, Kelly foi vice-presidente de aprendizagem do Yahoo! e ocupou cargos nas áreas de aprendizagem, M&A e desenvolvimento de produtos na Sun Microsystems. Ela dá palestras regularmente em firmas e conferências empresariais no mundo todo e contribuiu com o portal Big Think e com as revistas *Forbes* e *Chief Learning Officer* (CLO). Kelly é formada em Inglês/Comunicações e tem mestrado na aprendizagem de adultos e em tecnologia da educação. Vive em São Francisco, Califórnia.

DAVID BLAKE acredita que a aprendizagem é importante demais para permanecer como está e dedicou sua carreira a trazer inovações à educação de nível superior e à aprendizagem vitalícia. David é cofundador e presidente da Degreed. Antes da Degreed, prestava consultoria para a criação de uma universidade baseada em competências e foi membro da equipe fundadora da startup de admissão em universidades Zinch (comprada pela Chegg NASDAQ: CHGG). David foi eleito um dos 25 principais empreendedores de EdTech (tecnologia da educação) para um laboratório criado pela Teach For America e NewSchools Venture Fund localizado no Instituto Hasso Plattner de Design de Stanford (Stanford d.school). Ele é um especialista muito procurado na área do futuro do trabalho e faz palestras em empresas como Google, Deloitte e Salesforce e em conferências no mundo todo.

INTRODUÇÃO

Após 28 anos, em 2010, a Sun Microsystems foi removida da bolsa de valores Nasdaq. Apenas 10 anos antes, ela era uma gigante da indústria de computadores e, em seu auge, competia de igual para igual com as então líderes da indústria Hewlett-Packard, IBM e Microsoft. A Sun criou computadores e softwares que beneficiaram muitos mercados, o que inclui a Bolsa de Valores de Nova York, algumas das maiores instituições financeiras e grande parte das principais linhas aéreas. Também criou o Java, uma linguagem de programação que ainda é usada pela maioria dos desenvolvedores de software no mundo todo. O crash de 2001 devastou centenas de empresas de internet e computação, mas nem os analistas e os quase 40 mil funcionários da Sun poderiam prever que a empresa ficaria totalmente arruinada ou que o preço de suas ações despencaria e perderia 75% de seu valor em apenas um ano. No fim, a Oracle acabou concordando em comprar a Sun por US$7,4 bilhões.[1] Apenas dois anos antes, ela tinha sido avaliada em US$65 bilhões.

O Facebook assumiu o campus da Sun no Vale do Silício e manteve o logo da empresa atrás de seus painéis eletrônicos como um lembrete do que pode ocorrer a uma empresa bem-sucedida que não se adapta rapidamente.[2] Mas a Sun é apenas uma entre várias empresas que sofrem de obsolescência, e essa quebra vai apenas aumentar nos anos vindouros. De acordo com o Corporate Longevity Forecast [Previsão de Longevidade Empresarial] de 2018 da Innosight,[3] pelo churn rate atual, cerca de metade das empresas do índice S&P 500 serão substituídas nos próximos 10 anos. Empresas que não se reinventarem, não se preocuparem com a ruptura digital e não considerarem retreinar e requalificar sua força de trabalho farão parte da redução de churn.

O mundo do trabalho está passando por uma transição em larga escala — muito semelhante àquela em que passamos da economia agrícola para a Revolução Industrial. Atualmente estamos na era da digitalização, automação e aceleração — uma era em que habilidades e conhecimentos críticos serão imperativos para o sucesso no cenário econômico.

Um relatório de 2018 do McKinsey Global Institute declara: "A tarefa enfrentada por todos os participantes do cenário econômico, ainda mais em economias avançadas, provavelmente será retreinar e redistribuir dezenas de milhões de trabalhadores de meia-idade no meio de suas carreiras."[4] Já que historicamente só vivenciamos esses tipos de transições de força de trabalho após décadas, quando não em séculos, estamos em território não regulamentado, principalmente em termos da rapidez com que tudo está ocorrendo: "Há poucos precedentes de casos em que as sociedades tiveram sucesso em retreinar números tão grandes de pessoas."[5]

A Força de Trabalho Não Está Preparada

O estudo da McKinsey deixa muito claro que a força de trabalho não está preparada para a ruptura em andamento: "62% dos executivos acreditam que terão que retreinar ou substituir mais de um quarto de sua força de trabalho entre agora e 2023 devido ao avanço da automação e da digitalização."[6] Se CEOs e líderes empresariais estão contando com uma estratégia de "apenas contratar" para obter talentos com as habilidades necessárias para o futuro, terão que repensar isso. Até as melhores universidades estão falhando em preparar alunos com as aptidões necessárias para atenderem aos requisitos de contratação das empresas.

A pesquisa também mostra que tanto as empresas quanto os alunos de graduação estão sentindo o problema: 82% dos empregadores dizem que é difícil preencher posições, enquanto 83% dos alunos não têm um emprego à vista após a graduação, e 62% deles relatam que a busca por um emprego é "frustrante" ou "muito frustrante".[7] Algo que é ainda mais problemático é que após contratar novos graduados, por vezes, os líderes percebem que eles estão totalmente despreparados para serem bem-sucedidos em suas funções ou para transitarem no mundo *real* do trabalho, principalmente nesse ambiente desafiador e em rápida mudança. São pessoas com graduação em marketing que se empenham para criar um plano de vendas e não conseguem usar as ferramentas de mídia social mais recentes para fazer seu trabalho, ou pessoas com MBA que não conseguem ler uma demonstração financeira. Além disso, os empregadores veem com muita frequência graduados de todas as áreas de estudo que não sabem se comunicar bem, pessoalmente ou por escrito.

Universitários graduados não são os únicos que não têm habilidades cruciais. Pessoas que há décadas fazem parte da força de trabalho com frequência não têm certas habilidades requeridas para o sucesso em suas funções. Atualmente, o conjunto de habilidades vital para o sucesso inclui agilidade de aprendizagem (a habilidade de aprender novas coisas rapidamente), colaboração e trabalho em equipe, perseverança, curiosidade e a aptidão de questionar o mundo ao seu redor. Se você não está pronto, querendo aprender todo dia e manter-se atualizado com um mundo em rápida mudança, não pode ser e não será competitivo. Foram-se os dias em que podíamos nos graduar com um diploma de quatro anos e achar que sabíamos tudo que era necessário para permanecer relevantes por toda a carreira.

Líderes Empresariais Resolvem o Problema das Habilidades

Embora o governo seja uma força poderosa quando se trata de deslanchar iniciativas de aumento de habilidades, são as empresas e seus líderes que têm que mostrar o caminho. Os CEOs, como Randall Stephenson da AT&T, estão fazendo mais do que apenas perguntar: "Temos as habilidades necessárias para vencer em nossa área?" Em vez disso, estão assegurando que seus funcionários desenvolvam habilidades avançadas através da aprendizagem contínua. Como Stephenson disse ao *New York Times*: "Há uma necessidade de se reorganizar sem pensar que em algum momento se pode parar." Ele adicionou que as pessoas que dedicam menos do que um período ideal de 5-10 horas por semana à aprendizagem "ficarão obsoletas em relação à tecnologia".[8] Isso inclui artigos e livros, podcasts, vídeos, etc. As pessoas estão aprendendo mais do que pensam, mas nem sempre categorizam isso como aprendizagem, e discutiremos esse tópico posteriormente no livro.

Para essas empresas, está se tornando cada vez mais claro que funcionários com as habilidades certas podem ajudar a empresa a ser bem-sucedida. Mas o problema é que muitos líderes empresariais não estão fazendo as perguntas certas. Quantos CEOs sabem se têm as habilidades certas para sua empresa? Quantos gerentes e líderes sabem realmente que habilidades as pessoas de suas equipes têm? E quantos funcionários apresentam uma visão clara das habilidades que têm e das que precisarão no futuro? A figura abaixo ilustra os tipos de perguntas que os líderes de hoje devem fazer.

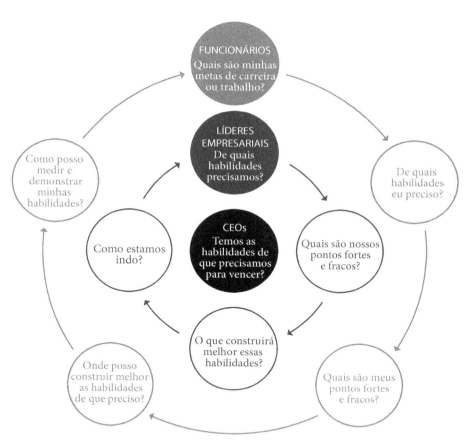

O Poder de Construir Habilidades para o Futuro

As empresas de mentalidade mais avançada estão sendo proativas na adaptação para a mudança na força de trabalho. Durante outras grandes transições de mão de obra, tivemos algum tempo para nos adaptar às mudanças, mas hoje o tempo é curto. Há empresas que ainda estão ponderando como o trabalho está mudando, mas a disrupção digital vem avançando há várias décadas e não é mais algo do futuro — está acontecendo neste momento.

A expertise nunca foi tão crucial para o sucesso de uma pessoa ou empresa como hoje. Nesse momento, empresas como Unilever, Bank of America e Airbnb estão pensando proativamente sobre as habilidades e a expertise de sua força de trabalho. Essas empresas e seus CEOs estão no meio da transformação digital e sabem que a requalificação e a atualização de sua força de trabalho são importantes para se manterem relevantes. A empresa de serviços financeiros Visa, percebendo a urgência e a natureza estratégica da qualificação de sua força de trabalho, tirou a função de aprendizagem do RH e a passou para sua divisão de estratégia empresarial. Isso significa que a requalificação da força de trabalho está sendo vista mais estrategicamente e deixando de ser apenas enviar pessoas para treinamento de conformidade. Outras empresas estão criando divisões de transformação digital e incluindo a aprendizagem e a requalificação como parte de suas estratégias. Elas estão migrando para se adaptar às mudanças na força de trabalho em vez de se apegar ao status quo.

Tim Munden, diretor de aprendizagem da Unilever, está criando uma estratégia para atualizar e requalificar mais de 161 mil empregados em todo o mundo, *não* como parte de uma estratégia de aprendizagem separada, mas como uma estratégia integrada à estratégia geral de transformação digital da empresa. Trata-se de uma estratégia empresarial, não de um programa de aprendizagem. Munden acredita que "as habilidades são totalmente transformacionais no século XXI. À medida que as empresas se tornam redes — redes de pessoas não apenas empregadas por você, mas de dentro e de fora da empresa — as habilidades são o que forma as conexões. As redes se formam ao redor do que uma pessoa pode fazer, e empregamos pessoas pelo que elas podem fazer, assim como pelo seu propósito em fazê-lo."[9]

Desenvolver as habilidades de seus empregados a uma taxa equivalente à da mudança é a chave para uma estratégia competitiva sustentável. Precisamos de pessoas que tenham as habilidades mais recentes e que construam novas habilidades rapidamente. Ninguém sabe ao certo que habilidades serão necessárias no futuro, logo, também precisamos de uma mudança em nosso pensamento sobre aprendizagem e construção de habilidades. Isso significa que as empresas têm que criar um ambiente em que os funcionários estejam continuamente aprendendo novas habilidades: atualizando e requalificando a si próprios na mesma velocidade em que as coisas mudarem. As empresas podem encorajar os funcionários a aprenderem todo dia — a aprendizagem deve ser construída no trabalho que eles já têm, em vez de ser algo que façam separadamente de seu trabalho.

A Revolução do Especialista

Métodos antigos de aprendizagem empresarial não serão estratégias eficazes para a construção de habilidades para o futuro. Pessoas que desenvolvem novas habilidades e adquirem expertise são, com frequência, autodidatas. Isso significa que os empregados estão aprendendo em todos os lugares o tempo todo, mas as empresas não estão reconhecendo o que as pessoas estão aprendendo, que habilidades estão construindo e como estão trabalhando para se preparar para suas futuras carreiras. Seus empregados estão fazendo isso para sobreviver — eles também querem permanecer relevantes na força de trabalho.

Você já tem vários especialistas em sua força de trabalho, e não estamos falando apenas do cientista de dados, do guru de blockchain ou do engenheiro de IA. Estamos falando da mulher do departamento de engenharia que é especialista no desenho de complexos planos de projeto e em manter as pessoas trabalhando neles cumprindo prazos. Ou do assistente administrativo que é especialista em receber rapidamente ordens de compra pelo sistema. Ou da engenheira de software especialista em Java que é altamente respeitada por outros engenheiros que procuram com frequência seu aconselhamento. Ou do profissional de vendas que sabe como contar uma história muito interessante sobre o produto e fazer uma demonstração convincente. Ou ainda da pessoa que sabe tudo de

PowerPoint e é a primeira que os outros procuram quando têm dificuldades na criação de uma apresentação.

Esses especialistas fazem parte dos 80% dos funcionários que não estão destinados ao gerenciamento ou ao desenvolvimento de liderança, que tiveram que descobrir por sua própria conta como desenvolver sua especialização e construir suas habilidades e expertise. Levados pela paixão ou pela curiosidade em relação a uma habilidade ou interesse específico, eles identificaram o que não sabiam e o que havia de novo no mercado. Preencheram sua própria lacuna de habilidades (*skills gap*) adquirindo aprendizado na forma que conseguiram obter — vídeo, blog, curso online, curso presencial, livro — e aplicando o que aprenderam ao seu trabalho até o dominarem. Podem ter tido a sorte de ter um mentor ou um chefe que guiou sua jornada de aprendizagem, mas geralmente não é isso o que acontece.

Não há dúvidas de que esses especialistas autodidatas que conseguem aprender rapidamente são cruciais para o sucesso da empresa, e você tem que estimular sua capacidade em construir novas habilidades continuamente. Mas para permanecer genuinamente competitivo — para aumentar sua base de talentos — é preciso desenvolver novos especialistas e ajudar todos de sua equipe a preencherem suas lacunas de habilidades pessoais e a dominarem competências especializadas. A maneira de fazer isso é encorajando-os a "se apropriar" de seu próprio desenvolvimento profissional todo dia. Em vez de impor hierarquicamente que habilidades cada funcionário deve aprender e como deve aprendê-las, os líderes mais eficazes incitam os funcionários a *personalizarem* o que e como aprendem. Os humanos são maravilhosamente complexos, unicamente autônomos e basicamente imprevisíveis. Devemos celebrar e respeitar isso. Mesmo assim, com frequência, consideramos todos como iguais.

Aprender é complexo e confuso. Não é suficiente oferecer suporte a seus funcionários em sua jornada de aprendizagem: você também tem que criar o ambiente certo para eles resolverem o que e como devem aprender. O restante deste livro lhe mostrará como fazê-lo.

Primeiro, examinaremos as últimas pesquisas científicas sobre como as pessoas aprendem. Seu comprometimento em ajudar os funcionários a permanecerem competitivos visando ao sucesso de sua empresa e de suas carreiras demandará entender melhor o que motiva as pessoas e como os funcionários podem desenvolver expertise. Em seguida, ofereceremos sete princípios que orientarão como você pode ajudar seus funcionários a construírem as habilidades que são tão cruciais para o sucesso de sua empresa, agora e no futuro. Esses princípios são:

Torne a aprendizagem uma vantagem competitiva. A cultura empresarial desempenha um papel crítico quando ajuda os funcionários a construírem habilidades para o futuro. Empresas que constroem uma cultura em que a aprendizagem faz parte de sua estratégia geral — sendo algo que as pessoas queiram e gostem de fazer — têm uma clara vantagem. CEOs e líderes empresariais que demonstram esse comportamento têm funcionários que seguem sua liderança. Os melhores talentos querem trabalhar para uma empresa que acredite que a aprendizagem seja prioritária e que investir em seu futuro seja um valor básico.

Abrace a aprendizagem personalizada. A tecnologia está permitindo a aprendizagem personalizada, um fator-chave que nos ajuda a integrar a aprendizagem ao trabalho. As pessoas querem aprender habilidades que as ajudarão a serem bem-sucedidas para não perderem tempo com o que não precisam. A aprendizagem personalizada permite que cada indivíduo da empresa obtenha a aprendizagem de que precisa para construir as habilidades que resolvam o próximo problema empresarial que surgir. Falaremos sobre como a IA e o aprendizado de máquina estão ajudando os funcionários a criarem perfis de aprendizagem, planos de habilidades e trajetórias de carreira personalizados.

Combata a sobrecarga de conteúdo. Aprendemos a partir de diversas fontes no decorrer de nossas vidas. Evoluímos de um mundo de expertise escassa para outro de expertise abundante. Há ótimos conteúdos para se aprender em todos os locais, e costuma ser difícil escolher. Discutiremos estratégias para o uso de vários recursos de aprendizagem — cursos, conferências, certificações, livros, podcasts, sites, experimentos, jornais e artigos — que ajudam a desenvolver expertise. Também discutiremos a curadoria de conteúdo, o conteúdo por curadoria de máquina e maneiras de ajudar os funcionários a aprenderem o que precisam, quando precisam.

Entenda o poder dos pares. As pessoas adoram aprender umas com as outras, mas nem sempre consideramos como poderíamos aprender com nossos pares para contar com a expertise e a experiência de quem já dominou uma habilidade. Este capítulo fornece estratégias para que todos os funcionários se envolvam em aprender uns com os outros se beneficiando do poder de seus pares.

Tenha sucesso com a tecnologia certa. A tecnologia está tornando possível a realização de novas tarefas em aprendizagem e construção de habilidades. Neste capítulo, destacaremos algumas empresas de tecnologia da educação que estão criando abordagens recentes e inovadoras para a aprendizagem da mão de obra e colocando o aprendiz no centro do ecossistema de aprendizagem. Também discutiremos como algumas empresas de mentalidade mais avançada estão criando ecossistemas de aprendizagem que incorporam e integram várias tecnologias de ponta para ajudá-las a serem bem-sucedidas.

Analise as habilidades de seus funcionários com dados e critérios. As tecnologias de aprendizagem, a pesquisa de informações e a web analytics podem produzir muitos dados sobre o que e como seus funcionários estão aprendendo. O uso de dados na criação de estratégias de requalificação e atualização da força de trabalho é crucial. Discutiremos maneiras pelas quais você pode usar dados para entender melhor que habilidades as pessoas têm, de quais precisam e como é possível preencher as lacunas. Também falaremos sobre algumas das habilidades importantes necessárias no ambiente de trabalho do futuro e como você pode ajudar funcionários que tenham desenvolvido novas habilidades e expertise a encontrar uma nova oportunidade em sua empresa.

Dê valor às habilidades e à expertise. Conhecer o quociente de habilidades, ou SQ (Skills Quotient), de seus funcionários é uma ótima maneira de descobrir que habilidades eles têm para que saibam o que fazer a fim de desenvolver aptidões para suas carreiras. O SQ também pode ser uma ferramenta valiosa em empresas que considerem sua mão de obra como um mercado de trabalho, com as habilidades sendo a moeda de troca. Imagine o que você poderia fazer se tivesse todos esses dados à mão. Oferecemos exemplos de casos úteis que descrevem como é possível aplicar o SQ ao recrutamento interno e externo, à requalificação, a promoções, à mentoria e ao inventário de habilidades, para citar apenas algumas áreas.

Atualmente, há mais ferramentas, conteúdos e tecnologias do que jamais houve para ajudar os funcionários a se tornarem os especialistas dos quais precisamos. Acima de tudo, o sucesso requer a adoção de uma nova mentalidade quando se trata de qualificar talentos, nosso ativo mais importante. É necessário que você comece a considerar seus funcionários como indivíduos únicos e complexos que devem gerenciar sua própria aprendizagem e carreira. Para concluir, a situação nos incita a deixar de lado maneiras desatualizadas e tradicionais de preencher as lacunas de habilidades no ambiente de trabalho e a abraçar os novos desafios no horizonte da Expertise Competitiva.

CAPÍTULO UM

Como Realmente Aprendemos

PARA AJUDAR AS PESSOAS a se tornarem especialistas — para ajudá-las a adquirir conhecimento, construir habilidades e se tornarem aprendizes vitalícios — é crucial entendermos como os adultos aprendem melhor. Atualmente, sabemos mais do que em qualquer outra época como o cérebro humano funciona e como as pessoas aprendem com mais eficiência — estejam elas tentando adquirir novos conhecimentos, desenvolver uma nova habilidade ou mudar um comportamento. Por exemplo, sabemos que o sono tem grande impacto sobre como aprendemos e que a mentalidade e a motivação são essenciais.

Neste capítulo, usaremos uma abordagem da teoria de aprendizagem de adultos sem jargões e examinaremos as últimas descobertas da ciência da aprendizagem e da ciência da motivação que a acompanha. Investigaremos pesquisas sobre mentalidade fixa e progressiva e observaremos a conexão entre propósito e aprendizagem. Também discutiremos o que os neurocientistas ensinam sobre o cérebro e a aprendizagem, ao mesmo tempo em que derrubaremos certos mitos que são predominantes hoje em dia. É claro que a resiliência desempenha um papel importante para alguém se tornar um especialista — examinaremos o que a ciência nos diz sobre como as pessoas podem perseverar diante de contrariedades e arriscar cometer erros, e como podem aprender com seus erros e vencer limites autoimpostos.

Por fim, explicaremos detalhadamente como as abordagens empresariais atuais à aprendizagem desafiam a pesquisa científica estabelecida. Por exemplo, sua empresa está usando principalmente treinamento conduzido por instrutores com aulas e apresentações do PowerPoint? Você está acabando com a motivação de seus funcionários enfatizando somente o treinamento de conformidade (*compliance*) na empresa? Está dizendo às pessoas o que elas devem aprender em vez de lhes dar alguma autonomia? Não deveria fazê-lo. Mostraremos o porquê e explicaremos como você pode aplicar a psicologia e a ciência da aprendizagem para ajudar seus funcionários a aprenderem e construírem habilidades todo dia até se tornarem realmente especialistas, algo que é crucial para o sucesso de uma empresa.

A Ciência da Aprendizagem

É surpreendente que poucas empresas usem o que sabemos sobre a ciência da aprendizagem para ajudar seus funcionários a aprenderem e construírem habilidades. Bror Saxberg[1] dedicou sua carreira à ciência da aprendizagem e defende a colocação de mais "engenheiros de aprendizagem" como ele nas empresas. Atualmente, Saxberg está conduzindo algumas das mais avançadas estratégias de ciência da aprendizagem para a Chan Zuckerberg Initiative (CZI) como seu vice-presidente nessa área. Fundada por Priscilla Chan e Mark Zuckerberg, a CZI é uma organização de investimento filantrópico dedicada a promover oportunidades iguais e o potencial humano. A educação é um de seus pilares básicos. Os engenheiros de aprendizagem podem ajudar as empresas a entenderem a ciência existente por trás da aprendizagem e são ótimos guias para obter mais valor dos funcionários.

Como ele próprio admite, Saxberg adotou por acaso a ciência da aprendizagem como carreira. No fim dos anos 1970, ele estava estudando matemática e engenharia elétrica na Universidade de Washington e procurando um emprego de verão. Um amigo da família conhecia alguém que trabalhava para o Jet Propulsion Laboratory (JPL) e Saxberg conseguiu um emprego na NASA fazendo pesquisa em comunicações. Pediram-lhe que voltasse novamente no verão seguinte e que escolhesse um projeto significativo para se dedicar.

O projeto mais interessante que Saxberg imaginou seria entender melhor como o cérebro armazena e codifica informações. "Era 1978-79, e foi no início, portanto, não havia muitas pessoas integrando teoria da informação, neurociência, ciência cognitiva, inteligência artificial, teoria matemática da comunicação e assim por diante. Logo, pensei: há algo aqui."[2]

Ele concluiu seus estudos na Universidade de Washington, estudou no MIT para obter os graus de mestre e PhD e entrou em Harvard para obter um diploma de médico. Queria abranger todos os pilares da ciência da computação, engenharia e ciências básicas para entender bem como o cérebro humano aprende.

Ele descobriu que tanto a cognição quanto a motivação precisam ser levadas em consideração. De acordo com Saxberg: "Em termos de contexto, a aprendizagem leva muito em conta o que já temos em nossa mente. É preciso entender os aspectos cognitivos, por exemplo, o que a pessoa já domina? O que já se encontra em sua memória de longo prazo? Em que áreas você é especialista?"

Quando percebemos que há algo novo que é preciso aprender, Saxberg explica: "Você tem que começar, persistir e dedicar esforço mental. É aí que o cérebro muda. É como um músculo, e o cérebro realmente muda como resultado da aprendizagem."

A motivação também desempenha um papel importante na aprendizagem eficaz. De acordo com Saxberg, quatro coisas podem dar errado na motivação para a aprendizagem:

- Você não valoriza o que está fazendo ou como o faz.
- Você não acredita ser capaz de aprender um assunto complexo.
- Você culpa circunstâncias ambientais ("Simplesmente não tenho tempo para aprender").
- Você luta com estados emocionais negativos que o desviam da aprendizagem — como raiva, depressão ou distração.

Devido à interdependência entre cognição e motivação, Saxberg enfatiza: "A aprendizagem tem que ser personalizada de acordo tanto com os aspectos cognitivos que você tem ou não quanto com as motivações que tem ou não."[3] Por exemplo, se Sarah deseja ter uma carreira em finanças, mas não domina álgebra, ela terá que resolver isso antes de conseguir dominar a área financeira. Essa é uma questão cognitiva.

A verdade é que as pessoas aprendem quando se interessam. Como então fazer com que as pessoas se interessem? Saxberg acredita que a primeira etapa é entender que cada pessoa é composta por uma combinação única de competências cognitivas e motivações. Isso significa que se você espera que as pessoas aprendam, precisa saber o que as estimula de uma perspectiva tanto cognitiva quanto motivacional. Saxberg avisa que se você negligenciar essa parte do processo de aprendizagem, "vai obter o que geralmente obtém. E o que você geralmente obtém em um típico ambiente de sala de aula empresarial é uma maioria de pessoas que sequer entende o que está você fazendo; quase todo mundo apenas assiste à aula e não se interessa. Grande parte das pessoas enxerga a aula apenas como uma sessão divertida ou interessante e segue adiante, e não há um impacto perceptível em seu trabalho. Elas não começam, persistem e dedicam esforço mental".[4] Você tem que pensar no contexto, na personalização e na motivação para ter uma aprendizagem de sucesso.

Neuromitos sobre a Aprendizagem

Apesar da grande quantidade de informações que temos sobre como o cérebro funciona em relação à aprendizagem, alguns mitos (ou neuromitos[5]) obscureceram de alguma forma nosso entendimento de como aprendemos. De acordo com a neurocientista Julia Sperling,[6] muitos mal-entendidos relacionados à aprendizagem foram introduzidos no universo do trabalho:

MITO 1: As pessoas só usam cerca de 10% de seus cérebros.
- Verdade: Você usa quase toda a capacidade de seu cérebro.

MITO 2: As pessoas pensam com o lado esquerdo ou com o lado direito do cérebro.
- Verdade: As partes esquerda e direita não funcionam totalmente separadas, e aprender não tem nada ver com os hemisférios do cérebro.

MITO 3: As pessoas têm um canal ideal (visual, auditivo, etc.) pelo qual aprendem.
- Verdade: Na realidade, as pessoas usam na aprendizagem quantos canais puderem acessar. O neurocientista David Eagleman con-

corda e adiciona que a aprendizagem é mais eficaz quando todos os sentidos são combinados na experiência (áudio, visual, toque). Ele lembra que as pessoas aprendem melhor quando têm que ensinar a alguém como fazer algo.[7]

MITO 4: Existem certas janelas de aprendizagem, e quando elas fecham, não há como serem abertas novamente.

- ○ Verdade: As pessoas podem aprender coisas novas em qualquer idade. A neuroplasticidade do cérebro nos permite aprender, refinar ou adicionar novas competências por toda a nossa vida.

A Verdade sobre a Aprendizagem

Bem, agora que introduzimos alguns dos neuromitos, examinaremos a verdade sobre como aprendemos e o que as últimas pesquisas da neurociência dizem. Sperling acredita que há seis coisas que nos ajudarão a entender como o cérebro realmente funciona em relação à aprendizagem:[8]

1. Somos todos capazes de aprender por toda a nossa vida e todos temos capacidade de aprendizagem ilimitada.
2. Nosso nível de atenção afeta a qualidade com que aprendemos algo novo. Mindfulness (ou prestar atenção no momento presente) e a meditação podem melhorar significativamente nossa disposição para absorver novas informações.
3. A mentalidade é importante. Quando temos uma mentalidade progressiva, acreditamos que podemos aprender coisas novas;
4. A atenção focalizada tem um alto impacto sobre a aprendizagem (o comportamento multitarefa deve ser desencorajado).
5. Aprendemos melhor quando é o que queremos. Também ajuda quando sentimos que a aprendizagem é relevante para nós e quando estamos em um ambiente em que ela é apreciável.
6. O feedback positivo acelera a jornada da aprendizagem.

Além desses seis fatores, Eagleman também destaca a importância do sono para uma aprendizagem eficaz. Ele explica que dormir é essencial para a função da memória e para o estabelecimento de conexões. Afirma: "Dormir ativa a percepção e nos permite sintetizar o material que aprendemos." Também diz que virar noites, ou estudar sem descanso, não é uma boa estratégia. É muito mais eficaz estudar e, então, dormir para que o material seja "fixado" no cérebro.[9]

Embora estudar sem descanso talvez não seja a melhor estratégia para a aprendizagem, geralmente ler *é* importante. Uma nova pesquisa em neurociência[10] revela que ler, particularmente ficção, é bom para o desenvolvimento da "parte teórica" do cérebro e ajuda as pessoas a vivenciarem o que os personagens principais estão sentindo em uma aventura. Isso constrói a empatia e a habilidade de entender estados mentais, raciocínios, emoções e crenças. Profissionalmente, também ajuda os líderes a entenderem seus funcionários e equipes em um nível mais profundo e, portanto, a aplicarem motivadores mais eficazes com base em necessidades individuais.

Aprender com Rapidez Não É o Mesmo que Ser Inteligente

Em *The End of Average: How We Succeed in a World that Values Sameness* [O Fim da Média: Como Sermos Bem-sucedidos em um Mundo que Valoriza a Mesmice, em tradução livre], o autor Todd Rose, que dirige o programa *Mind, Brain, and Education* [Mente, Cérebro e Educação, em tradução livre] na Pós-graduação em Educação de Harvard, argumenta que as pessoas confundem aprender rapidamente com inteligência. No entanto, a pesquisa mostra que, em educação, não há qualquer correlação entre aprender rapidamente e ser inteligente.

Nenhuma.

De acordo com Rose: "Temos essa impressão tão difundida de que rápido é igual a inteligente."[11] Rose acredita que tudo começou com Edward Thorndike e suas teorias sobre aprendizagem: "Ele foi a pessoa que tentou dizer que só há uma maneira certa de fazer as coisas, apenas um caminho para a maestria, e achava que a inteligência era genética e devia ser medida pela rapidez com que o cérebro consegue formar conexões."[12] Temos que interromper esse tipo de pensamento considerado "padrão" no ambiente de trabalho.

Os modelos de teste padronizados são construídos com base nessa noção (daí o nome). Eles são projetados conforme o princípio de que uma pessoa "média" precisa de 90 minutos para concluir um teste, por exemplo. De acordo com Rose, costumamos achar que não faria diferença dar às pessoas tempo adicional para terminar um teste. Afinal, se você for lento demais para terminar em 90 minutos, isso deve significar que não é suficientemente inteligente e, portanto, não se beneficiará do tempo extra. Mas, para algumas pessoas, receber mais tempo faz sim diferença.

Na verdade, diminuir o ritmo da aprendizagem pode funcionar a nosso favor. Em um estudo sobre a percepção da velocidade[13] conduzido pelo psicólogo Adam Alter, da Universidade de Nova York, voluntários foram solicitados a responder várias perguntas; alguns receberam perguntas por escrito em fonte clara e outros receberam uma versão mais borrada. Percebeu-se que as pessoas que se empenharam mais duramente e com mais lentidão na escrita borrada deram respostas mais precisas às perguntas que seus pares "mais velozes". O estudo corrobora o ponto de vista de Rose de que nem sempre é melhor pensar rápido.

O trabalho de Rose mostra que há mais de uma maneira de se fazer algo corretamente, há mais de um caminho para a maestria, e que ter calma para aprender não é sinal de pouca inteligência. Devemos parabenizar pessoas que perseguem a excelência e que optam por aprender habilidades cuja aprendizagem com profundidade suficiente para gerar um especialista demande tempo. Em vez disso, geralmente recompensamos quem sucumbe à pressão para fazer apenas o necessário para obter a próxima promoção.

Motivação É Tudo

Como dito anteriormente, encorajar as pessoas a aprender também significa *motivá-las* a aprender. O educador de adultos Malcolm Knowles[14] fez a primeira pesquisa extensiva sobre a aprendizagem de adultos e descobriu que os motivadores mais fortes de um adulto são internos (intrínsecos) em vez de externos (extrínsecos).[15] Os motivadores intrínsecos são aqueles que vêm de dentro e satisfazem nossos desejos naturais de querer fazer algo; já a motivação extrínseca nos leva a fazer algo por recompensas externas, como dinheiro, vaidade, elogios e assim por diante. Em nosso desejo natural de aprender, somos mais motivados por fatores internos em vez dos externos.

Knowles também descobriu que os adultos precisam saber *por que* têm que aprender alguma coisa. Se você quiser que a aprendizagem seja algo que as pessoas gostem de fazer e não apenas algo imposto a elas, tem que ponderar sobre o que motiva uma pessoa a aprender. Na verdade, quando se trata de aprendizagem, motivação é a chave. No livro *Drive: The Surprising Truth about What Motivates Us* [Ímpeto: A Verdade Surpreendente Sobre o Que Nos Motiva, em tradução livre], de Daniel H. Pink, ele descreve a ciência da motivação, acreditando que há muito tempo "existe uma discrepância entre o que a ciência sabe e o que as empresas fazem".[16]

Pink fala sobre motivação humana em termos de autonomia, maestria e propósito. Ele define esses conceitos da seguinte maneira: autonomia é nosso desejo de sermos autodidatas; maestria é o ímpeto de fazermos progresso e ficarmos melhores no que fazemos; e propósito é nosso anseio de contribuir e fazer parte de algo maior do que nós mesmos.[17] Isso é semelhante às definições do professor de gestão Kenneth Thomas em seu livro *Intrinsic Motivation at Work: What Really Drives Employee Engagement* [Motivação Intrínseca no Trabalho: O que Realmente Causa o Engajamento do Funcionário, em tradução livre], em que ele identifica os motivadores intrínsecos significância, escolha, competência e progresso.[18]

Esses motivadores intrínsecos são extremamente importantes quando se trata de aprendizagem e trabalho e mesmo assim a maioria das empresas aplica estratégias de aprendizagem e formação de talentos que na verdade são o oposto do que a ciência nos diz ser mais eficaz. Em vez de autonomia e escolha, elas têm um modelo de comando e controle para comunicar aos empregados o que e quando precisam fazer e aprender (o que inclui o temido treinamento de compliance). Em vez de maestria e competência, as empresas parecem ficar satisfeitas em saber que os funcionários concluíram o "treinamento", não importando se realmente aprenderam algo ou desenvolveram novas habilidades. Em vez de entender que aprendizagem e trabalho significativo contribuem para a necessidade das pessoas de terem significado em suas vidas, a maioria das empresas mostra perplexidade quando as taxas de engajamento dos funcionários permanecem estagnadas e 70% deles são totalmente descomprometidos com o trabalho.[19]

O espantoso é que muitas empresas não abraçaram a ciência e a psicologia existentes por trás de motivar as pessoas no ambiente de trabalho. Na verdade, várias empresas de tecnologia tentam engajar as pessoas através de motivadores externos, mas seria essa a solução? Empresas como Google, LinkedIn e Facebook são conhecidas por fornecer alimentação gratuita, mesas de pingue-pongue, massagens no local e cortes de cabelo, entre outras regalias. E embora isso possa agradar a certos funcionários por algum tempo, não traz nada de sustentável para sua lealdade ou permanência a longo prazo. As pessoas não resolvem ficar ou sair de uma empresa porque têm alimentação gratuita. Não quero dizer que essas regalias sejam inúteis (quem não quer tê-las?), mas não constituem as principais razões para alguém decidir trabalhar ou permanecer em uma empresa em longo prazo. Esses motivadores são mais profundos e intrínsecos.

O que os empregados de hoje querem é poder ter influência em seu trabalho, desfrutar da flexibilidade de quando e onde o executarão, conectar seu trabalho a um fim maior e ter a oportunidade de aprender e crescer em suas carreiras. A compensação é um motivador externo importante, mas estudos recentes mostraram que as pessoas, principalmente os *millennials*, preferem ganhar menos e ter mais flexibilidade e maiores oportunidades de aprender e impulsionar suas carreiras.[20] Se as empresas criassem estratégias para dar suporte a essas descobertas, seriam mais bem-sucedidas, inclusive no recrutamento e na retenção de funcionários. Também veriam que os funcionários atuais precisam de um senso de significado e propósito que os motive a aprender.

Significado e Propósito como Condutores da Aprendizagem

Muitos funcionários querem ver seu trabalho conectado a um fim maior; querem sentir que estão fazendo uma contribuição valiosa para eles próprios, sua empresa e a sociedade. Como resultado, com frequência, os melhores funcionários são atraídos por empresas que têm alguma missão e querem ter um impacto positivo sobre a sociedade. Aaron Hurst passou as últimas décadas pesquisando o relacionamento entre propósito e trabalho.

Hurst criou a organização sem fins lucrativos Taproot Foundation em 2008, cuja missão é liderar, mobilizar e engajar profissionais em serviços *pro bono* que promovam mudança social. Depois, foi cofundador da empresa Imperative, uma startup que ajuda as pessoas a descobrir e aplicar propósito ao trabalho.

Em sua extensa pesquisa sobre como as pessoas percebem o trabalho, Hurst descobriu que elas tendem a vê-lo a partir de dois pontos de vista. O primeiro é através da orientação a um propósito, o que significa que algumas pessoas veem o trabalho como uma maneira de obter realização pessoal, considerando-o também um método de servir aos outros. Na segunda orientação, as pessoas veem o trabalho como uma maneira de conseguir status, promoção e renda. A pesquisa de Hurst mostra que, da força de trabalho dos Estados Unidos, constituída por 150 milhões de pessoas, cerca de 42 milhões (ou 28%) são orientadas ao propósito. O objetivo da empresa Imperative de Hurst é imaginar uma força de trabalho em que a maioria das pessoas seja orientada ao propósito, porque com esse ponto de vista como meta, há enormes benefícios para os funcionários, as empresas e a sociedade.[21]

Na verdade, combinar funcionários idealistas com organizações orientadas a objetivos é uma mistura poderosa. De acordo com o psicólogo organizacional Philip H. Mirvis,[22] quando as empresas são direcionadas a uma missão e os funcionários têm ideais, a combinação promove "um engajamento evolutivo em que a empresa deseja estimular e desenvolver mais plenamente seus funcionários (e a firma em geral) para produzir maior valor para os negócios e a sociedade".

Como Hurst, a psicóloga de fama mundial Carol Dweck, da Universidade Stanford, também concorda que perseguir um fim torna a vida mais significativa. Dweck diz que "o esforço é uma das coisas que dão significado à vida. Esforçar-se significa que há preocupação com algo, que algo é importante e você irá trabalhar para consegui-lo. Seria uma existência sem sentido se não valorizássemos alguma coisa e nos comprometêssemos a trabalhar para consegui-la."[23]

Além da orientação a um propósito, Dweck também acredita no poder da mentalidade como grande motivador para uma aprendizagem bem-sucedida. Em seu livro *Mindset: A Nova Psicologia para o Sucesso*,[24] ela fala sobre o poder de acreditar que você pode melhorar. Dweck afirma que as pessoas têm uma mentalidade progressiva ou uma mentalidade fixa no que diz respeito à aprendizagem. A mentalidade fixa nos diz que somos ou não somos inteligentes, que aprendemos tudo o que pudemos ou que não temos capacidade para aprender um tópico complexo (como a matemática), enquanto a mentalidade progressiva diz que temos capacidade para aprender algo novo todo dia — mesmo se ainda não formos bons (em matemática), cada um de nós tem a capacidade de melhorar se tentar. Quando os cientistas mediram as atividades elétricas do cérebro entre pessoas com as mentalidades fixa e progressiva, descobriram que pessoas com uma mentalidade progressiva têm conexões que se ativam agitadamente em comparação com quem tem uma mentalidade fixa cujo cérebro não se engaja no mesmo nível.

Dweck acredita plenamente que quando se trata de aprendizagem, devemos nos desafiar: "Em uma mentalidade progressiva, os desafios são empolgantes e não ameaçadores. Logo, em vez de pensar, 'Oh, vou revelar minhas fraquezas,' você diz, 'Ótimo, uma chance de crescer.' Se perceber que tem medo de desafios, entre em uma mentalidade progressiva e pense no crescimento que pode advir de aceitar a oportunidade, mesmo se estiver fora de sua zona de conforto."[25]

No que diz respeito a estimular a aprendizagem vitalícia, Dweck também acredita no poder do "ainda não" — uma teoria inspirada por uma escola de ensino médio em Chicago que, em vez de reprovar os alunos por não passarem de ano, lhes dá a nota "Ainda Não". Como Dweck diz, a diferença entre sabermos que falhamos em algo e nos falarem "ainda não" é significativa: "[...] se você tirar uma nota baixa, pensará, não valho nada, não vou a lugar nenhum. Mas se obtiver a nota 'Ainda Não', entenderá que está em uma curva de aprendizagem. Isso lhe dará uma visão de futuro."[26]

No nível universitário, normalmente alguns professores usam uma metodologia de mentalidade progressiva ao ensinar, o que significa que dão aos alunos a oportunidade de melhorar antes de receberem a nota final em um projeto. Em outras palavras, eles lhes dão uma nota "Ainda Não" e uma chance de melhorar. Vejamos um exemplo.

Cameron teve uma aula de história na faculdade sobre a Guerra do Vietnã e recebeu a incumbência de escrever um artigo analisando três filmes feitos sobre o conflito. Havia vários prazos no projeto (várias oportunidades de praticar) e, a cada esboço, Cameron recebia feedback do professor e tinha tempo para refletir e uma oportunidade de melhorar a tarefa. Cameron estava ganhando conhecimento sobre a Guerra do Vietnã e também desenvolvendo habilidades de raciocínio crítico e análise. Através de prática, feedback e reflexão, ele melhorou seu trabalho a cada esboço, aprendendo cada vez mais no percurso. É preciso mencionar que esse fluxo estável de informações e feedback converteu-se em um resultado positivo reforçando para Cameron: 1) a experiência positiva de escrever o artigo, 2) a indução de uma "mentalidade progressiva" e 3) a reiteração do grau "Ainda Não" até Cameron atingir um nível de sucesso.

Compare esse caso com o de um professor que coloca a tarefa no plano de ensino e não permite feedback direto antes dela ser concluída. Sem prática e feedback, a nota é baseada apenas na primeira e na última tentativas. Essa abordagem não permite a obtenção de uma avaliação real da habilidade de aprender, assim como não permite que floresça uma mentalidade progressiva.

Aprendizagem e Mentalidade como Vantagens Competitivas

Empresas que entendem o poder da mentalidade progressiva têm uma vantagem real, não só porque ajudam seus funcionários a perceberem que devem continuar aprendendo por toda a sua carreira, mas também porque líderes que abraçam a mentalidade progressiva tendem a ser mais introspectivos sobre sua própria aprendizagem e liderança.

Satya Nadella assumiu como CEO da Microsoft em 2014 e os conceitos de Dweck o inspiraram. Ele entende que uma cultura de aprendizagem pode ser uma grande vantagem competitiva: "A cultura é algo que precisa se adaptar e mudar, e você tem que ser capaz de ter uma cultura de aprendizagem."[27] Nadella abraçou os conceitos de Dweck em *Mindset* e reiterou um dos mais importantes para seus funcionários: "Se você pegar duas pessoas, uma delas sendo um aprende-tudo e a outra um sabe-tudo, o aprende-tudo sempre vencerá o sabe-tudo no longo prazo, mesmo se começarem com menos capacidade inata."[28]

Pedir feedback não é tão comum para os CEOs e pode ser desconfortável para líderes que às vezes sentem que têm que liderar como um "sabe-tudo". Satya é diferente e adota o feedback e a mentalidade progressiva.

Ele acha que todos os funcionários e CEOs devem perguntar a si mesmos no fim do dia de trabalho: "Em que situação mantive a mente muito fechada, ou em que momento não mostrei o tipo certo de atitude de crescimento em minha própria mente? Se eu agir corretamente, estaremos na direção certa para a cultura que desejamos."[29]

Outra questão interessante que Nadella coloca é que os funcionários que são os mais inteligentes agora podem não ser os mais inteligentes no longo prazo, dependendo de sua mentalidade, algo que as empresas devem levar em consideração durante o processo de contratação. No processo de entrevista, é possível identificar que pessoas são aprendizes vitalícios com mentalidade progressiva; por exemplo, quando perguntamos a aprendizes vitalícios o que aprenderam no ano anterior, eles tendem a responder imediatamente. Quando os entrevistados demoram a responder à pergunta, isso revela que não são intencionalmente aprendizes vitalícios. Pessoas que valorizam a aprendizagem e conseguem demonstrar agilidade em aprender no ambiente de trabalho são valiosas no presente e continuarão a ser talentos procurados no futuro. Mesmo assim, uma mentalidade progressiva não é o único atributo que os funcionários precisam ter na força de trabalho atual. Como pesquisas recentes mostram, uma dose constante de coragem ajuda muito a otimizar o processo de aprendizagem.

Coragem e Resiliência

Quando tinha 27 anos, Angela Duckworth saiu de seu emprego em consultoria de gestão para ensinar matemática para alunos da sétima série em uma escola de Nova York. O que ela descobriu durante suas aulas a ajudou a entender como as pessoas aprendem e o que as torna bem-sucedidas. Uma das primeiras coisas que ela notou durante seus dias de professora foi que alguns de seus alunos mais inteligentes e de QI mais alto não estavam se saindo tão bem e os de QI mais baixo apresentavam melhor resultado. Isso a fez perceber que não é só o QI que conta na aprendizagem e que a motivação era um fator-chave para seus alunos aprenderem coisas novas.

Após alguns anos, Duckworth parou de ensinar, tornou-se aluna novamente e continuou sua jornada fazendo pesquisa de graduação, estudando psicologia e aprendizagem na Universidade da Pensilvânia. Ela queria saber mais sobre a aprendizagem do que o que podia ser medido através de níveis de QI, então começou a perguntar tanto a crianças quanto a adultos em seus estudos "Quem é bem-sucedido aqui e por quê?".

Em todos os estudos conduzidos por Duckworth e sua equipe, em várias situações no trabalho, "uma característica emergiu como um preditor significativo de sucesso" e não era a inteligência social ou o QI; era a coragem, ou "a paixão e a perseverança para atingir objetivos de longuíssimo prazo".[30] Outro ponto interessante sobre a pesquisa de Duckworth é que "geralmente a coragem não está relacionada ou está até mesmo inversamente relacionada a medidas de avaliação de talento". Isso significa que quando o desempenho dos funcionários é medido no trabalho, raramente eles são avaliados por sua "coragem". Duckworth conclui que a coragem não é o único componente do sucesso e que "trabalhar duro é muito importante". Na aprendizagem bem-sucedida, tanto a coragem quanto uma mentalidade progressiva são dois elementos essenciais. Mas como podemos aplicar esses conceitos de maneira prática?

Sendo Prático em Relação à Aprendizagem

Conhecimento e habilidades com frequência são termos que se confundem. Considere esse exemplo: se você aprendesse italiano (frequentando aulas presenciais ou um curso online, assistindo a alguns vídeos, ouvindo gravações, lendo um livro ou usando um aplicativo de idioma), isso significaria que no fim da aprendizagem você poderia realmente falar ou escrever bem em italiano? Talvez não. Na verdade, muitas pessoas passam anos estudando um idioma estrangeiro em aulas formais, tiram boas notas e mesmo assim não conseguem ler ou escrever no idioma — não conseguem fazer nada com o conhecimento que adquiriram. Isso ilustra a diferença entre conhecimento e habilidades — você pode ter adquirido algum conhecimento, mas não dominou a habilidade.

Hoje em dia, nas empresas, geralmente não há diferença entre conhecimento e habilidades e é tudo etiquetado com um mesmo rótulo chamado "treinamento". Só porque você sabe algo não significa que possa fazê-lo. Mesmo se puder fazê-lo, não significa necessariamente que será bom. Só significa que informações foram transmitidas de alguma forma com o objetivo de transferir conhecimento. Se as empresas quiserem ajudar realmente seus funcionários a saberem mais ou ganharem novas habilidades, tem que haver um entendimento comum e básico do que significa aprender.

Aulas Não São Aprendizagem

Na maioria das empresas, a transferência de conhecimento é a base do treinamento corporativo. Geralmente, o treinamento é solicitado por um líder, um gerente ou um funcionário e a solicitação costuma resultar em treinamento em sala de aula baseado em lições ou em uma vivência de e-learning semelhante. Algumas empresas consideram que a maneira mais fácil de resolver um problema é fazendo uma sessão de treinamento em vez de aproveitar o tempo para analisar a questão propriamente dita.

Digamos, por exemplo, que alguém da equipe estivesse abusando das diretrizes de trabalho remotas ou algum funcionário do suporte ao cliente estivesse obtendo baixos níveis de satisfação. Esses funcionários são possíveis candidatos a alguma espécie de "treinamento" com base na concepção errônea de que, se soubessem mais, as políticas seriam seguidas ou eles poderiam fazer os clientes felizes. Esse tipo de treinamento é com frequência distribuído na forma de uma apresentação do PowerPoint ou algo semelhante. Os funcionários ouvem passivamente as informações, às vezes são até questionados, e então supõe-se que estejam "treinados" no assunto. Problema resolvido?

Recentemente, diante do alvoroço em torno de casos de assédio e abuso sexual, o Senado dos Estados Unidos passou um treinamento obrigatório sobre assédio sexual para os senadores e suas equipes. Mas raramente as informações são a chave para a solução de questões no ambiente de trabalho. Quase sempre, o problema não tem nada a ver com falta de informação. Dar treinamento para um grupo inteiro de pessoas para resolver um problema específico é como tirar privilégios de todos quando apenas uma pessoa cometeu a falta. Geralmente dirigimos o treinamento para a pessoa "média" quando na verdade não há uma pessoa "média".

Essa abordagem de tamanho único simplesmente não é eficaz.

As empresas tiraram essa abordagem de treinamento do modelo de aprendizagem universitário, mas, em vez de professores especialistas transmitindo conhecimento em aulas, temos instrutores ensinando um grupo ou uma equipe no ambiente de trabalho. Na escola, os alunos tomam notas e as usam para estudar para os exames e, quando estes acabam, para a maioria das pessoas, a necessidade de saber passou e grande parte do conhecimento é perdido. Os alunos podem ter adquirido conhecimento suficiente para passar no exame e obter notas altas, mas poucos adquiriram as habilidades necessárias para aplicar o conhecimento de maneira prática.[31] Quando esse modelo é aplicado no trabalho, obtemos resultados semelhantes. Os funcionários esquecem grande parte do que aprenderam e raramente aplicam o conhecimento ganho na sala de aula trabalhando em sua função.

As escolas de medicina são famosas por exigirem dos alunos horas e horas de aulas, principalmente durante os primeiros anos. A quantidade de informação e conhecimento que os futuros médicos precisam absorver é surpreendente. Um curso de medicina típico começa com uma graduação de quatro anos, seguida de dois anos de internato ou estágio e, para concluir, dois anos de residência ou especialização. São oito anos de construção de conhecimento antes que os alunos aspirantes a médicos cheguem a colocá-lo em prática. O problema é que o conhecimento só vai até aí e as aulas não são a maneira mais eficaz de aprender. É o que você faz com o conhecimento que adquire que é mais importante.

William Jeffries, Reitor Sênior Associado para Educação Médica na Faculdade de Medicina Larner da Universidade de Vermont e antigo defensor do poder das aulas no ensino superior, agora acredita que elas *não* são a melhor maneira de aprender. De acordo com Jeffries: "Há muitas evidências na literatura, acumuladas na última década, que mostram que quando fazemos uma comparação entre as aulas e outros métodos de aprendizagem — normalmente chamados de 'aprendizagem ativa' — as aulas não são tão eficazes ou tão bem-sucedidas em permitir que os alunos acumulem conhecimento no mesmo período de tempo."[32]

Essas evidências encorajaram Jeffries e seus colegas a começarem a deixar de lado as aulas em favor da "aprendizagem ativa" (colocar o conhecimento em prática) pretendendo tornar as aulas obsoletas dentro de dois anos. A aprendizagem ativa envolve colocar o que sabemos em prática; o conhecimento é o que você sabe, mas as habilidades são o que pode fazer.

Loop Simples da Aprendizagem

Então, qual seria o melhor método para ajudar os funcionários a aprenderem? Não importa se queremos que as pessoas ganhem conhecimento ou aprendam novas habilidades, há um "Loop da Aprendizagem" simples pelo qual todos passam se quiserem realmente aprender. O Loop da Aprendizagem é uma maneira fácil de considerarmos o processo de aprendizagem e ele tem quatro componentes: conhecimento, prática, feedback e reflexão.

Usaremos o Loop da Aprendizagem no contexto da construção de uma nova habilidade no exemplo a seguir. Você tem um funcionário, John, que quer aprender como fazer uma ótima apresentação. Primeiro, John precisa obter algum "conhecimento" do que é necessário em uma boa apresentação. Por ser esperto, ele sabe que pode encontrar informações sobre essa habilidade de várias maneiras: por exemplo, pode ler um livro, assistir a um vídeo, ler um artigo, ouvir um podcast ou consumir qualquer outro conteúdo que o ajude a aprender tudo de que precisa para fazer uma ótima apresentação.

Em seguida, John tem que "praticar" a habilidade de fazer uma apresentação. Talvez pratique em casa, ou com um colega, ou em uma situação que não seja tão intimidadora. Muitas pessoas saltam essa etapa, parando na parte do "conhecimento", mas é claro que isso é um erro. Aplicar o conhecimento através da prática é vital no desenvolvimento de uma nova habilidade e é especialmente importante para se obter feedback.

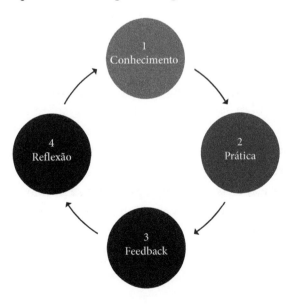

O "feedback" é a chave para sabermos se realmente entendemos o que estamos aprendendo. Nesse momento, John praticou fazendo uma apresentação e agora precisa de algum feedback. Uma maneira pela qual ele pode obter feedback é praticando em frente a um colega, mas também poderia obtê-lo por um método mais formal. Quando Kelly estava no Yahoo!, o departamento de aprendizagem dava aulas de apresentação em que os participantes eram gravados se apresentando para um grupo de colegas. Depois disso, eles recebiam feedback de três maneiras: em primeiro lugar, do instrutor (que tinha muita experiência em dar apresentações e dar um feedback construtivo); em segundo lugar, de seus colegas da sala de aula; e, em terceiro lugar, de assistir a si próprios em vídeo para poder ver diretamente como se saíram.

Uma vez que os participantes obtinham feedback, podiam "refletir" sobre o que ouviram e fazer modificações em sua apresentação e postura. Em seguida, passavam pelo processo do Loop da Aprendizagem novamente. Para pessoas que dão aulas ou fazem apresentações regularmente, o Loop da Aprendizagem é menos estruturado, mas ocorre mesmo assim. Elas praticam, recebem feedback, refletem e então fazem ajustes para a próxima vez.

Vejamos outro exemplo. Emily está começando em um novo emprego em uma firma de relações públicas agora que saiu da faculdade. Em sua primeira semana de trabalho, ela está aprendendo sua função e familiarizando-se com a maneira como tudo funciona em seu novo ambiente de trabalho. Essa é a parte do Loop da Aprendizagem que envolve o conhecimento. Depois, ela começa a executar realmente seu trabalho, em parceria com gerentes de conta mais experientes (prática) e às vezes participando de algumas reuniões com clientes para observar seus colegas em ação. Durante essas primeiras semanas, Emily recebe feedback de seu chefe e de seus colegas sobre seu progresso. Ela reflete sobre o feedback, ajusta suas ações em tempo real e também tem certeza de que está aprendendo e caminhando na direção certa. Parece tão simples, mas é surpreendente o número de pessoas que não recebem feedback ou têm a oportunidade de refletir sobre ele e apenas esperam que estejam se saindo bem. Seguir cada etapa do Loop da Aprendizagem nos ajuda a ganhar e reter conhecimentos e habilidades importantes, ao mesmo tempo em que desenvolvemos uma necessidade real de aprender mais.

Refletir Constrói Inteligência Emocional

Refletir sobre o que aprendemos é benéfico por várias razões. Além de criar um ambiente em que há tempo para pensarmos sobre nossas experiências para termos uma percepção melhor, também ajuda a resolver problemas, a pensar criticamente e a desenvolver inteligência emocional[33] (três das habilidades mais importantes para o ambiente de trabalho). É ideal quando podemos obter feedback para refletir sobre o que aprendemos, mas mesmo nos casos em que não obtemos feedback imediato após a prática, ou se apenas lemos um livro ou um artigo para ganhar conhecimento, ainda podemos reservar um tempo para refletir por conta própria.

A etapa da reflexão é com frequência negligenciada no fluxo de trabalho e é crucial que haja uma estrutura para catalisá-la. A Airbnb usa a Degreed, que foi projetada para facilitar a aprendizagem vitalícia e o desenvolvimento de habilidades. Quando os funcionários concluem uma experiência de aprendizagem, podem anotar insights ou "lições" que são adicionados ao seu perfil de aprendizagem na Degreed. Essas "lições" fazem os funcionários refletirem sobre o que aprenderam e podem então ser compartilhadas com os outros e discutidas online.

Vulnerabilidade na Aprendizagem

De posse do que sabemos sobre o cérebro, os estimulantes motivacionais, o valor de uma mentalidade progressiva e o poder da coragem, por que mais empresas não aplicam ativamente esses princípios? Uma razão é que algumas pessoas do ambiente de trabalho não gostam de admitir que precisam aprender novas habilidades porque acham que os outros vão lhes dar menos valor, o que as faz se sentirem expostas e vulneráveis.

Isso não importa tanto na escola porque "espera-se" que aprendamos e, portanto, não parece um problema não saber algo. Mas, quando essas mesmas pessoas não estão mais na escola e entram no mundo do trabalho, de repente se veem desempenhando um certo papel, porém inseguras de como aplicar no trabalho o conhecimento que aprenderam. Quantas pessoas conhecemos que dizem ter uma determinada habilidade mesmo quando no fim das contas não têm? Algumas não querem perder credibilidade, principalmente quando se trata de serem contratadas ou receberem novas responsabilidades.

Há uma tendência nos aprendizes adultos de não quererem admitir que não sabem algo ou não têm uma habilidade específica. Se o chefe achar que você não sabe como realizar seu trabalho, ele lhe verá de maneira diferente? Isso pode ser usado contra você em uma avaliação de desempenho? Mesmo fora da gerência sênior, os funcionários podem ficar preocupados com o que seus colegas dirão e pensarão. É preciso coragem para dizer que você não sabe algo em um ambiente de trabalho competitivo. Como líderes, temos que entender isso e ajudar a tranquilizar as pessoas quanto ao fato de não se saber algo. Devemos reforçar a mensagem de que todos irão aprender durante toda a sua carreira e pelo resto de suas vidas.

Ajudar as pessoas a se tornarem especialistas requer uma mudança real em nossas próprias percepções do que realmente significa aprender. Significa entender que cada pessoa com as quais trabalhamos é única em como aprende. Para algumas pessoas que se empenham para aprender coisas novas, pode até mesmo ser apenas uma questão de mudar sua mentalidade de "não posso" para "ainda não".

Cinco Passos que Ajudam os Funcionários a Aprenderem e se Especializarem

Agora que você sabe as maneiras como as pessoas aprendem melhor, pode pensar em como incorporar parte desse conhecimento às estratégias de aprendizagem de sua empresa. Aqui estão várias maneiras pelas quais pode ajudar seus funcionários a aprenderem e construírem conhecimento:

1. Entenda e aplique o Loop simples da Aprendizagem

As pessoas aprendem através desse processo simples, logo, certifique-se de que todos os componentes do loop sejam incorporados a qualquer aprendizagem que desenvolver ou comprar para seus funcionários. Com bastante frequência, as empresas gastam muito dinheiro com recursos de aprendizagem de terceiros sem saber se quem os fornece sabe como os funcionários realmente aprendem.

2. Modele a mentalidade e aplique os motivadores certos

Sempre que os líderes ou funcionários quiserem impor uma "solução de treinamento" em sua empresa, recue e pondere se ela é realmente a solução para o problema e se os funcionários irão adotá-la ou se beneficiar dela. Deixe seus funcionários saberem que a empresa prefere trabalhadores que "aprendem tudo" em vez de trabalhadores que "sabem tudo" e certifique--se de que os líderes e funcionários assumam esse comportamento. Pense nas motivações intrínsecas dos funcionários, como autonomia, maestria e propósito, e deixe que eles se incumbam de sua própria aprendizagem.

3. Faça os funcionários avaliarem as lacunas de habilidades

Ajudar os funcionários a conhecer seus pontos fortes, suas fraquezas e suas lacunas de habilidades agrega um valor incrível. Como eles saberão que habilidades desejam construir se não souberem para onde querem ir, o tipo de habilidades de que precisam, as habilidades que têm ou o nível dessas habilidades? A Degreed adicionou a avaliação e a certificação de habilidades como parte do portfólio de seu produto para fazer exatamente isso.

Outra maneira de considerarmos a lacuna de habilidades é "identificar os melhores exemplos".[34] De acordo com a professora de negócios Dorothy Leonard, você pode fazer as seguintes perguntas para ajudar a conduzir o processo:

Quem é realmente bom no que você quer fazer?
Que especialistas têm alta credibilidade junto a seus pares e supervisores imediatos?
Em quem você deseja se espelhar?

Em seguida, use as respostas para avaliar a lacuna existente entre você e eles. Leonard disse: "Isso requer uma autoavaliação criteriosa. Que quantidade de trabalho essa mudança exige, e você está pronto para assumi-la?

Se descobrir que a lacuna de conhecimentos é razoavelmente pequena, isso deve lhe deixar confiante. Se verificar que é muito grande, respire fundo, pondere se tem coragem e decida-se por fechá-la."[35]

4. Encoraje a autonomia junto a seus funcionários

As pessoas realmente querem autonomia. Se você quiser proporcionar um ambiente em que os funcionários possam ser autônomos, é importante se concentrar mais no trabalho que pode ser feito e não em como ele é feito. Além disso, desenvolva confiança em seus funcionários. Se não acreditar que eles podem trabalhar autonomamente, por que contratá-los?

Para concluir, deixe que os funcionários sejam responsáveis pela trajetória de suas carreiras e ofereça orientação, modelos e aconselhamento ao longo do caminho. Tracy Maylett, CEO da firma de consultoria em engajamento de funcionários DecisionWise, diz: "Quem quer ter que ouvir o que deve fazer a cada turno e quem vai querer ser a babá? Talvez haja pessoas que se enquadrem nessas duas categorias, mas isso não forma bons funcionários — ou bons gerentes. É aí que entra a autonomia equilibrada e efetiva."[36]

5. Encoraje mais leitura e menos aulas

Alguns dos líderes mais respeitados de nossa época são ávidos leitores. Bill Gates aprende coisas novas lendo cerca de 50 livros por ano.[37] Elon Musk é um leitor voraz e diz que os livros que leu quando criança o inspiraram a construir foguetes.[38] Mark Zuckerberg se comprometeu a ler um livro a cada duas semanas e compartilha sua relação de leituras no Facebook.[39] E a lista continua: Warren Buffett, Oprah Winfrey, Sheryl Sandberg e inúmeros empreendedores aprendem pela leitura.[40] Mais uma dica: fique perto de pessoas que admira e tome-as como exemplo. O instrutor motivacional Jim Rohn disse a famosa frase: "Você é a média das cinco pessoas com quem passou mais tempo junto."[41]

CAPÍTULO DOIS

Torne a Aprendizagem uma Vantagem Competitiva

QUANDO ANGELA AHRENDTS se encontrou com o CEO da Apple, Tim Cook, em 2013, foi para convencê-lo a não contratá-la. Na época, Ahrendts era CEO da Burberry e tinha ajudado a transformar essa tão tradicional marca inglesa de moda (famosa por seus trench coats) em uma novíssima marca descolada que visava a população mais jovem. Ahrendts também é conhecida por trazer a Burberry para a era digital bem antes de suas competidoras.

No momento em que Ahrendts recebeu o convite de Cook para ir para a Apple como parte da divisão de varejo, ela se sentiu lisonjeada, mas não queria deixar seu trabalho na Burberry. Tinha dado duro na criação de uma fantástica cultura de trabalho e construído sólidos relacionamentos. Durante seu encontro com Cook, Ahrendts explicou para ele por que não era adequada para a Apple. Em primeiro lugar, embora tivesse tido bastante sucesso trazendo a Burberry para o mundo digital, disse-lhe que não se considerava especialista em tecnologia; e, em segundo lugar, disse que apesar de sua longa carreira trabalhando para grandes varejistas (antes da Burberry, trabalhou para Donna Karan e Liz Claiborne), também não se considerava especialista em varejo. Por acaso, o principal interesse de Cook não estava em se ela era especialista nessas áreas (ainda que provavelmente fosse). O que Cook queria era algo diferente. Ele queria Ahrendts por suas habilidades de liderança, por sua energia e seus valores. Ele a queria pelo que ela poderia fazer pela cultura de varejo da Apple.

Cook assistiu Ahrendts quando ela proferiu sua palestra *The Power of Human Energy* [O Poder da Energia Humana, em tradução livre] no TEDx em 2011. Durante a palestra, ela descreveu com paixão a importância de valores básicos como confiança, intuição e crença, e como esses valores, quando aproveitados, podem promover uma transformação incomum. Uma frase importante convenceu Cook de vez: "Quanto mais nossa sociedade for se tornando tecnologicamente avançada, maior será a nossa necessidade de voltar aos princípios básicos da comunicação humana."[1] A partir daquele momento, Cook decidiu que queria contratá-la. Ele não era o único admirador de Ahrendts: Sir John Peace, presidente da Burberry e anteriormente presidente da Standard Chartered, comentou: "Ela inspira as pessoas. E é o tipo de pessoa que quer ver as coisas darem certo como uma equipe. É uma qualidade rara."[2]

O Poder da Aprendizagem

Ahrendts ingressou na divisão de varejo da Apple em 2014 e incorporou uma abordagem mais "humanística" à cultura da empresa. Ao fazê-lo, ela está criando um ambiente que se beneficia de uma melhor comunicação e dá suporte ao desenvolvimento de carreiras e à aprendizagem. Como exemplo, Ahrendts quer transferir 10% dos funcionários varejistas da Apple para outras lojas no mundo todo a fim de dar mais oportunidades de aprendizagem e desenvolvimento.[3] A Apple não é a única empresa a escolher esse caminho. Atualmente, a Starbucks se oferece a pagar ensino completo para os funcionários obterem um diploma de bacharel na Universidade do Estado do Arizona se trabalharem pelo menos 20 horas por semana. Isso beneficia as pessoas que, de outro modo, não poderiam obter um diploma universitário, mas também ajuda a Starbucks a reduzir a alta rotatividade de suas lojas.[4] Cada vez mais empresas estão se concentrando no poder da aprendizagem — não só porque beneficia os funcionários, mas porque desenvolvê-los faz muito sentido nos negócios.

Tesla, General Electric, Airbnb e Goldman Sachs são alguns exemplos de empresas que estão se dedicando à aprendizagem para fornecer um desenvolvimento essencial para seus líderes, gerentes e funcionários. A Aviva, uma empresa de seguros em Londres, deu um passo à frente criando um grupo de inovação chamado "Digital Garage" só para investir em aprendizagem e transformação digital visando ao futuro.

Outras empresas fariam bem em seguir esse exemplo. Uma pesquisa da Deloitte mostra que organizações de aprendizagem de alto impacto (HILOs, *high-impact learning organizations*) atingem, em um período de quatro anos, um crescimento nos lucros três vezes maior do que empresas que não seguem uma abordagem semelhante. A alta gerência também mostra entusiasmo por uma maior aprendizagem: em um relatório de 2016 sobre as Tendências Globais de Capital Humano da Deloitte, 84% dos executivos concordaram que a aprendizagem é uma questão importante. O relatório também descreve a importância da aprendizagem no desenvolvimento profissional, no engajamento dos funcionários e na construção de uma cultura sólida no ambiente de trabalho.

Mas não são só os executivos das empresas que querem que haja uma inclinação maior à aprendizagem no ambiente de trabalho. Os funcionários também querem.

Evidências crescentes mostram que as empresas precisam se concentrar na importância da aprendizagem. Elas têm que fazer isso para permanecerem competitivas e atrair, engajar e reter seus talentos. Mas, antes das empresas poderem implementar com sucesso um ambiente de aprendizagem, precisam entender bem essa cultura.

Construindo a Cultura Certa para a Aprendizagem

A cultura das empresas é multifacetada, e uma cultura de aprendizagem sólida precisa ser um componente de uma cultura empresarial íntegra como um todo. Geralmente isso começa com o CEO ou líder expressando explicitamente a visão e a missão da empresa, assim como os valores que guiam suas operações. Em seguida, cabe aos líderes e gerentes acreditarem na visão e na missão para comunicá-las regularmente, explicar como os funcionários podem afetar a missão e modelar o comportamento que dará suporte aos residentes do ambiente cultural. Chega, então, a vez dos funcionários se alinharem à visão e à missão para entenderem como podem afetá-las e agir dentro dos valores da empresa. É bonito quando tudo acontece ao mesmo tempo, e é um pouco mais difícil do que parece.

Empresas conhecidas por suas culturas corporativas inovadoras incluem a Apple, o Google, a Netflix, a GE, a Southwest Airlines e a Zappos, para citar apenas algumas. Uma cultura positiva cria um ambiente de trabalho mais feliz, e funcionários felizes são iguais a um resultado mais satisfatório. Na verdade, estudos mostram que empresas que têm culturas de ambiente de trabalho positivas estão propensas a ter um desempenho melhor do que a competição com uma diferença de impressionantes 20%.[5] "Autenticidade e transparência são essenciais para a construção de uma cultura positiva e desejável — uma cultura que ajudará a empresa a se destacar da competição", disse William Arruda, um consultor pessoal de branding e cofundador da CareerBlast, baseada em Nova York. "Cada aspecto dos mecanismos internos de uma empresa deve estar alinhado com sua missão, visão e valores."

Cultivar uma cultura de trabalho positiva é essencial para atrair talentos, principalmente millennials. Na média, os millennials não se importam em renunciar a um salário de quase 8 mil dólares para trabalhar em um ambiente com uma cultura que esteja alinhada com seus valores.[6] Foram-se os dias em que o salário estava no topo da lista de prioridades. Atualmente, quem procura emprego pesquisa avidamente as empresas online e estuda as análises anônimas do Glassdoor para ter uma percepção mais profunda de diferentes tipos de cultura e ver como se enquadrariam nelas. Nesse aspecto, os millennials estão moldando e fazendo evoluir a cultura empresarial da forma como a conhecemos.

A cultura empresarial está se tornando tão importante que, com frequência, os funcionários tomam decisões profissionais baseados nela — para permanecer na empresa atual ou buscar uma nova oportunidade. E isso faz sentido. As pessoas passam grande parte de seu tempo no trabalho, logo, se tudo o mais for igual, elas *devem* refletir para decidir se a cultura é importante. Ajuda tanto à empresa quanto ao funcionário verificarem se há compatibilidade. Algumas das perguntas que os funcionários ou possíveis contratados considerarão ao ingressar ou permanecer em uma empresa incluem:

- Estou alinhado com a visão e a missão da empresa?
- Estou alinhado com os valores da empresa?
- Gosto de ir trabalhar todo dia?

- O trabalho é compensador e desafiador? Posso fazer a diferença?
- Gosto de trabalhar com meu chefe e colegas?
- Tenho a oportunidade de aprender novas habilidades e desenvolver minha carreira?
- Estou sendo pago de forma justa?

A verdade é que os funcionários são os maiores embaixadores da marca da empresa, logo, uma cultura empresarial forte beneficia a todos.

As culturas de ambiente de trabalho precisam ser positivas e saudáveis para incentivarem as pessoas a aprenderem continuamente. Quando temos líderes que entendem e apoiam isso, a cultura inspira e motiva as pessoas, que consequentemente tornam-se defensoras da empresa de uma maneira poderosa. Ahrendts é uma dessas líderes que acredita que o segredo da cultura da Apple está em como a empresa trata e desenvolve os funcionários. "Se você vai contratar pessoas," diz ela, "porque não torná-las um diferenciador? Elas não são commodities". A vice-presidente de varejo da Apple, Stephanie Fehr, diz: "Aqui temos uma grande vantagem evolutiva para as pessoas."

"Manda Ver e Divirta-se"

Kelly passou grande parte de sua carreira na Sun Microsystems, onde havia uma cultura distinta promovida pelo dinâmico CEO Scott McNealy. McNealy liderou a empresa por mais de 25 anos e a consistência em sua liderança foi uma das razões para a cultura da empresa ser tão poderosa.

A empresa tinha uma cultura colaborativa na qual o lema era "manda ver e divirta-se". Os funcionários eram leais e colaborativos, e os gerentes eram conhecidos por darem apoio e serem proativos com relação ao desenvolvimento de carreiras. A Sun Microsystems estava à frente de seu tempo em sua atenção direcionada à cultura.

Os funcionários eram incentivados a correr riscos e ser inovadores. Por exemplo, a agora onipresente linguagem de programação Java foi uma de suas inovações. Eles podiam trabalhar quando e onde quisessem — uma filosofia bastante avançada de trabalho em casa — e transitavam facilmente entre funções dentro da empresa para aprender mais e construir suas carreiras.

A cultura da Sun era de empoderamento e inovação, e era uma cultura que motivava as pessoas. Os líderes confiavam em seus funcionários e davam mais ênfase à entrega de um ótimo trabalho, em vez de ao tempo gasto junto a uma mesa. Os gerentes da Sun sabiam desde cedo que se dessem aos funcionários as oportunidades de aprender, crescer e percorrer uma trajetória profissional, eles iriam querer permanecer na empresa a longo prazo — e estavam certos. Muitos dos funcionários da Sun permaneceram por décadas, e muitos de seus líderes tornaram-se CEOs em outras empresas, entre eles:

- Eric Schmidt, o primeiro CEO do Google, e presidente-executivo recentemente desligado da Alphabet, empresa dona do Google.
- Carol Bartz, foi CEO tanto da Autodesk quanto do Yahoo!.
- Satya Nadella, atual CEO da Microsoft.

Mas o que aconteceu?

Em 2010, a Oracle comprou a Sun e tudo mudou. As duas culturas empresariais eram muito diferentes — enquanto a cultura da Sun era inovadora e centrada nos funcionários, a da Oracle se preocupava principalmente com os resultados, com o desenvolvimento dos funcionários vindo em um distante segundo lugar. Com o tempo, a cultura tornou-se mais burocrática, mais política e menos divertida, o que acabou levando Kelly e os outros a saírem.

Projetando uma Cultura Empresarial

A fusão Sun/Oracle foi difícil para muitos dos antigos funcionários da Sun porque eles se tornaram parte de uma empresa maior com uma cultura totalmente diferente. As aquisições em geral são difíceis principalmente para os funcionários porque eles acabam tornando-se parte de uma cultura que não escolheram. Normalmente, quando as pessoas decidem trabalhar para uma empresa, elas podem escolher para quem vão trabalhar, e parte de sua decisão é baseada na cultura da empresa. Logo, ingressar em uma empresa nova criada a partir de uma aquisição pode ser bom ou ruim, dependendo da cultura da empresa compradora. É claro que se a cultura não for compatível, os funcionários podem procurar oportunidades de carreira fora da nova empresa, e muitas pessoas fazem exatamente isso. O interessante é que estudos mostram que 30% das aquisições falham devido à incompatibilidade nas culturas e à dificuldade de integrar os talentos.[7]

Empresas que querem manter a cultura de sua empresa sólida precisam assegurar que todos entendam como a empresa opera e o que é esperado deles. O objetivo de toda empresa deve ser assegurar que os funcionários se sintam parte da cultura e, em algum nível, sintam-se responsáveis por sua preservação e manutenção. Se as empresas não definirem sua cultura apropriadamente, seus funcionários o farão para elas. Empresas menores podem achar mais fácil construir uma cultura sólida e positiva, mas, ao crescerem (para mais de 150 funcionários), sempre haverá a chance de que sua cultura mude quando novas pessoas ingressarem, e principalmente quando novos líderes assumirem.

O LinkedIn é um bom exemplo de empresa que começou pequena, mas conseguiu manter sua cultura mesmo quando cresceu. Kelly vivenciou a cultura dessa empresa em primeira mão quando estava lá. O LinkedIn cresceu de algumas centenas de pessoas em 2009 para mais de 9 mil em 2016.[8] Durante esse período, eles recrutaram funcionários de várias empresas com culturas muito diferentes, inclusive Microsoft, Yahoo! e eBay. Como o LinkedIn aumentou em tal escala e manteve sua cultura corporativa?

Em primeiro lugar, desde o início, o LinkedIn tornou conhecidos os valores e princípios culturais da empresa. Essa foi uma parte essencial do processo de contratação. Devido a essa abordagem, os novos gerentes trabalhavam dentro das expectativas culturais do LinkedIn, em vez de aplicar o que tinham herdado de seus ambientes de trabalho anteriores.

Em segundo lugar, a cultura e os valores foram incorporados a tudo que a empresa fazia, desde reuniões gerais a programas de aprendizagem e avaliações de funcionários. Foi deixado claro, no entanto, que os valores eram mais do que cartazes na parede ou palavras que as pessoas memorizavam: eram princípios que os gerentes e funcionários demonstravam "dando o exemplo" todo dia. No LinkedIn, a cultura foi definida pela liderança, mas vivida e abraçada diariamente pelos funcionários.

Princípios Orientadores de uma Cultura

Como o exemplo do LinkedIn mostra, uma empresa precisa de um claro conjunto de princípios condutores para construir uma cultura empresarial forte. Esses princípios determinam o tipo de funcionário que trabalha nela. Por exemplo, em uma cultura centrada na inovação e que assume riscos, não é bom contratar pessoas que sejam mais orientadas a processos e avessas a riscos. Elas entrarão em conflito com a cultura e provavelmente a mudarão para pior.

Algumas empresas preferem que os funcionários saiam se não se mostrarem compatíveis com a cultura. Por exemplo, a varejista de calçados online Zappos se oferece para pagar aos funcionários para saírem se não se sentirem confortáveis com a cultura da empresa. Quando a Amazon comprou a Zappos em 2009, também decidiu adotar uma política semelhante, chamando-a de "pagar para sair".[9]

Reed Hastings, CEO da Netflix, em uma conversa com o cofundador do LinkedIn, Reid Hoffman, disse que acredita que achar o "enquadramento" cultural certo é essencial para a manutenção da cultura empresarial da Netflix. "Como fundador, acho que se você está tentando construir uma cultura, a primeira coisa a fazer é pensar que é bom ter as pessoas certas em seu grupo, porém é ainda mais crítico manter as pessoas erradas fora dele."[10]

É por isso que a Netflix tem um "Manual de Cultura" (*Culture Deck*) com mais de 100 páginas. Novas contratações podiam ter ótimas credenciais, mas saíam ou eram solicitadas a sair depois de apenas alguns meses porque simplesmente não se enquadravam na cultura da Netflix. O Manual de Cultura foi projetado para informar a possíveis postulantes como é a cultura da Netflix. Ele também tem como objetivo dissuadir as pessoas de ingressar se não se sentirem alinhadas com os princípios orientadores da empresa.[11]

No entanto, seria errado confundir a Netflix com Googles, Apples e Facebooks. A empresa não mede esforços em seu documento de cultura corporativa para enfatizar que a sua está muito longe de ser um playground do Vale do Silício: "Nossa versão de um ótimo ambiente de trabalho não é composta por almoços com sushi, ótimas academias de ginástica, grandes escritórios ou festas frequentes. Nossa versão é composta por uma equipe dos sonhos em busca de ambiciosos objetivos comuns, pelos quais pagamos regiamente."

A cultura não é um bem de consumo. No Vale do Silício, há empresas que servem almoço gratuito criado por chefs famosos ou algumas que oferecem massagens *in loco*. Quando as empresas dão importância a fornecer muitas "regalias", criam uma cultura de merecimento, o que é um paradigma perigoso porque torna difícil para elas acompanharem a última tendência em regalias e não necessariamente as ajuda a atingir seus objetivos. No fim das contas, a cultura não está relacionada a motivadores extrínsecos e sim aos intrínsecos.

David criou os princípios culturais da Degreed não só para atrair possíveis talentos, mas também para que ajudem a realizar a missão e a visão da empresa. Ele acredita que as pessoas se sentem valorizadas quando são encorajadas a desenvolver suas carreiras. Em geral, as pessoas que trabalham na Degreed se apresentaram porque a visão, a missão e os princípios estão alinhados com suas próprias crenças e valores.

Culturas Empresariais que Se Estragam

Nem todas as empresas bem-sucedidas têm ótimas culturas empresariais. A Amazon ainda está se recuperando de um artigo do *New York Times* que relatou a maneira brutal como os funcionários eram tratados. De acordo com o artigo, eles eram forçados a colocar o trabalho à frente de suas famílias; tinham que trabalhar 80 horas por semana, inclusive à noite, nos fins de semana e feriados; e eram atormentados abertamente por gerentes e colaboradores.[12]

Da mesma forma, a firma de capital de risco Kleiner Perkins, do Vale do Silício, atraiu atenção indesejada da mídia quando foi processada por uma de suas funcionárias, Ellen Pao, por discriminação de gênero. A firma acabou vencendo a disputa, mas o caso expôs uma cultura do Vale do Silício em que o assédio e a discriminação eram possivelmente a norma.[13]

E, em 2017, o CEO da Uber, Travis Kalanick, foi forçado a abandonar a posição de líder do que tinha se tornado uma cultura de força de trabalho agressiva, desregrada e nociva. Isso foi reforçado ainda mais pela antiga engenheira da empresa Susan Fowler, que postou em um blog sobre a cultura sexista que era encorajada por Kalanick.[14] Esse exemplo mostra a rapidez com que uma cultura pode se deteriorar quando o CEO torna-se um modelo fraco ou perde a ênfase na cultura da empresa. Como Ron Williams, antigo CEO da empresa de assistência médica Aetna, diz: "Os CEOs se equivocam ao negligenciar a cultura. Uma cultura positiva e de alto desempenho pode tornar-se rapidamente negativa se o CEO não for rigoroso em articular os valores constantemente e manter as pessoas responsáveis tanto pelos resultados quanto pelos valores."[15]

Atualmente, e em um futuro próximo, contratar os melhores talentos e conseguir mantê-los continuará sendo uma vantagem competitiva. Quando as empresas têm uma cobertura indesejada da mídia sobre sua cultura, isso pode afastar talentos insubstituíveis e causar a desistência de possíveis novos candidatos.

Diferentes Tipos de Culturas de Aprendizagem

Muitas empresas começaram a prestar atenção na importância da aprendizagem e em como ela pode ser uma enorme vantagem competitiva para a atração e retenção de grandes talentos. Josh Bersin, fundador da firma de serviços de pesquisa e consultoria Bersin by Deloitte, acredita que "reinventar as carreiras e a aprendizagem é a segunda questão mais importante nos negócios (seguida somente pela reorganização da empresa para negócios digitais)".[16] Com isso em mente, muitas empresas estão considerando como podem criar uma cultura de aprendizagem.

No entanto, para se construir uma cultura de aprendizagem, não é preciso reinventar a roda. Na verdade, a maioria das empresas opera em culturas que já encorajam algum nível de aprendizagem ou se especializou em uma combinação de culturas de aprendizagem. Aqui estão alguns exemplos:

1. Uma cultura de treinamento de compliance.
2. Uma cultura de treinamento necessário.
3. Uma cultura de aprendizagem.
4. Uma cultura de aprendizagem contínua.

1. Cultura de treinamento de compliance

Empresas com cultura de treinamento de compliance tendem a dar mais valor a assegurar que seus funcionários sigam as regras e requisitos necessários para o andamento dos negócios.

Muitas agências governamentais, instituições financeiras, linhas aéreas, usinas nucleares e empresas de assistência médica enfatizam o treinamento de compliance porque ele é requerido como parte de seu segmento industrial, mas isso não significa que todas se saiam igualmente bem ou não possam combinar essa abordagem com outros tipos de aprendizagem. Marc Niemes, diretor e fundador da HealthXN em Melbourne, Austrália, tem ajudado a indústria de assistência médica australiana a migrar do treinamento de compliance para um que enfoque a construção de habilidades e a aprendizagem personalizada. Em vez de fazer somente cursos de e-learning desinteressantes, agora os funcionários do segmento de assistência médica são encorajados a descobrir a aprendizagem através de vários recursos, como ler os artigos mais recentes da área médica e ouvir podcasts ou assistir a vídeos sobre as últimas descobertas da indústria.

2. Cultura de treinamento necessário

Uma cultura de treinamento necessário dá ênfase a ensinar aos funcionários ferramentas e processos específicos do trabalho. Geralmente esse tipo de treinamento ocorre durante processos de integração ou quando a empresa está introduzindo novas ferramentas ou procedimentos. Funcionários integrados com sucesso tornam-se muito importantes para as empresas, principalmente se considerarmos que estudos mostram que eles formam suas primeiras impressões de uma nova empresa durante as primeiras semanas.[17] Essa experiência com frequência determina se os funcionários sentem ou não que são compatíveis com a cultura da empresa. A Onboarding 2025 fornece uma plataforma para líderes do pensamento compartilharem uns com os outros suas estratégias bem-sucedidas de integração. O Facebook, por exemplo, pede a novos engenheiros que escrevam um código para resolver problemas em seu primeiro dia de trabalho. Esse método motiva novos funcionários desde o começo, já que lhes dá uma vivência real e prática que impacta diretamente as operações da empresa em um curto período de tempo.[18]

3. Cultura de aprendizagem

Uma cultura de aprendizagem vai além do treinamento necessário e de compliance. Esse tipo de cultura foca a construção das habilidades dos funcionários através de programas e iniciativas direcionados. Às vezes, os programas direcionados estão ligados a iniciativas empresariais e, em outras situações, seu objetivo é desenvolver habilidades de liderança e gerenciamento. Em sua essência, uma cultura de aprendizagem alinha o desenvolvimento de funcionários com os objetivos organizacionais. Geralmente, a aprendizagem é "orientada por eventos", o que significa que as pessoas são tiradas de suas funções para aprender novas habilidades, ou a empresa usa uma abordagem mista em que elas aprendem tanto através de uma aprendizagem mais estruturada como também no trabalho.

A Airbnb é um bom exemplo de empresa que abraçou uma cultura de aprendizagem forte fornecendo um programa de aprendizagem misto e inovador para gerentes e líderes e oferecendo a eles vários recursos informais de aprendizagem online destinados a todos os seus funcionários.

4. Cultura de aprendizagem contínua

Em uma cultura de aprendizagem contínua, a aprendizagem torna-se parte do trabalho diário das pessoas e parte regular de seu dia. Dessa forma, torna-se um hábito diário. As pessoas podem passar 15 minutos assistindo a um vídeo para construir seu conhecimento sobre um tópico específico, ler um artigo que as ajude a pensar sobre como resolver um problema ou ouvir um podcast a caminho do trabalho que as ajudará a realizar melhor suas tarefas ou que as preparará para executar uma função futuramente. Culturas de trabalho que envolvem a aprendizagem contínua encorajam os funcionários a acessarem o YouTube, TED Talks ou cursos online.

O Bank of America é um bom exemplo de empresa que criou uma cultura de aprendizagem contínua. Os funcionários são encorajados a descobrir os apelos e objetivos de sua carreira, a participar de uma aprendizagem personalizada e construir habilidades através da plataforma de aprendizagem vitalícia, a Degreed.

Eles querem que seus funcionários cresçam, aprendam e possam migrar para diferentes oportunidades dentro da empresa.

Além disso, estenderam a aprendizagem para além de seus funcionários, não só para seus clientes, mas para a população em geral. Associaram-se à Khan Academy e criaram o bettermoneyhabits.com [conteúdo em inglês] para ajudar as pessoas a aprenderem sobre os princípios básicos sobre o dinheiro, como ter um maior conhecimento sobre financiamentos e scores de crédito ou se devem alugar ou comprar. Também associaram-se à Degreed para levar recursos de aprendizagem para militares ativos e veteranos e melhorar sua educação, habilidades e carreiras.

Construindo uma Cultura de Aprendizagem Contínua na Degreed

Como no LinkedIn e na Netflix, criar uma excelente cultura corporativa era um dos objetivos-chave da Degreed desde o início. Quando David participou da fundação da Degreed, ele criou uma "Bíblia da Marca", que descreve a missão, a visão e os princípios básicos da empresa, como uma maneira de ajudar a guiar os funcionários quando começam seu trabalho diário. Dentro da seção de cultura foi incluída a definição que a Degreed dá a essa palavra: "Como tomamos decisões e tratamos uns aos outros ao longo da jornada."

Os princípios básicos da Degreed são, em primeiro lugar, a missão, equilíbrio, igualdade, empatia, flexibilidade, dedicação, excelência, transparência e aprendizagem. As definições de cada termo no contexto da missão são realçadas no guia e reforçadas regularmente.

Como se trata de uma empresa de aprendizagem que tem a missão de mudar a maneira como o mundo aprende, a aprendizagem contínua desempenha um papel importante na sua cultura. Em primeiro lugar, ela fornece o meio para os empregados vivenciarem a missão e dá um bom exemplo para outras empresas que quiserem incentivar seus funcionários a aprender novas habilidades continuamente. Em segundo lugar, a aprendizagem dá aos funcionários da Degreed a oportunidade de desenvolverem-se em um nível tanto pessoal quanto profissional e deslanchar suas carreiras. Essa é uma grande vantagem competitiva para a Degreed, principalmente no que diz respeito à retenção: as pessoas tendem a permanecer em empresas quando têm a oportunidade de se desenvolver. Para ilustrar esse ponto, a equipe de engenharia da Degreed tem uma taxa de retenção de 98%, que é, em grande parte, atribuída à sua cultura.

Como um incentivo ainda maior à aprendizagem contínua, os funcionários da Degreed recebem US$100 por mês (ou US$1.200 por ano) para se dedicarem a qualquer atividade de aprendizagem pessoal, que pode incluir aulas de culinária ou certificação em mergulho. Esse incentivo é distribuído através de um programa chamado FlexEd, em que os funcionários recebem um cartão de crédito pré-carregado que é associado à sua conta da Degreed. Eles recebem dinheiro adicional se a aprendizagem estiver diretamente relacionada à sua função na empresa. O objetivo do FlexEd é promover tanto a curiosidade pessoal quanto o desenvolvimento profissional. Como contrapartida, a Degreed engajou os funcionários e criou uma maneira de acompanhar a aprendizagem e as habilidades que as pessoas estão desenvolvendo.

Por exemplo, ano passado, Ryan Seamons, antigo diretor de gerenciamento de produto da Degreed, gastou seu dinheiro do FlexEd de várias maneiras. Ele gosta muito de aprender através dos livros e descobriu que ouvir audiobooks era algo que podia se encaixar em sua agenda ocupada ao ir para o trabalho. Logo, Seamons comprou uma assinatura do Audible, um serviço de audiobooks da Amazon. Ele também gosta de assistir a aulas dos fornecedores de cursos universitários online edX e Coursera, portanto, gastou parte de seu dinheiro aprendendo através dessas mídias. Seamons também gastou seu dinheiro do FlexEd indo a uma conferência em sua área e passou um bom tempo aprendendo com todos os recursos gratuitos que agora estão disponíveis para qualquer pessoa que tenha uma conexão de internet.

O que aconteceria se as empresas abraçassem uma cultura de aprendizagem contínua? Uma cultura de aprendizagem contínua é um ambiente em que a aprendizagem faz parte do trabalho diário e em que ela é mais do que apenas o treinamento necessário ou de compliance. É uma cultura em que os funcionários podem aprender em seu próprio ritmo e de seu próprio modo pelo acesso a todos os tipos de aprendizagem, tanto formal quanto informal, inclusive em vídeos, artigos, podcasts, livros e até mesmo participando de eventos. No entanto, além dos incontáveis recursos que nos rodeiam diariamente e ajudam a construir habilidades para o momento atual e para o futuro, desenvolver-se em uma cultura de aprendizagem contínua torna-se algo que as pessoas apreciam e querem fazer, em vez de algo que temem. Mesmo assim, muitas empresas não adotaram esse tipo de cultura. Por quê? A resposta está na gerência.

Como os Gerentes Afetam a Cultura de Aprendizagem

Como gerente, quando você vê um funcionário assistindo a um vídeo do YouTube, acha que ele está se divertindo? Acha que está perdendo tempo? Quando ele o vê, muda rapidamente de tela para uma planilha do Excel? Se você é um gerente ou líder que está balançando a cabeça afirmativamente, deve ser um gerente *controlador*. Por outro lado, se é um gerente que vê todos os funcionários como profissionais, como pessoas que contratou para executarem um trabalho (mas não se preocupa com a maneira como o farão), é um gerente de *empoderamento*. Um gerente de empoderamento é uma pessoa acessível com quem os funcionários se sentem confortáveis para compartilhar suas ideias.

O ambiente de trabalho corporativo é algo interessante de se estudar. Algumas coisas permaneceram constantes nas últimas décadas. Geralmente, existe uma estrutura, uma hierarquia, gerentes e funcionários. A partir desses componentes, todos devem contribuir para a criação de uma máquina bem afinada para a produção de serviços. Esse modelo tornou-se desatualizado na era da expertise competitiva. Embora a maioria das empresas ainda opere dessa forma, provavelmente ela será insustentável em longo prazo.

O ambiente de trabalho do futuro será mais autodirigido e autônomo, o que significa que as pessoas poderão trabalhar onde, quando e como quiserem. Na maioria das empresas, no entanto, permanece, em grande parte, um ambiente de controle. Os líderes, gerentes e departamentos de RH acham que sabem o que é melhor para seus funcionários. Eles dizem que, para serem colaborativos, os funcionários precisam ir ao escritório todo dia e trabalhar por um certo número de horas durante um período de tempo predefinido. Alguns gerentes chegam até mesmo a dizer aos funcionários *como* proceder em seu trabalho ou aprendizagem, retirando das pessoas a autonomia e a criatividade para descobrirem como poderiam executar melhor suas tarefas.

Kelly trabalhou para uma empresa de tecnologia no início de sua carreira em que o gerente de RH ficava em uma sala com janelas na entrada do prédio para poder monitorar quando as pessoas chegavam e saíam. Esse gerente também criou o hábito de, junto com outros gerentes da empresa, caminhar regularmente ao redor do escritório para ver se estavam todos trabalhando e não conversando. Em geral, as pessoas não se sentiam muito felizes trabalhando ali e não tendiam a ficar muito tempo. Kelly ponderou que se todas as empresas de tecnologia fossem assim, provavelmente não ficaria muito tempo no mundo corporativo.

Pesquisas sobre motivação mostram que impor "o que achamos melhor" para os funcionários não é a maneira certa de aproveitar ao máximo o que eles podem dar. Na verdade, as pessoas se saem melhor quando têm autonomia para conduzir a si próprias. Daniel H. Pink fala mais sobre esse fenômeno em *Drive: The Surprising Truth about What Motivates Us* [Ímpeto: A Verdade Surpreendente Sobre o Que Nos Motiva, em tradução livre]. Pink diz que "o segredo de um bom desempenho e da satisfação — no trabalho, na escola e em casa — é a necessidade profundamente humana de conduzir nossas vidas, aprender e criar coisas novas, e fazer o melhor para nós mesmos e o resto do mundo".[19]

O mesmo conceito se aplica à aprendizagem. Os funcionários não podem ser "obrigados" a aprender o que outra pessoa (equipes de RH ou de aprendizagem) impõe a eles. É claro que você pode fazê-los ir a uma aula obrigatória ou navegar em um curso de compliance online, mas não pode forçá-los a aprender. Em vez disso, os funcionários precisam descobrir por conta própria o que querem aprender e perseguir esse objetivo da sua própria maneira. Como Pink diz: "Autonomia é diferente de independência. Não é o individualismo rude, isolado e desconfiado do caubói americano. Significa agir com escolha — ou seja, podemos ser ao mesmo tempo autônomos e depender alegremente uns dos outros."[20]

Apesar do crescente número de empresas inovadoras, é surpreendente quantas delas ainda operam em uma posição de controle.

A Ilusão de Controle

A autonomia é essencial para aproveitarmos ao máximo os funcionários e encorajá-los a aprender e inovar. Um componente dessa abordagem é dar flexibilidade às pessoas para que trabalhem quando e onde quiserem.

Mesmo assim, empresas como Google, Facebook e LinkedIn preferem que seus funcionários se dirijam ao escritório todo dia porque isso promove a colaboração pessoal.

Mas que nível de colaboração os funcionários podem ter em um ambiente de trabalho tão grande? Algumas dessas empresas de tecnologia, como Google, Apple, Facebook, SAP e Oracle, são compostas por vários prédios em um único campus. Essas empresas se expandiram tanto que as pessoas têm que dirigir para os prédios para ter reuniões com colaboradores. Logo, o que acontece nesses tipos de organizações é que os funcionários passam horas indo ao trabalho só para usar a videoconferência para colaborar com pessoas que trabalham em um prédio diferente. Por que forçar as pessoas a se deslocar para o trabalho se mesmo assim elas vão usar tecnologia para conversar? Provavelmente, a razão é o controle.

Kelly trabalhou no Yahoo! por alguns anos em uma época em que a empresa estava tentando se firmar. Em dois anos, cinco CEOs assumiram, o que foi desconfortável para quem trabalhava lá. Enquanto os líderes e gerentes estavam fazendo a dança das cadeiras e mudando a visão e a estratégia da empresa a cada seis meses, os funcionários também estavam passando por tempos difíceis. As pessoas achavam difícil se concentrar e havia uma impressão de que aquilo em que estavam trabalhando podia não importar para a próxima pessoa que assumisse. Mesmo assim, uma das grandes vantagens do Yahoo! era o trabalho flexível. Os funcionários podiam trabalhar remotamente se seu gerente aprovasse e tinham alguma percepção de autonomia.

No entanto, havia um entrave — obter permissão para trabalhar em casa dependia do tipo de gerente. Os gerentes controladores queriam ver suas equipes no escritório todo dia, mas os gerentes de empoderamento se sentiam satisfeitos em aprovar uma opção mais flexível. Como não existiam diretrizes vindas do nível mais alto, e nenhuma mensagem consistente era distribuída sobre o trabalho remoto, havia muita confusão entre os funcionários sobre quem podia fazer o quê.

Por exemplo, um dos líderes da divisão de Produtos do Yahoo! estava ficando frustrado pela falta de resultados em sua área e culpou o trabalho remoto. Em uma sexta-feira, ele tirou uma foto do número de carros no estacionamento (havia poucos). Enviou a foto para todas as pessoas da divisão com um comentário sugerindo que a ausência de carros significava que muito pouco trabalho estava sendo feito naquele dia. Ironicamente, a empresa também tem coletivos que levam as pessoas para o trabalho todo dia para aliviá-las do estresse de uma viagem ruim. Embora seja ótimo ver pessoas ativas trabalhando juntas no escritório para inovar e resolver problemas, só porque não as vemos não significa que isso não esteja ocorrendo.

Quando Marissa Meyer tornou-se CEO em 2012, descobriu que as pessoas estavam tirando vantagem do ambiente de trabalho remoto no Yahoo!. Em uma decisão que foi amplamente debatida na mídia e em toda a indústria, Meyer resolveu banir o trabalho em casa.[21] Isso resultou em muitas pessoas talentosas saindo da empresa, já que a autonomia e a flexibilidade eram altamente valorizadas por esses funcionários. Provavelmente muitos funcionários estavam mesmo tirando vantagem da situação de trabalho remoto no Yahoo!, mas os gerentes é que deviam ser responsabilizados pelas pessoas que trabalhavam para eles. Talvez assim a situação tivesse terminado diferentemente.

Autonomia e flexibilidade só funcionam se os gerentes conversarem frequentemente com seus funcionários para discutir tarefas, definir objetivos, comunicar expectativas e dar feedback. Se uma situação de trabalho remoto não estiver funcionando, o gerente deve se responsabilizar pelo funcionário não ter produzido resultados. Então, ele terá que tomar uma decisão: ter uma discussão apropriada para apurar as razões do problema ou demitir o funcionário. Afinal, se os gerentes não confiarem em seus funcionários para trabalhar remotamente, por que contratá-los? Se os gerentes reservassem um tempo para discutir objetivos e resultados com suas equipes, não precisariam se preocupar tanto com quando e onde elas estão trabalhando. Mas sejamos francos, é mais difícil e demorado se relacionar com os funcionários nesse nível. Pesquisas mostram que os gerentes não gostam de dar feedback, principalmente negativo, o que leva à falta de compromisso com seus funcionários. Em vez disso, muitos gerentes medem a produtividade considerando quanto tempo os funcionários passam no escritório.

Para que cultivar um ambiente de controle? Não seria melhor transformar essas culturas de controle em culturas que dessem autoridade a pessoas criativas, inovadoras e inteligentes com liberdade e autonomia para trabalhar de uma maneira que as tornasse mais produtivas e as deixasse aprenderem e se desenvolverem? Essa é a chave para a criação de uma cultura empresarial com foco na autonomia e na aprendizagem como bases para se obter o melhor que as pessoas podem dar.

A Degreed é uma das empresas que está criando a força de trabalho do futuro. Embora tenha três escritórios — sede em São Francisco, um escritório em Salt Lake City e um em Leiden, nos Países Baixos — ela também tem pessoas trabalhando em casa no mundo todo. Os funcionários podem trabalhar em qualquer local, a qualquer hora, e podem escolher onde, como e quando farão seu trabalho. Há reuniões empresariais semanais por vídeo que ajudam as pessoas a se conectarem e se comunicarem, e todos os escritórios físicos promovem a colaboração de maneiras inovadoras.

Por exemplo, na filial em Leiden, a equipe concorda em se deslocar para o escritório físico às terças e quintas-feiras, mas isso não é obrigatório. Por que não é obrigatório? Porque dar às pessoas uma opção as imbui de um senso de autonomia, um senso de escolha. Motiva, mas, o que é mais interessante, também introduz um senso de responsabilidade em seus colaboradores. Eles sentem que ir ao escritório nesses dias é uma obrigação que tem com os outros porque essa responsabilidade surge deles próprios, em vez de vir de cima para baixo. Empresas que constroem uma cultura de aprendizagem e dão autonomia e flexibilidade reais no ambiente de trabalho atraem as pessoas mais capazes e mais criativas. E funcionários felizes e motivados levam a maiores benefícios para as organizações, entre eles, maior retenção, aumento da produtividade e mais motivação.

A Nova Relação Empregador/Empregado

A força de trabalho continuará a evoluir e mudar a maneira como vemos a cultura empresarial. No livro de Reid Hoffman, *The Alliance* [A Aliança, em tradução livre], ele descreve uma nova relação empregador/empregado surgindo no ambiente de trabalho. Embora as pessoas certamente estejam trocando de trabalho com mais frequência do que costumavam fazer, Hoffman acredita que os gerentes e funcionários precisam ser mais francos em relação ao que esperam de sua relação de trabalho independentemente de quanto dure. Ele descreve essa nova relação empregador/empregado como uma aliança, "um trato mutuamente benéfico, com termos explícitos, entre participantes independentes. Essa aliança empregatícia fornece a estrutura que gerentes e funcionários precisam para favorecer a confiança e o investimento e construir empresas e carreiras poderosas".[22]

Kelly e muitos líderes do LinkedIn começaram a usar esse modelo com seus funcionários e ele se alinha muito bem à noção do gerente de empoderamento que descrevemos anteriormente. Quando um novo funcionário ingressa na empresa, ele tem uma conversa com seu gerente sobre quanto tempo ficará na função. Pode ser um "projeto" de dois ou três anos ou, como Hoffman chama, uma "temporada empreendedora". Durante esse período, espera-se que o funcionário se entregue 110% a esse trabalho e, em contrapartida, o LinkedIn promete ajudar a construir as habilidades necessárias para o desenvolvimento da carreira. No decorrer da temporada, tanto o gerente quanto o funcionário discutem o progresso e as fases, e, quando o projeto termina, há outra discussão com relação às próximas etapas. Geralmente a temporada termina com o funcionário assumindo outra tarefa, que pode ser dentro ou fora da empresa.

Por exemplo, no LinkedIn, Kelly gerenciava uma das líderes de sua área (vamos chamá-la de Julie) que estava em uma "temporada empreendedora". Elas formavam uma grande parceria e tinham conversas muito abertas sobre as aspirações profissionais de Julie. Kelly promoveu Julie no fim da primeira temporada e iniciou-a em uma segunda empreitada. Perto da metade da segunda temporada, surgiu uma oportunidade para Julie liderar uma área de aprendizagem inteira em outra empresa de tecnologia. Ela foi até Kelly e lhe pediu uma opinião. Kelly não queria perder Julie, mas sabia que a próxima etapa lógica em sua carreira seria fora da empresa e lhe deu todo o apoio.

Esse é um bom exemplo de como a relação empregador/empregado pode funcionar. Na maioria das empresas, quando os funcionários não recebem muita orientação, começam a procurar novas oportunidades externamente e com frequência dão a notícia antes mesmo de terem uma discussão com seu gerente. Mas Julie se sentiu à vontade para ir até Kelly e discutir sua nova oportunidade antes de se comprometer com o outro emprego. Isso deu a Kelly a chance de oferecer a Julie funções alternativas no LinkedIn e encorajá-la a ficar. Nesse caso, sair fazia mais sentido para Julie. No entanto, devido à abertura que tinham uma com a outra, sua relação permanece forte. Por reter essa sólida relação, elas mantêm a porta aberta para trabalharem juntas novamente no futuro e as oportunidades de networking ainda existem. Em várias empresas, há muitos funcionários "bumerangues" — pessoas que saíram mantendo boas relações e voltaram depois. Nessas situações, mesmo quando os funcionários saem, eles podem recomendar a empresa como um ótimo lugar para se trabalhar, principalmente quando vêm de um ambiente em que respeito, confiança e comunicação aberta compõem a cultura empresarial.

Como Criar uma Cultura de Aprendizagem Contínua

Uma vez que você criar uma cultura positiva projetada para encorajar a autonomia e a autodireção, poderá começar a desenvolver o conceito de aprendizagem contínua em seu ambiente de trabalho. Aqui estão várias maneiras de cultivar esse ambiente de aprendizagem:

1. Pense no tipo de ambiente de aprendizagem que deseja

Pense em como pode tornar a aprendizagem algo que as pessoas gostem de fazer em vez de algo que temem. Muitas empresas caem na armadilha de impor o tipo de método de aprendizagem a seus funcionários com base apenas no que a empresa precisa. É por isso que há tantas culturas de treinamento necessário e de compliance. O que os funcionários querem realmente é crescer e se desenvolver em suas carreiras. As pessoas têm um desejo natural de aprender e temos que permitir, nutrir e encorajar isso.

Que tipo de habilidades elas querem desenvolver? Como querem aprender? Engajar seus funcionários e trazê-los para a discussão os encorajará a abraçar uma aprendizagem mais completa.

2. Informe, informe, informe

Se seus funcionários não forem informados sobre o comprometimento da empresa com a aprendizagem contínua, como você espera que se comprometam com ela? Certifique-se de que a mensagem esteja embutida não só na missão, na visão e nos valores da empresa, mas também em tudo que você fizer, para que todos fiquem conscientes de que a aprendizagem está incorporada à cultura.

Talvez, o mais importante seja assegurar que os líderes e gerentes incorporem e comuniquem o valor da aprendizagem pela construção consistente de suas próprias habilidades. Se os funcionários virem seus líderes e gerentes encorajando e participando ativamente do desenvolvimento de suas próprias habilidades, isso acabará se entranhando na cultura.

3. Dê a seus funcionários os recursos de aprendizagem necessários

Pode parecer óbvio, mas se certifique de equipar seus funcionários com os recursos de que precisarem, inclusive dinheiro para procurar o aprendizado por sua própria conta se possível. Esses recursos podem vir na forma de cursos online, assinaturas de audiobooks, acesso a podcasts ou a uma biblioteca de aprendizagem em vídeo. Mostre apoio dando a eles tempo para aprender durante o dia de trabalho. Não adianta esperar que os funcionários aprendam novas habilidades se estiverem constantemente ocupados com suas tarefas diárias.

4. Conheça os objetivos de carreira dos funcionários

Para a aprendizagem ser eficaz, ela precisa estar conectada aos objetivos profissionais dos funcionários. Os gerentes têm que conversar com eles regularmente para conhecer melhor seus objetivos profissionais, pontos fortes, áreas de desenvolvimento e os objetivos de curto ou longo prazo que desejam atingir. Checagens regulares dão aos funcionários motivação para permanecerem em sua trajetória, concluírem sua aprendizagem e atingirem objetivos de carreira. Mas lembre-se de ser um gerente de empoderamento em vez de controlador. A maioria dos funcionários prefere uma pequena orientação ou aconselhamento a instruções mais direcionadas. A tecnologia também pode fornecer transparência e orientação para os objetivos profissionais. Por exemplo, a Pirelli, empresa italiana fabricante de pneus, está usando uma plataforma de desenvolvimento profissional, o Growithus,[23] para ajudar a guiar seus funcionários em seus objetivos de carreira, e tanto o Bank of America quanto a Unilever usam a Degreed para os funcionários definirem objetivos profissionais e mapearem a aprendizagem para habilidades e as habilidades para carreiras.

5. Relacione os objetivos da aprendizagem a um cenário mais abrangente

Reserve um tempo para explicar para os funcionários por que a aprendizagem é tão importante. Isso precisa fazer sentido para eles no nível pessoal e empresarial. Como o que aprenderem afetará sua trajetória profissional? E como isso contribuirá para os objetivos organizacionais e a visão e a missão da empresa? Uma vez que os funcionários tiverem uma noção do significado e da influência direta de sua própria aprendizagem, se engajarão mais para atingirem os objetivos organizacionais.

6. Certifique-se de fazer um acompanhamento

Estudos mostram que entre as empresas mais bem-sucedidas, 73% costumam fazer um acompanhamento com seus funcionários depois que concluem uma atividade de aprendizagem.[24] Essa discussão pode envolver perguntar a eles o que acharam da atividade (foi boa ou ruim), se ela atendeu suas expectativas e como podem aplicar esse novo aprendizado a suas funções. Sem um acompanhamento, é provável que os funcionários esqueçam o que aprenderam após alguns meses e consequentemente não consigam aplicar seu novo conhecimento no trabalho.

Há uma grande diferença entre impor o que alguém deve aprender e ter um interesse ativo em seu desenvolvimento profissional. Uma comunicação contínua é muito importante, logo, você deve ter discussões de carreira permanentes com seus funcionários, assim como conversas sobre atividades de aprendizagem e habilidades específicas que eles estejam construindo. É assim que você pode lhes dar apoio como gerente.

CAPÍTULO TRÊS

Abrace a Aprendizagem Personalizada

A PERSONALIZAÇÃO ESTÁ EM TODOS OS LUGARES. Nos últimos anos, inúmeros aplicativos foram criados para personalizar nossas experiências diárias. O Spotify nos permite personalizar nossas próprias playlists e sugere novas músicas das quais podemos gostar; a Netflix faz sugestões de filmes destinadas exclusivamente para nós; você pode registrar seu consumo alimentar e medir mudanças de peso com base em seus objetivos pessoais usando o MyFitnessPal; e o aplicativo Headspace permite selecionar meditações individualizadas com base em sua agenda, estado de espírito e nível de experiência. Já que esses aplicativos são destinados às necessidades pessoais, eles não só aumentam os níveis de engajamento, como melhoram a experiência geral — são personalizados exclusivamente para a pessoa em questão. No entanto, a personalização vai muito além das atividades de nosso estilo de vida. Ela também desempenha um papel-chave na aprendizagem.

Um estudo realizado pelo Brandon Hall Group descobriu que 90% das empresas acreditam que a aprendizagem personalizada promove o desenvolvimento pessoal e 93% concordam que ela ajuda as pessoas a atingirem seus objetivos com mais eficácia. Apesar desse surpreendente nível de resposta a favor da aprendizagem personalizada, menos de 50% das empresas pesquisadas admitiram que a implementaram no ambiente de trabalho.[1]

Se o objetivo da educação corporativa é sair da mentalidade de tamanho único para todos, também devemos adotar a personalização na aprendizagem. Isso significa que devemos fornecer uma aprendizagem que seja personalizada para o indivíduo com base em suas lacunas de habilidades e conhecimentos, seus objetivos pessoais e profissionais, as etapas de sua trajetória e seus interesses específicos. É o tipo de aprendizagem que ajuda as pessoas a serem bem-sucedidas.

Para ajudar as pessoas a atingirem seus objetivos dentro da empresa, você deve personalizar seu desenvolvimento de acordo com suas metas ou se arriscar a deixar profissionais de ponta irem embora em busca de empresas que incentivem sua aprendizagem. Considere uma pesquisa de 2015 da Gallup que descobriu que "quando 93% dos americanos progrediam em suas carreiras, era porque conseguiam um emprego em outra empresa".[2] Isso ilustra que as pessoas precisam ter oportunidade e suporte para aprender no trabalho — principalmente se os empregadores quiserem manter talentos de ponta para o longo prazo.

O Antigo Padrão

As empresas têm se esforçado consistentemente para implementar experiências de aprendizagem personalizada que possam ajudar seus funcionários a construir habilidades e progredir em suas carreiras. As razões estão em práticas de trabalho históricas e sua influência na educação. Para abraçar realmente a noção de aprendizagem personalizada, precisamos entender como o trabalho evoluiu. Uma grande quantidade de funcionários da força de trabalho atual é composta por trabalhadores do conhecimento, e não de fábrica. Desde 1980, a ocupação de funções que requerem habilidades sociais mais sólidas, isto é, habilidades interpessoais, de comunicação ou de gerenciamento, aumentou de 49 milhões para 90 milhões, ou 83%. Além disso, o emprego aumentou 77% (de 40 milhões para 86 milhões) em funções que requerem níveis mais altos de habilidades analíticas, inclusive raciocínio crítico e uso de computação.

Isso significa que os sistemas de trabalho e educação padronizados que as empresas usaram por décadas estão desatualizados. Embora a abordagem de gestão científica de Frederick Taylor tenha melhorado a eficiência, a produtividade e os resultados no trabalho durante a Revolução Industrial, ela não é mais aplicável. Os objetivos da força de trabalho na era da expertise competitiva e da especialização mudaram. Atualmente, as empresas bem-sucedidas focam como podem encontrar, desenvolver e cultivar os melhores talentos da maneira mais personalizada e relevante possível.

Não Há "Média"

O sistema de educação que temos hoje foi projetado para uma época diferente — foi desenvolvido para a era industrial, quando a maioria das pessoas trabalhava em fábricas e o objetivo era a eficiência. Todd Rose, diretor do programa de graduação *Mind, Brain, and Education* [Mente, Cérebro e Educação, em tradução livre], em Harvard, acredita que empresas e escolas acham difícil implementar a aprendizagem personalizada por causa das teorias desatualizadas originárias dos modelos padronizados criados durante essa era industrial. Ele diz: "Muitas das suposições existentes sobre educação são baseadas em uma noção altamente restritiva de abordagens 'com base na média' para tratar de aprendizes individuais. Todo dia somos avaliados em relação a uma 'pessoa média' fictícia, julgados de acordo com quanto nos aproximamos da média — ou em quanto a superamos."[3]

O treinamento corporativo é com frequência modelado com base na noção de pessoa "padrão" ou "média"; mas, de acordo com Rose, não há uma pessoa média, uma educação média ou até mesmo uma maneira-padrão das pessoas aprenderem. As empresas precisam deixar de lado o modelo de aprendizagem padronizado de tamanho único e personalizar a experiência de aprendizagem de cada funcionário. Para que a aprendizagem seja bem-sucedida, tem que ocorrer no nível individual.

Temos que adotar uma atitude mental que confie na inteligência e no potencial de nossos funcionários e os coloque em uma posição central. Você deve pensar neles como seus "clientes" de aprendizagem. Não precisamos impor limites artificiais para eles ou tratá-los como se não fossem capazes. Se os funcionários não estiverem aprendendo e construindo habilidades com base em seus objetivos pessoais e lacunas de aptidões, tanto as empresas quanto as pessoas perderão. As empresas têm que começar a empoderar seus funcionários e entender que são eles que devem conduzir as conversas sobre aprendizagem.

Trajetórias-padrão de Carreira

Rose também acredita que as empresas precisam repensar a ideia de que podem controlar a trajetória profissional de seus funcionários porque, na verdade, não há algo como uma trajetória-padrão de carreira. Para reforçar esse ponto, ele se refere à ciência da equifinalidade, o princípio de que há várias maneiras de se obter resultados bem-sucedidos. Rose adiciona: "Nunca há apenas uma maneira de se chegar em algum lugar. Isso não é verdade somente para a aprendizagem e carreiras, é verdade em biologia e no cérebro; é um fato matemático não haver um único caminho ideal."[4]

Rose é um bom exemplo de alguém que seguiu uma trajetória profissional interessante e única. De acordo com seu próprio relato, ele não foi um aluno dedicado e abandonou o ensino médio. Trabalhou em várias funções ganhando salário mínimo antes de conseguir sua credencial GED* e finalmente seu diploma de graduação, tendo aulas à noite em uma faculdade local. Hoje é professor em Harvard. A maioria das pessoas definiria sua jornada no mínimo como não convencional, mas ele chegou lá.

A trajetória profissional de Kelly também seria considerada fora do suposto "padrão". Ela começou estudando Inglês na faculdade, trabalhou em empresas de tecnologia desenvolvendo sistemas de ajuda online, passou para o desenvolvimento de produtos, depois para a área de estratégia corporativa fazendo a integração de aquisições, e, para concluir, para a gestão da aprendizagem corporativa. Quando um amigo um dia lhe perguntou: "Se eu quiser entrar para sua área, você pode me dizer que caminho tomou para eu fazer o mesmo?" Kelly lhe disse que sua trajetória profissional foi algo que ela nunca previu. Ela abraçou novos desafios e oportunidades e enfatizou que o caminho para a carreira certa com frequência envolve muitos desvios durante o percurso. São raros os que têm uma trajetória-padrão de carreira.

---

*N.T.: General Education Development, ou Testes Gerais de Desenvolvimento Educacional, são uma certificação obtida a partir de testes que comprovam que o candidato possui habilidades acadêmicas de nível do ensino médio dos EUA.

Aprendendo pela Experiência

O fato é que raramente as empresas valorizam uma aprendizagem orgânica e natural — uma aprendizagem baseada em experiências de vida pelas quais não recebemos nenhum crédito. Muitas empresas dão maior crédito a seus funcionários se eles tiverem um MBA, mas não levam em consideração a aprendizagem com a vida real que outros funcionários construíram durante anos de prática e maestria.

Em um momento anterior da carreira de Kelly, ela chefiou a área de integração de aquisições da Sun Microsystems. Isso significa que sempre que a Sun comprava uma empresa, ela e sua equipe eram responsáveis por integrar os novos funcionários e funções. Se a empresa tivesse uma área de vendas, sua equipe criava uma estratégia para fundir os dois grupos de vendas. Engenharia, TI, Suporte ao Cliente, Marketing, Finanças e RH precisavam de estratégias de integração para fundir pessoas, processos e tecnologia. Após realizar esse trabalho por dois anos, Kelly pensou que talvez devesse voltar aos estudos e obter seu MBA. Ela estava rodeada por profissionais de negócios e da área jurídica que tinham MBAs ou diplomas de Direito obtidos em universidades de respeito e sentiu a necessidade de alguma validação profissional. Fazer o trabalho e ser promovida por isso não parecia suficiente.

Kelly foi até seu chefe na diretoria e conversou com ele que, para sua surpresa, achou a ideia descabida. Disse que se ela voltasse a estudar para obter seu MBA, sentaria em uma sala de aula para ouvir estudos de caso de aquisições de empresas em vez de trabalhar nelas. Kelly estava ganhando uma experiência prática que a maioria dos alunos de certificação para MBA só estudava em livros, e ela tinha a vantagem adicional de aprender com seus pares e ter o suporte imediato de mentores e técnicos experientes. No fim das contas, às vezes a melhor maneira de aprender é realmente fazer algo, testar novas abordagens e aprender com os erros.

Uma Abordagem Personalizada para a Educação

Dale Stephens, fundador do movimento social UnCollege e autor de *Hacking Your Education* [Hackeando Sua Educação, em tradução livre],[5] sabe melhor do que ninguém que não existe uma trajetória de carreira convencional. Stephens argumenta que os americanos estão pagando muito caro pelo ensino universitário e aprendendo muito pouco.[6]

O UnCollege ajuda as pessoas a se prepararem para o futuro assumindo o controle e a responsabilidade por sua própria educação através de aprendizagem personalizada e dedicando-se a desenvolver habilidades como solução de problemas, criatividade e raciocínio crítico em ambientes não tradicionais. Algumas pessoas preferem aprender em uma estrutura universitária mais tradicional, mas outras querem algo diferente. Para elas, em vez de frequentar uma sala de aula, o UnCollege fornece mentores, dando experiência prática aos alunos do mundo todo e ensinando-os a se beneficiar da riqueza de recursos que temos disponíveis.

Laurie Pickard, autora de *Don't Pay for Your MBA: The Faster, Cheaper, Better Way to Get the Business Education You Need* [Não Pague por Seu MBA: A Melhor Forma, Mais Rápida e Mais Barata de Obter a Educação de Negócios da Qual Você Precisa, em tradução livre],[7] é outra pioneira na educação online personalizada. Ela fundou o site No-Pay MBA e construiu sua educação empresarial enquanto trabalhava no exterior. Ela percebeu que, pelo custo e tempo requeridos na obtenção de um MBA, poderia acessar os mesmos cursos via fornecedores de cursos online abertos e massivos (MOOCs, *Massive Open Online Courses*) e decidiu construir seu próprio currículo de dois anos. A jornada dela também mostra como você pode personalizar sua própria educação e que não é preciso aderir a modelos padronizados.

Embora organizações como o UnCollege e o No-Pay MBA sejam casos de uso de aprendizagem personalizada, muitas escolas e empresas ainda resistem. Isso se dá em parte devido às diferentes interpretações do que significa aprendizagem personalizada. Por exemplo, uma escola no Arizona pensou em um modelo de aprendizagem personalizada composto por uma abordagem baseada em tecnologia.[8] Os aprendizes ficavam sozinhos em frente a telas de computador em pequenos cubículos onde se encontravam isolados dos professores e colegas. Embora suas notas nas provas tenham aumentado, o programa foi descartado quando as matrículas diminuíram. Percebeu-se que os alunos não se sentiam atraídos por uma escola que os isolava em cubículos por longos períodos.

Rose argumenta que "um modelo de aprendizagem personalizada bem projetado e executado pode melhorar a interação professor-aluno. O resultado nunca deve ser alunos que aprendam isoladamente, interagindo apenas com um computador." Ele diz: "É uma questão de encontrar mais tempo para relacionamentos muito importantes entre o professor e o aluno e [entre] esse aluno e outros alunos. Você pode facilitar mais essas profundas interações sociais tendo um sistema que considere cada pessoa como um indivíduo e que incentive isso."[9]

Há um medo comum de que o uso da tecnologia de aprendizagem elimine a necessidade de professores e instrutores, mas, na verdade, quando se trata de aprendizagem personalizada em escolas e empresas, a comunidade é essencial e os profissionais de ensino serão mais do que nunca necessários. A Gates Foundation, cujo foco é o avanço na educação, concorda e diz: "Na aprendizagem personalizada, o aluno é o líder e o professor é o promotor e conselheiro."[10]

Um dos principais objetivos da aprendizagem personalizada é combinar os melhores recursos que o ecossistema tem para oferecer. Não é uma proposta do tipo ou este ou aquele, e sim uma que visa unir os melhores meios de motivação do aprendiz, da tecnologia e da aprendizagem online do aluno, apoiadas pela experiência de professores e colegas. O aluno ou funcionário pode acessar o conhecimento online, mas ainda precisa pessoalmente de seus professores e colegas para poder praticar e resolver problemas. A tecnologia desempenha um papel-chave, mas como Rose diz: "A solução não é simplesmente pegar um modelo e um problema existentes e colocá-los online — por exemplo, pegar uma aula baseada em palestra, gravá-la em vídeo e colocá-la online não é a solução!"[11]

O conceito de aprendizagem personalizada sempre requer algum toque humano. Aulas do tipo "tamanho único", trajetórias-padrão de carreira e classificações de desempenho sistemáticas fazem parte de um sistema antiquado que precisa ser transformado em um que promova a aprendizagem personalizada. O problema é que mesmo empresas baseadas em dados que têm os recursos necessários, de acordo com Rose, "não estão usando os dados pra ajudá-las a personalizar as experiências de seus funcionários no ambiente de trabalho". Temos uma excelente oportunidade de mudar o paradigma.

Rose reforça que, para transformar realmente os sistemas antiquados, precisamos "abordar um desses CEOs iluminados e dizer que sabemos que é assustador, mas, no fim das contas, sua meta é encontrar e desenvolver mais talentos, mais profissionais de tipos diversos, mais especialistas e ter genuinamente uma empresa baseada em aprendizagem. Acho que ninguém discordaria de que esse é um excelente resultado. Há uma enorme vantagem própria de 'pioneiros' aqui. Se você fizer isso direito na empresa, sua oportunidade de desenvolver talentos internos será das melhores."[12]

A Aprendizagem Personalizada em Ação

Para a aprendizagem personalizada ser bem-sucedida, a empresa deve apoiá-la e criar um ambiente em que o funcionário possa ter êxito. Ao mesmo tempo em que os funcionários têm que se responsabilizar pelo desenvolvimento de sua aprendizagem e carreira, os gerentes devem dar feedback, aconselhamento e orientação.

Você poderia argumentar que funcionários motivados se incumbem de sua própria aprendizagem mesmo sem suporte gerencial ou tecnologia personalizada para ajudá-los. Mas se perguntar à maioria das pessoas o que aprenderam ano passado, poucas terão condições de responder. É aí que os registros ou perfis da aprendizagem personalizada entram em ação — ajudando as pessoas a registrar o valioso aprendizado que elas vivenciam todo dia. Afinal, você vai querer que a aprendizagem o auxilie a atingir seus objetivos.

Vejamos o exemplo de Rico Rodriguez,[13] um desenvolvedor de softwares de 30 anos e entusiasta da aprendizagem que aprendeu como codificar através de uma aprendizagem autodirecionada e personalizada. Rico estudou neurociência em Yale, mas decidiu não seguir carreira. Em vez disso, conseguiu um emprego como representante de vendas na empresa de e-learning Moodlerooms ao sair da faculdade. Isso o levou à sua próxima função, assistente de eficácia de vendas, no grupo Offers do Google, no qual ele ajudava os representantes a gerar oportunidades de venda consistentes e de alta qualidade.

Enquanto Rico orientava os representantes de vendas, percebeu que havia uma limitação nas Planilhas Google que dificultava executar algumas das análises solicitadas pelos gerentes, logo, ele começou a pensar em uma solução. Decidiu que aprenderia a codificar, começando com a linguagem de programação Python. Mas também percebeu que precisava de um mentor para ajudar a orientá-lo, portanto, procurou alguém no Google que ele respeitasse e que quisesse lhe dar alguma orientação na aprendizagem dessa nova habilidade. Após aprender Python, Rico pediu a seu gerente para aplicar sua nova habilidade em um projeto para o qual os engenheiros não tinham recursos suficientes: um aplicativo de calculadora que os representantes de vendas do Google pudessem usar para substituir as desajeitadas planilhas. O gerente de Rico concordou em deixá-lo trabalhar no projeto e foi assim que ele migrou das vendas para o desenvolvimento de softwares.

Trabalhadores do conhecimento como Rico tendem a se incumbir de sua própria aprendizagem para direcionar sua trajetória de carreira. Mas raramente isso é feito de maneira isolada. Dois fatores importantes impactaram a motivação e a determinação de Rico para passar para o desenvolvimento de softwares. Em primeiro lugar, havia um gerente que acreditava nele e em sua habilidade para aprender coisas novas, um gerente que lhe deu a oportunidade de fazer algo novo — nesse caso construir o aplicativo de calculadora para a equipe de vendas. Em segundo lugar, ele encontrou um mentor que lhe deu orientação sobre como sua aprendizagem estava progredindo. Às vezes, um gerente pode ser tanto um modelo na função quanto um mentor, mas há situações em que pessoas diferentes assumem cada papel. Em geral, para a aprendizagem personalizada funcionar, o aprendiz deve ser a pessoa que direciona o objetivo, o gerente deve apoiá-lo e um mentor pode ajudar a orientar os avanços e dar feedback.

No entanto, mesmo com suporte, as pessoas devem ser motivadas a aprender. Por exemplo, ninguém disse a Rico para aprender a codificar em Python — ele definiu seu próprio objetivo e criou um desafio que o motivou. A partir daí, seguiu o caminho em direção à aprendizagem personalizada. É impossível que qualquer aprendizagem significativa ocorra sem esse autoimpulso e automotivação iniciais e não há maneira melhor de aprender do que aplicando as novas habilidades diretamente no mundo real. Após definir seu objetivo pessoal, Rico identificou um mentor que pudesse lhe dar feedback sobre o trabalho produzido. Basicamente, Rico descobriu os recursos de aprendizagem em codificação que estavam disponíveis para ele (tanto online quanto pessoalmente), encontrou tempo para aprender e começou a desenvolver o aplicativo enquanto aprendia a codificar.

Rico refletiu sobre o feedback de seu mentor, cometeu vários erros e por tentativa e erro aprendeu a programar em Python. Já que sua aprendizagem foi personalizada de acordo com seus objetivos profissionais e lacunas de habilidades, ele conseguiu desenvolver um aplicativo bem-sucedido no Google que ajudou a resolver um problema empresarial real.

Depois de Rico passar alguns anos no Google, Kelly o contratou no LinkedIn para trabalhar em uma plataforma de tecnologia de aprendizagem. Ela descobriu que suas habilidades tanto em codificação quanto em neurociência eram uma grande combinação quando aplicadas a uma plataforma focada em aprendizagem social personalizada. Mas essas habilidades técnicas não foram a única razão para a decisão de Kelly de contratá-lo. Rico também era curioso, aprendia com muita rapidez e assumia a responsabilidade pelo desenvolvimento de sua aprendizagem e sua carreira — exatamente o tipo de atributos que o colocaria em uma trajetória profissional bem-sucedida.

Para a próxima fase da jornada profissional de Rico, ele decidiu que deseja aprender mais sobre ciência de dados, uma das principais habilidades que muitos trabalhadores do conhecimento consideram importantes para o futuro. A ciência de dados ajuda as pessoas a explorarem os dados de várias formas e extraírem informações e insights significativos. Do mesmo modo que em sua abordagem para codificar em Python, o método de Rico usará a aprendizagem personalizada e vários recursos de ensino, inclusive um especialista ou mentor da área para guiá-lo. Como as experiências de Rico mostram, é preciso uma combinação de motivação, mentores e recursos de aprendizagem para ocorrer uma aprendizagem personalizada bem-sucedida.

Agilidade para Aprender

Um dos atributos de destaque de Rico é sua rapidez para aprender. Atualmente, as empresas precisam de aprendizes ágeis para resolver os problemas que elas ainda nem sabem que têm. Afinal, você contrataria um funcionário que fosse genuinamente curioso e quisesse aprender e construir novas habilidades ou alguém a quem precisasse dizer o que fazer e que apenas esperasse o dia de trabalho terminar? Embora os empregadores tenham um papel a desempenhar para ajudar os funcionários a aprender e se preparar para o futuro, no que diz respeito à contratação, seria melhor se contratassem pessoas com base em sua curiosidade e vontade de aprender.

Na verdade, a rapidez para aprender é, e continuará sendo, uma das habilidades mais desejáveis para o futuro. Rose acredita que as empresas podem cometer erros caros e enormes quando não prestem atenção suficiente nos tipos de funcionários que recrutam. "O custo de um erro ao contratar pessoas é surpreendente: só para citar alguns problemas, tem a rotatividade, a contratação e a integração. É muito desperdício. Se puder definir um perfil com mais nuances e mais preciso do tipo de pessoa qualificada que deseja para a função, tudo ficará muito melhor para você como empresa. E se aplicar esses mesmos princípios a como se tornar uma empresa baseada em aprendizagem, estará realmente chegando a algum lugar."[14]

Vejamos o caso de Cameron Rogers, outro exemplo de rapidez na aprendizagem. Quando Rogers estava estudando relações públicas e marketing na Universidade de Oregon, ele conheceu em uma reunião social o CEO de uma pequena empresa de treinamento do Vale do Silício que precisava desesperadamente de uma estratégia de marketing de mídia social. Quando o CEO descobriu que Cameron estava estudando essa área na faculdade, ofereceu-lhe a chance de fazer um estágio de verão em sua empresa. Ao mesmo tempo que Cameron ficou empolgado por receber uma proposta tão boa, também ficou apreensivo. Ele se sentia seguro quanto ao seu conhecimento de ferramentas de mídia social como o Twitter, LinkedIn e Facebook, mas nunca tinha criado uma estratégia de marketing usando-as para uma empresa real. Ainda mais irritante era o fato de que ele só teria um curso de marketing de mídia social em sua universidade no outono — após terminar o estágio.

No entanto, Cameron se sentiu motivado a descobrir como poderia aprender a criar uma estratégia de mídia social para ser bem-sucedido no estágio. Felizmente, a Universidade de Oregon fornece muitos recursos online para seus alunos. Ele entrou em contato com sua comunidade na faculdade, fez pesquisas e também encontrou vários recursos online. Especificamente, Cameron usou um curso online de Guy Kawasaki — "How to Rock Social Media"[15] ["Como Detonar nas Mídias Sociais", em tradução livre] — assim como um curso do site Lynda.com [conteúdo em inglês] sobre "Marketing Foundations: Social Media"[16] ["Fundamentos do Marketing: Mídias Sociais", em tradução livre]. O CEO mostrou-se um grande mentor e deu a Cameron feedback no decorrer do estágio. Após várias repetições, com o uso da aprendizagem continuada e de um feedback relevante, o projeto foi entregue, para satisfação do CEO.

Essa abordagem autodirigida e personalizada da aprendizagem acabou sendo a chave para o sucesso de Cameron. Graças à sua faculdade e aos recursos online, ele encontrou a aprendizagem de que precisava para resolver suas próprias lacunas de habilidades. Adquiriu novas habilidades que pôde colocar em prática imediatamente em uma empresa real e ganhou uma experiência valiosa que inseriu em seu currículo e no perfil do LinkedIn. Essa experiência de vida real obtida no trabalho deu uma vantagem à Cameron quando chegou a hora da aula de marketing de mídia social no outono. A iniciativa e a rapidez na aprendizagem que Cameron demonstrou ilustra o funcionário que irá prosperar em ambientes corporativos do futuro.

O varejista online eBay procura funcionários como Cameron. Eles contratam funcionários que demonstram rapidez na aprendizagem e também promovem a aprendizagem personalizada e estratégias de desenvolvimento de carreiras dentro de sua equipe após a contratação, o que se mostrou uma abordagem de muito sucesso.

Quando o eBay apresentou mundialmente sua nova filosofia de aprendizagem a todos os seus funcionários, a empresa deixou claro que eles seriam responsáveis pelo desenvolvimento de suas próprias carreiras. No entanto, os funcionários foram assegurados de que não estariam totalmente sós e que receberiam ferramentas relevantes, orientação e ajuda durante o processo. Aqui estão os quatro componentes importantes da estratégia de aprendizagem do eBay para o desenvolvimento de carreiras e a aprendizagem personalizada:

- Exploração de carreira.
- Aprendizagem e construção de habilidades.
- Aplicação das novas habilidades no trabalho.
- Divulgação de histórias profissionais de sucesso.

Examinaremos cada um com detalhes.

Etapa 1: Exploração de carreira

Primeiro, os funcionários do eBay são solicitados a pensar sobre suas aspirações de carreira, um método projetado para encorajar a autoexploração. Para facilitar o processo, eles recebem uma ferramenta chamada Fuel50, que usa o produto Career Navigator, para refletir, explorar e planejar sua jornada profissional. Essa ferramenta foi projetada para sondar as motivações e os interesses dos funcionários. Por exemplo, eles respondem a perguntas como: "O que é importante para você?" e "O que você valoriza como pessoa e como funcionário?" Ela também ajuda a definir talentos e identificar as habilidades que os funcionários gostariam de usar mais e as que gostariam de desenvolver. Essa fase de exploração de carreira é um ótimo ponto de partida para os funcionários definirem o "cenário geral" de quem são, o que desejam e onde querem chegar em suas carreiras.

Etapa 2: Aprendizagem e construção de habilidades

Após os funcionários concluírem a fase de exploração de carreira, eles usam a Degreed para decidir a que habilidades desejam se dedicar — podem até mesmo indicar uma função específica com as habilidades requeridas associadas a ela — e começar a construir um plano de habilidades. Em seguida, podem usar o produto para se autoavaliar em relação às habilidades que selecionaram e deixar que o gerente e os colegas também os avaliem. Quando tiverem uma boa noção das habilidades que precisam desenvolver, a Degreed criará seu plano de aprendizagem com curadoria de conteúdo na forma de trajetórias de aprendizagem. A curadoria dessas trajetórias de aprendizagem inclui conteúdos como vídeos, livros, podcasts, cursos presenciais e experiências de aprendizagem no trabalho. A Degreed exibirá, então, o progresso obtido na aprendizagem dos funcionários e adicionará habilidades ao seu perfil pessoal à medida que eles as construírem.

Etapa 3: Aplicação das novas habilidades no trabalho

Quando os funcionários terminam de construir novas habilidades, podem ver se elas são procuradas em oportunidades reais de trabalho e projetos através de um mercado de carreiras interno construído em parceria com a

Rallyteam e sua tecnologia. O eBay pensa da maneira certa: dar aos funcionários oportunidades de aplicar suas habilidades é criticamente importante; se eles construírem novas habilidades mas não puderem aplicá-las, a aprendizagem pode ser perdida. Quando isso ocorre, os funcionários perdem a motivação e podem procurar fora da empresa um local para aplicar suas novas habilidades. Ajudá-los a encontrar oportunidades para progredir e crescer dentro da empresa é parte essencial da estratégia de aprendizagem do eBay. Um componente singular dessa estratégia é permitir que os funcionários mantenham sua função atual enquanto se preparam para trabalhar em um projeto diferente por um determinado período. Por exemplo, digamos que um funcionário aprendesse gestão de projetos como nova habilidade. Ele pode ir até o mercado de carreiras, encontrar um projeto para aplicar essa habilidade e ganhar uma importante experiência no mundo real.

Etapa 4: Divulgação de histórias profissionais de sucesso

A última parte do programa do eBay lida com a comunicação entre as pessoas. A empresa definiu um site e uma campanha de marketing em que os funcionários podem compartilhar suas jornadas de carreira pessoais no eBay, conectar-se em rede com outros funcionários e participar de comunidades para compartilhar suas experiências de aprendizagem.

A Filosofia de Aprendizagem Personalizada da "Brilliant"

A Brilliant.org[17] é uma comunidade online para alunos e profissionais que usa a aprendizagem personalizada em tópicos relacionados à matemática e à ciência. A cofundadora e CEO, Sue Khim, que apareceu na lista de 2012 da *Forbes* "30 under 30 in Education" ["As 30 pessoas com menos de 30 anos na Educação", em tradução livre], criou a empresa quando tinha 26 anos.

Professores de matemática, cientistas e outras mentes técnicas propõem problemas e desafios difíceis para serem resolvidos por alunos. Os alunos também recebem novos problemas para resolver com base em seu desempenho anterior e podem avançar em seu próprio ritmo. O estágio seguinte é compartilhar as respostas e métodos de solução de problemas com a comunidade da Brilliant.org. Os princípios promovidos pela Brilliant.org se alinham bem com a filosofia que descrevemos neste livro e com nossa abordagem da aprendizagem personalizada. Aqui estão algumas diretrizes úteis da Brilliant.org que você pode compartilhar com seus funcionários relacionadas a uma experiência de aprendizagem mais personalizada:

Uma aprendizagem eficaz em matemática e ciência...

1 **Empolga.**
Os maiores desafios para a educação são o desinteresse e a apatia.

2 **Cultiva a curiosidade.**
Perguntas que instigam a curiosidade natural são melhores do que a ameaça de um teste.

3 **É ativa.**
A aprendizagem eficaz é ativa, e não passiva. Assistir a um vídeo não é suficiente.

4 **É aplicável.**
Use ou perca: é essencial aplicar o que você aprendeu no momento em que aprendeu.

5 **É conduzida para a comunidade.**
Uma comunidade que nos desafie e inspire é inestimável.

6 **Não discrimina.**
Sua idade, nacionalidade e gênero não determinam o que você é capaz de aprender.

7 **Permite falhas.**
Os melhores aprendizes se permitem errar ao longo de sua jornada.

8 **Gera perguntas.**
O ápice de uma boa educação não é saber todas as respostas — é saber o que perguntar.

Tecnologia para a Aprendizagem Personalizada

A tecnologia pode desempenhar um papel-chave para ajudar os funcionários a abraçarem a aprendizagem personalizada. O Capítulo 6 fará um estudo mais abrangente de como você pode ser bem-sucedido com a tecnologia certa, mas devemos mencionar aqui que a Degreed é um ótimo exemplo de tecnologia que fomenta a aprendizagem personalizada. Trata-se de uma plataforma de aprendizagem que coloca o aprendiz no centro da experiência. Ela permite que indivíduos e empresas descubram a aprendizagem, construam habilidades e façam um "registro" de como foi sua experiência de aprendizagem personalizada com eles, independentemente de para onde forem em sua carreira. Além de tornar mais fácil para seus funcionários construírem habilidades, as empresas que fornecem tecnologia para permitir o uso da aprendizagem personalizada tornam a aprendizagem mais significativa. Os funcionários têm a oportunidade de aprender novas habilidades, mas também se conhecem melhor e tornam-se aprendizes vitalícios.

Rose diz: "Plataformas de aprendizagem personalizada como a Degreed ajudam as pessoas a se conhecer — e com isso quero dizer que elas passam realmente a saber quem são. É claro que usam a plataforma para aprender algo, mas a aprendizagem personalizada as ajuda a se conhecerem como pessoas. Desenvolvemos habilidades incríveis para sermos aprendizes vitalícios e sabermos em que somos hábeis e para olhar para aquilo que estamos aprendendo e conectá-lo com a vida real. Precisamos dar apoio a essa jornada."[18]

Como Abraçar a Aprendizagem Personalizada

Uma vez que você decidir que deseja que seus funcionários tenham uma experiência de aprendizagem personalizada, como começar? A seguir estão descritas algumas maneiras pelas quais você pode começar a jornada de aprendizagem personalizada em sua empresa.

1. Ajude as pessoas a conhecerem suas habilidades, seus pontos fortes e suas fraquezas

Avaliações são uma ótima maneira de ajudar os funcionários e gerentes a conhecerem as habilidades, pontos fortes e fraquezas de cada um. Há muitos tipos de avaliações no mercado e sua escolha vai depender da profundidade à qual deseja ir com a personalização. Várias empresas e líderes estão familiarizados com as avaliações 360°, em que um funcionário faz uma autoanálise e recebe feedback de seu gerente e colegas. Também há avaliações gratuitas online para indivíduos. A Pluralsight, por exemplo, incentiva os desenvolvedores a fazerem uma verificação de conhecimento simples para medir a extensão de suas habilidades de programação, o que, por sua vez, permite que eles personalizem sua aprendizagem. A Degreed fornece um método de identificação das habilidades que temos e das que precisamos (mais sobre isso no Capítulo 8). O objetivo principal é dar para os funcionários uma visão personalizada deles mesmos para que seus planos de aprendizagem e habilidades possam ser personalizados. No entanto, é mais inteligente manter a simplicidade — pense em quantas habilidades você pode trabalhar realisticamente em um determinado ano.

2. Crie planos de aprendizagem personalizada

Uma vez que os funcionários tiverem uma boa noção das habilidades às quais querem se dedicar, poderão criar um plano de aprendizagem ou habilidades personalizado baseado no autoconhecimento e nos objetivos da aprendizagem e da carreira. É motivador os funcionários saberem a que precisam se dedicar e mapearem seu progresso em direção aos objetivos. Isso é diferente de um plano de desenvolvimento que faz parte de uma avaliação de desempenho, algo que até parece punição. Em vez disso, os planos de aprendizagem são uma boa maneira de criar uma visão de carreira inspiradora que motivará seus funcionários a quererem aprender novas habilidades.

3. Crie ambientes de aprendizagem flexíveis e solidários

Assim que seus funcionários souberem os tipos de habilidades nas quais desejam se concentrar, será tarefa dos líderes e gerentes guiar sua aprendizagem. Porém, é crucial fornecer um ambiente em que eles se sintam seguros tanto para falhar quanto para ser bem-sucedidos ao enfrentar seus novos desafios. Isso significa encorajá-los a aprender no trabalho e dar às pessoas o tempo necessário para desenvolver as habilidades que identificaram. Além disso, se você souber que habilidades seus funcionários estão tentando construir, pode dar a eles tarefas que os façam se esforçar e os desafie pessoalmente e profissionalmente. Pode não ser confortável, principalmente para os prodígios, entrar em áreas em que não se sentem confiantes, mas, com apoio e encorajamento, essas oportunidades podem ajudar a modelar uma carreira.

CAPÍTULO QUATRO

Combata a Sobrecarga de Conteúdo

QUANDO VOCÊ QUER aprender algo, o que faz em primeiro lugar? Pode recorrer ao Google, mas, dependendo do que estiver procurando, as respostas talvez não sejam tão simples como imagina. Por exemplo, digamos que você quisesse saber mais sobre mídias sociais. Se procurar "mídia social" no Google, verá mais de 250 milhões de resultados. Se tentar ser mais específico e digitar "aprendizagem de mídia social", os resultados cairão para cerca de 30 milhões, o que é melhor, mas ainda excessivo. O problema é que não conseguimos acompanhar a quantidade de informações que está sendo criada mundialmente.

A maioria dos especialistas prevê que o tamanho do universo digital está no mínimo dobrando a cada dois anos (de acordo com um crescimento de cinquenta vezes de 2010 a 2020).[1] Como consequência dessa sobrecarga de conteúdo, fomos esmagados pelo aumento constante de informações, nos tornamos impacientes em nossa necessidade de obter dados "imediatamente" e ficamos confusos com o fluxo interminável de sites, aplicativos e videoclipes. Passamos tanto tempo tentando selecionar informações que sobra apenas uma fração de uma semana de trabalho típica para a aprendizagem.

No entanto, não há apenas más notícias. Existem maneiras pelas quais podemos aprender a combater a sobrecarga de conteúdo se escolhermos as ferramentas de aprendizagem certas. Neste capítulo, falaremos sobre diferentes tipos de conteúdo de aprendizagem e como as empresas estão realmente usando-os para ajudar seus funcionários a aprender, ganhar expertise e construir habilidades.

O Momento da Necessidade

Embora o crescente volume de informações possa assustar, há maneiras de aprender o que queremos e construir nossa própria jornada de aprendizagem. Pense na rica diversidade de fontes a partir das quais podemos aprender no decorrer de nossas vidas. Há ótimos conteúdos de aprendizagem em todos os lugares. Nunca antes tivemos a oportunidade de aprender sobre qualquer tópico, em qualquer dispositivo, em qualquer lugar do mundo por um custo tão baixo, ou até mesmo inexistente. E esse é só o começo da democratização de conteúdo, em que as pessoas têm acesso imediato às informações de que precisam. Ter todas essas informações ao nosso alcance é algo bom, mas só se pudermos ajudar os aprendizes sobrecarregados a encontrar o que precisam, no momento em que precisam.

Geralmente esse momento de necessidade ocorre no trabalho. Por exemplo, digamos que você precisasse descobrir como usar dados para contar uma história interessante e apresentá-la para seu chefe no dia seguinte. Você não pode esperar para ter uma aula sobre "Contar sua História com Dados". Precisa das informações agora. Não seria ótimo se pudesse achar facilmente o que deseja sem vasculhar milhões de resultados de pesquisa?

O interessante é que, quando estamos em um momento de necessidade, o Google não é o primeiro recurso ao qual recorremos. Um estudo executado pela Degreed em 2016[2] descobriu que, quando as pessoas querem aprender algo, elas perguntam aos colegas, chefes ou mentores antes de buscar na internet. A última coisa que fazem é consultar seu departamento de RH ou área de aprendizagem. Os resultados mostram que as pessoas gostam de aprender umas com as outras e usando tecnologia. As empresas deveriam prestar atenção nesses resultados, e os líderes se perguntarem: "Quando quero aprender algo, como aprendo?" Só entendendo realmente como cada um de nós aprende é que poderemos construir uma plataforma de aprendizagem que funcione para todos os funcionários.

Tim Quinlan, diretor de plataformas digitais da Intel,[3] entendeu a importância da aprendizagem individual quando estava elaborando sua estratégia de aprendizagem digital para a empresa. Quando chegou a hora de apresentar a estratégia para seu chefe, ele não usou apresentações de PowerPoint ou planilhas para mostrar o valor da aprendizagem. Simplesmente conversou com o chefe e lhe perguntou como gostava de aprender. Seu chefe explicou que costumava procurar informações online, mas nem sempre conseguia encontrar o que estava procurando. Quinlan então lhe pediu que fizesse a mesma pesquisa na Degreed, a plataforma de tecnologia da aprendizagem cujo uso estava propondo. Seu chefe ficou ao mesmo tempo surpreso e satisfeito por encontrar o que queria imediatamente na forma de conteúdo de curadoria e trajetórias de aprendizagem. Como Quinlan demonstrou, a habilidade de agregar recursos de aprendizagem e curar conteúdo para ajudar os funcionários a acharem o que precisam, quando precisam, é a primeira etapa para a construção de novos conhecimentos e habilidades.

Consumerização de Conteúdo

Para combater a sobrecarga de conteúdo e ajudar funcionários confusos, primeiro é bom saber que tipos de recursos de aprendizagem online estão disponíveis e como as empresas os estão usando. Há algum debate sobre o que constitui conteúdo de aprendizagem. As empresas costumavam fornecer treinamento de duas formas: por treino em sala de aula conduzido por instrutores ou por e-learning. Os setores de aprendizagem criavam todo o seu próprio conteúdo ou contratavam fornecedores caros para criar conteúdo personalizado para eles. Kelly lembra-se de que um departamento de TI pagava mais de US$300 mil para um fornecedor criar um único curso de compliance online para seus funcionários!

Por décadas, com frequência a aprendizagem online evocava imagens de tediosas apresentações de PowerPoint com alguém narrando, ou algum tipo de treinamento desagradável de compliance. Atualmente, porém, há centenas de empresas usando conteúdo de aprendizagem inteligente e inovador sobre quase qualquer tópico imaginável. Alguns conteúdos de aprendizagem vêm na forma de bibliotecas de conteúdo pelas quais as pessoas ou empresas podem pagar através de um serviço de assinatura; outros conteúdos são gratuitos e podem ser acessados por qualquer pessoa. Até mesmo o treinamento de compliance online pode ser interessante graças a companhias como a Second City,[4] um grupo de humoristas que contribuiu para torná-los não só relevantes, mas também divertidos e atraentes.

O benefício real da aprendizagem online é que novos conteúdos são criados todo dia, compartilhando informações sobre as tecnologias mais recentes, as últimas metodologias e as pesquisas mais atualizadas, nos permitindo acessar essas informações quando são disponibilizadas — às vezes, instantaneamente. Mas não é todo mundo que sabe disso, nem mesmo quem se considera um aprendiz vitalício. Quando o Centro de Pesquisas Pew fez uma pesquisa sobre tecnologia e aprendizagem vitalícia em 2016,[5] descobriu que, embora mais de 70% dos adultos americanos consultados se considerassem aprendizes vitalícios e mais de 50% dos trabalhadores em regime de tempo integral ou parcial não participassem da aprendizagem no trabalho ou na carreira, a maioria dos adultos tinha pouco ou nenhum conhecimento da tecnologia e dos recursos disponíveis para eles. Veja em detalhes:

- 61% tinham pouco ou nenhum conhecimento sobre aprendizagem à distância.
- 79% tinham pouco ou nenhum conhecimento sobre a Khan Academy (lições em vídeo).
- 80% tinham pouco ou nenhum conhecimento sobre os Massive Open Online Courses (MOOCs).
- 83% tinham pouco ou nenhum conhecimento sobre os badges (medalhas) digitais.

O conteúdo de aprendizagem digital está evoluindo rapidamente, logo, é importante saber que conteúdo está disponível, o que está funcionando e onde as empresas e funcionários estão sendo bem-sucedidos. Ter conhecimento desses valiosos recursos é uma etapa importante para a melhoria da qualidade da aprendizagem nas empresas. Conteúdos digitais de qualidade a baixo ou nenhum custo já estão tão amplamente disponíveis que as empresas não podem simplesmente ignorar o material que pode ser acessado.

Nunca foi tão fácil escolher o melhor conteúdo para os funcionários. Por exemplo, a plataforma de vídeo online gratuita TED (Technology, Education, and Design) dá acesso a um conjunto de palestras curtas

(18 minutos ou menos) e impactantes feitas por líderes do pensamento do mundo todo. Bill Gates (Microsoft), Elon Musk (Tesla), Jeff Bezos (Amazon), Sergey Brin (Google) e Steve Jobs (Apple) são apenas alguns dos líderes empresariais que deram palestras inspiradoras no TED. Além disso, líderes do pensamento menos conhecidos falam sobre tópicos diversos; entre eles temos Garry Kasparov falando sobre inteligência artificial e Brené Brown sobre o poder da vulnerabilidade. Muitas empresas usam os vídeos como parte de suas ofertas de conteúdo de aprendizagem para ajudar os funcionários a pensar de maneira mais criativa e incutir inovação e propósito no trabalho.

O YouTube é outra fonte popular de informações que oferece vários vídeos institucionais sem paralelo em nenhum outro tipo de mídia. Por exemplo, David usou o YouTube para aprender de tudo, desde como trocar um pneu a conceitos sobre ciência de dados e neurociência para o trabalho. Milhões de pessoas postam vídeos de "como fazer" no YouTube regularmente. Alguns dos vídeos educacionais e instrutivos mais populares do YouTube são postados pela Khan Academy.

Khan Academy

O nascimento da Khan Academy é uma história conhecida no mundo da educação. Ela começou uma década atrás, quando a prima do educador Sal Khan, Nadia, lhe pediu aulas de matemática e ciências porque estava ficando para trás em suas aulas na escola. Já que Khan vivia em Boston e Nadia em Nova Orleans, ele dava as aulas por telefone. Seu método ajudou Nadia a se superar; na verdade, ela estava praticamente reprovada em matemática e passou a ser a melhor aluna de sua sala. Devido a esses ótimos resultados, cada vez mais pessoas da família de Khan lhe pediam aulas particulares. E assim foi até um de seus amigos sugerir que ele fizesse vídeos das lições e os disponibilizasse online, para que todos pudessem visualizá-las quando conveniente, tornando o processo mais eficiente.

Com o tempo, Khan fez centenas, e depois milhares, de vídeos tutoriais e os postou no YouTube, e, embora não fosse a primeira pessoa a postar vídeos educativos online, algo em seu estilo atraiu um grande público. Para algumas pessoas que não tinham acesso à educação, isso mudou suas vidas.

Quando a Khan Academy tornou-se mais conhecida, e mesmo quando deixou de ser um hobby, Khan disse que o conteúdo era projetado a partir de um ponto de vista mais pessoal. Começou com um pouco da matemática que ele conhecia e depois um pouco de ciências, mas a partir daí passou a incluir anatomia e certos assuntos que ele não conhecia tão bem. Aprender outros assuntos tornou a ideia divertida para Khan. E continua a ser divertida para ele: "Passo cerca de 30% a 40% de meu tempo criando conteúdo e considero essa a melhor parte do meu trabalho. Considero-me a pessoa mais sortuda do mundo porque é isso que gosto de fazer. Não conheço outro emprego em que você possa passar de 30% a 40% de seu tempo aprendendo coisas novas — e usar esse conhecimento para ajudar os outros."[6]

Já que seu público cresceu, Khan ficou obcecado por fornecer aprendizagem a quem de outra forma não receberia educação. Ele atraiu alguns grandes investidores, como a Skoll Foundation, a Bill & Melinda Gates Foundation e o Google, que viram essa oferta como um catalisador real para a mudança no mundo da educação. Mais de 10 anos depois, a Khan Academy, que não tem fins lucrativos, ofereceu mais de um bilhão de lições online. O conteúdo é todo gratuito e usado mensalmente por oito milhões de aprendizes no mundo inteiro.[7] E evoluiu para incluir lições sobre matemática, ciências, artes, humanidades, economia e preparação para testes, para citar apenas algumas matérias. No geral, Khan foi bem-sucedido ao revolucionar a educação de uma maneira que mudou drasticamente o modo como aprendemos e absorvemos novos conteúdos.

A "Sala de Aula Invertida"

O que Khan fez estendeu muito os horizontes da educação e da aprendizagem dos alunos. Sua abordagem influenciou em grande escala a aprendizagem corporativa. Seus vídeos permitiram que os professores "invertessem" suas salas de aula,[8] nas quais os alunos são instruídos a assistir tutoriais em vídeo por conta própria e então usar o horário de aula para discussão e orientação. Esse conceito foi um desafio para o que a aprendizagem corporativa poderia e deveria ser.

Algumas empresas já aplicaram a sala de aula invertida à aprendizagem corporativa. Nesse modelo, os funcionários obtêm a parte da aprendizagem relativa ao "conhecimento" criando seu próprio horário, em seu próprio ritmo, assistindo a um vídeo (como fez a prima de Khan, Nadia). As empresas, então, reúnem os funcionários pessoalmente, que usam essa hora valiosa para interagir com os colegas, praticar habilidades e resolver problemas empresariais reais. A combinação de conteúdo de aprendizagem online e reuniões presenciais é uma força poderosa para a aprendizagem e a colaboração. No mundo corporativo, ficar longe do ambiente de trabalho para assistir a um treinamento é extremamente caro e ineficiente (pense em quanto as empresas gastam com aulas, hotéis e passagens aéreas, sem mencionar o custo dos funcionários estarem longe de suas tarefas).

Como líder, se você convocar as pessoas para uma reunião, tem que fazer valer a pena. Isso significa usar o tempo para os funcionários aprenderem com seus colegas, terem discussões significativas sobre o conteúdo e os conceitos que aprenderam e criarem soluções para problemas urgentes. Essa é apenas uma das maneiras de ajudar as empresas a terem sucesso.

A Khan Academy Vai às Empresas

Recentemente a Khan Academy começou a se associar a empresas para ajudar seus funcionários e clientes a construírem habilidades. Por exemplo, eles se associaram ao Bank of America para criar um programa para seus clientes sobre discernimento financeiro chamado BetterMoneyHabits.com [conteúdo em inglês],[9] e depois criaram um programa para ajudar recém-graduados a deslancharem suas carreiras e finanças pessoais. Esse último programa apresenta vídeos que ajudam jovens adultos a pensarem sobre suas carreiras e pesarem sua paixão versus as implicações financeiras de uma determinada carreira.

Os vídeos que a Khan Academy produz apresentam profissionais jovens falando sobre como é ter uma carreira específica, de que habilidades eles precisam e quanto ganham, o que dá uma ideia de como é a vida no mundo do trabalho. Ajudar recém-graduados a saberem o que está disponível para eles em uma profissão e uma carreira é algo ao qual deveríamos dedicar mais tempo já que, de acordo com a Accenture,[10] oito entre dez dos recém-graduados não têm um emprego ao se graduar. Conforme uma pesquisa do Bank of America, 60% dos recém-graduados dão mais importância à paixão e não ao salário, mas também precisam conhecer as realidades financeiras dessa escolha.

A Khan Academy não foi o único recurso de aprendizagem inovador. Na mesma época, estava surgindo um novo recurso de conteúdo de aprendizagem que faria avançar ainda mais a democratização da educação em nível global.

Massive Open Online Courses (MOOCs)

Em 2011 ocorreu algo sem precedentes: dois professores da Universidade de Stanford lançaram três cursos online (MOOCs) que permitiam acesso gratuito ao mesmo conteúdo de aprendizagem disponibilizado para os alunos da faculdade. Essa foi uma boa ideia, principalmente porque a Universidade de Stanford é conhecida como uma das mais difíceis e prestigiadas do mundo, para a qual somente 4,8% dos 44 mil candidatos foram aceitos em 2016.[11]

Basicamente, foi uma experiência para oferecer aprendizagem online de ritmo próprio, escalável, acessível e barata para pessoas de qualquer lugar do mundo. Quando o primeiro MOOC de Stanford, *Introduction to Artificial Intelligence* [Introdução à Inteligência Artificial, em tradução livre], foi lançado, 160 mil alunos do mundo todo se inscreveram.[12]

Os MOOCs dão aos aprendizes acesso a aulas online e há deveres de casa cuja nota é dada por um computador. Quando a aula e os trabalhos terminam, os participantes recebem um certificado de conclusão. Os MOOCs são, na verdade, a próxima etapa do modelo de aprendizagem à distância em que as pessoas aprendem remotamente sem ter que estar fisicamente em uma sala de aula. Duas empresas foram formadas por causa dos três primeiros MOOCs oferecidos em Stanford: Coursera e Udacity. O fornecedor de MOOCs sem fins lucrativos mais conhecido é o edX. Durante os últimos três anos, mais de 25 milhões de pessoas do mundo todo se matricularam e, embora as taxas de conclusão sejam baixas (cerca de 4% no Coursera), o alcance geral ainda é significativo.[13]

O objetivo original dos MOOCs era tornar a educação mais acessível para quem não pudesse pagar por ela, mas estudos feitos nos últimos cinco anos mostraram algumas tendências interessantes. De acordo com a

Harvard Business Review: "Os matriculados são predominantemente residentes com boa instrução, de países desenvolvidos" e muitas pessoas estão usando os MOOCs para construir habilidades e fazer suas carreiras avançarem. "Cinquenta e dois por cento das pessoas consultadas relatam como principal objetivo melhorar seu emprego atual ou encontrar um novo emprego — são 'construtores de carreira'. Desses construtores de carreira, 87% relatam algum tipo de benefício na carreira."[14]

Desde que o Coursera e a Udacity foram fundados, evoluíram seus modelos de negócio para focar a aprendizagem para profissionais em vez de apenas para alunos de graduação. Eles conectam uma empresa e/ou universidade e criam conteúdo de aprendizagem dedicado a um tópico específico. Por exemplo, a Udacity se associou à Mercedes-Benz para criar um programa baseado em projeto sobre carros autônomos, enquanto o Coursera se associou ao Google para criar um curso sobre Big Data e aprendizado de máquina com o uso do Google Cloud.[15]

Essa colaboração entre indústria e educação beneficia pessoas que estejam querendo trabalhar para a empresa patrocinadora da aprendizagem ou que queiram partir para um nova carreira. Por exemplo, digamos que você quisesse ser um engenheiro de carros autônomos para a Mercedes-Benz. Fazer o curso criado pela Udacity lhe daria uma vantagem no processo de recrutamento. Isso também beneficia a empresa (nesse caso, a Mercedes-Benz), porque elas atrairão candidatos que já sabem como usar seus produtos (seu carro autônomo). O fato de agora as empresas estarem percebendo que precisam ajudar seus funcionários a construírem habilidades para o futuro é um sinal positivo, principalmente porque as universidades têm se empenhado para acompanhar o cenário em rápida mudança das novas funções e habilidades.

A AXA, a maior empresa de seguros da França, percebeu a importância de fornecer conteúdo relevante para seus funcionários a fim de prepará-los para os cargos do futuro.[16] Recentemente, a empresa anunciou uma parceria global com o Coursera para ajudar a promover um modelo de aprendizagem autodirigido que fornece habilidades relevantes para um subconjunto de seus funcionários. Mil funcionários terão acesso a uma biblioteca de ofertas do Coursera para se atualizar em perspicácia empresarial. Metade da equipe receberá certificações, e os funcionários da empresa em 64 países ganharão acesso a mais de 300 cursos em tópicos como liderança, marketing digital e ciência de dados. A L'Oréal é outra empresa global que está usando o Coursera para ajudar seus funcionários a construírem habilidades. A empresa destina 50% da aprendizagem de seus funcionários através de iniciativas autodirigidas ou digitais.[17]

Mesmo assim, várias empresas parecem não estar se empenhando tanto para serem mais competitivas na contratação e retenção de grandes talentos. De acordo com Monika Hamori na *Harvard Business Review*, "Muitas pessoas que querem melhorar em suas funções estão se virando sozinhas".[18] As empresas estão relutantes em investir em talentos que podem acabar saindo para trabalhar para rivais. Por outro lado, os funcionários veem a aprendizagem adicional como um investimento neles mesmos e em seu futuro. Uma das razões para as empresas não darem suporte à aprendizagem de seus funcionários através de MOOCs é que elas não conhecem as vantagens que esses cursos oferecem, como baixos preços, ausência de custos de deslocamento e menos interrupções no trabalho diário. Se pudéssemos criar um consenso entre as empresas e os funcionários em relação a como se beneficiar dos MOOCs, seria uma situação em que todos ganhariam.

Bibliotecas de Conteúdo de Aprendizagem

Quando se trata de conteúdo de aprendizagem online, os tutoriais em vídeo e os MOOCs são apenas a ponta do iceberg. Atualmente, existem no mercado centenas de bibliotecas de aprendizagem online baseadas em assinatura. Algumas das mais populares são OpenSesame, Pluralsight, Safari, Lynda.com, Skillsoft, Creative Live, Treehouse e Udemy. As bibliotecas de conteúdo fornecem centenas, quando não milhares, de cursos e/ou conteúdos em vídeo para ajudar os funcionários a aprenderem em seu próprio ritmo assincronamente. Algumas bibliotecas são vastas e abordam uma grande variedade de tópicos e habilidades, e outras são especializadas em áreas como tecnologia. As pessoas podem fazer assinaturas para aprender em seu próprio ritmo, e muitas empresas compram assinaturas abrangentes para dar acesso a todos os funcionários.

A Pluralsight, baseada em Utah, fornece uma biblioteca de conteúdo com vídeos tutoriais dedicados ao setor de tecnologia. O conteúdo técnico de aprendizagem criado por especialistas na área é baseado em vídeo e ajuda as pessoas a construírem habilidades no desenvolvimento móvel, desenvolvimento web, aprendizado de máquina, inteligência artificial e realidade virtual, para citar apenas algumas áreas. Além do conteúdo, os participantes também são contemplados com avaliações de habilidades, verificações de aprendizagem e painéis de discussão.

Recentemente, o Google firmou uma parceria com a Pluralsight como parte de uma iniciativa para resolver o desafio da lacuna de habilidades na Índia.[19] De acordo com a NASSCOM, a associação de treinamento em TI da Índia, a parceria Google/Pluralsight está ajudando 3,9 milhões de pessoas daquele país a atualizarem as habilidades tecnológicas de que precisam para permanecer relevantes no ambiente de trabalho. Além disso, a parceria ajuda os desenvolvedores de novas habilidades a se capacitar para os 150 mil novos empregos tecnológicos que surgem online a cada ano.

Microaprendizagem

A microaprendizagem é o oposto do treinamento corporativo típico; em vez da permanência por oito horas em uma sala de aula, ela serve conteúdo em partes, geralmente durante apenas alguns minutos e podendo ser facilmente acessado em telefones móveis. A empresa de tecnologia Grovo, baseada na cidade de Nova York, é famosa pela microaprendizagem. De acordo com a Association for Talent Development [Associação para o Desenvolvimento de Talentos, em tradução livre], 92% das empresas que usam atualmente a microaprendizagem planejam continuar usando-a, enquanto as 67% que não a utilizam querem começar a usá-la.[20]

As empresas adotam o conteúdo de microaprendizagem porque ele parece funcionar. Em primeiro lugar, as pessoas podem encaixar pequenas parcelas de aprendizagem em sua rotina de trabalho sem ter que se ausentar para ir a uma aula de treinamento. A microaprendizagem também ajuda as pessoas a estudar apenas o conhecimento suficiente para ajudá-las na tarefa que têm em mãos. Para concluir, a microaprendizagem é útil para reforçar a aprendizagem e ajudar as pessoas a se lembrarem de conteúdos e conceitos. Várias empresas a adotaram, entre elas a Gap, a Chevron e a PepsiCo.[21]

Conforme atesta Maksim Ovsyannikov, antigo vice-presidente de produtos da Grovo, a microaprendizagem foi desenvolvida para que o conteúdo pudesse ser mais conciso e com lições específicas. Em cerca de cinco minutos ou menos, um trecho típico de conteúdo de microaprendizagem tenta:

- Propor um problema.
- Resumir por que ele é importante.
- Propor uma solução.
- Dar um exemplo de como essa solução pode ser aplicada.
- Resumir e fazer perguntas.

Ovsyannikov dá o seguinte exemplo: "Imagine um gerente novo que estivesse para conduzir sua primeira reunião one-on-one. Uma lição de microaprendizagem criteriosa pode lhe dar rapidamente informações valiosas sobre reuniões one-on-one eficazes e no momento oportuno, imediatamente antes dele entrar nesse tipo de primeira interação."[22]

De acordo com Ovsyannikov, há três grandes enganos relativos à microaprendizagem. "O primeiro é o de que não é possível abranger áreas de conhecimento mais amplas via microaprendizagem e que ela só pode ser usada para a aprendizagem de pequenas lições."[23]

Isso não é verdade. A microaprendizagem pode ser eficazmente combinada a trajetórias de aprendizagem em que as parcelas de conhecimento sejam distribuídas diariamente durante um determinado período. Dessa forma, o aprendiz pode adquirir uma habilidade que não esteja vinculada a uma parcela única de microaprendizagem e que seja aprendida através de uma série de lições distribuídas na mesma trajetória.

O segundo grande engano relativo à microaprendizagem ocorre entre alguns fornecedores que espalham a mensagem de que, se o conteúdo não vier deles, não pode ser considerado microaprendizagem. Essa é uma interpretação inexata dado que a microaprendizagem pode ser desenvolvida por qualquer pessoa que siga sólidos princípios de design educativo. Isso envolve simplesmente encurtar o conteúdo para torná-lo mais conciso ao mesmo tempo em que o conhecimento que está sendo distribuído é testado e resumido constantemente.

Ovsyannikov prossegue dizendo: "Quase todas as pessoas podem construir conteúdo de microaprendizagem; na verdade, é mais fácil construir conteúdo de microaprendizagem do que conteúdo de aprendizagem tradicional porque aquele é mais ágil e iterativo."[24]

Conteúdo Curado

Com todos os diferentes tipos de conteúdo de aprendizagem que existem disponíveis, a grande pergunta passa a ser: como as empresas e os funcionários saberão o que escolher? A curadoria de conteúdo é uma ótima estratégia para ajudar os funcionários a encontrar o que precisam no momento em que precisam. Vejamos um exemplo. Digamos que você quisesse aprender mais sobre cibersegurança. Você poderia procurar no Google, mas sua colega Julie, que trabalha na equipe de engenharia da empresa, é especialista no assunto. Você pergunta a Julie quais ela acha serem os melhores recursos de aprendizagem relativos à cibersegurança. Em resposta, ela cria uma lista de cursos, conferências, certificados, livros, podcasts, sites, vivências, jornais e artigos que acha serem as fontes mais valiosas de informação.

Agora suponhamos que você tivesse uma tecnologia que lhe permitisse inserir esses recursos em uma trajetória digital guiada para que qualquer pessoa que quisesse aprender sobre cibersegurança também pudesse ver a lista de recursos que Julie criou. Isso é o conteúdo curado. Em vez dos funcionários tentarem adivinhar que recursos são os melhores, eles obtêm a informação de alguém que já é especialista.

O aspecto interessante das trajetórias de conteúdo curado é que elas fornecem a aprendizagem de uma maneira totalmente nova. Além dos profissionais da área de aprendizagem corporativa poderem curar conteúdo sobre vários tópicos, os funcionários que já são especialistas no assunto também podem compartilhar. Isso significa que todos os funcionários podem se envolver em aprender e ensinar aos outros. Empoderar funcionários para que escolham trajetórias de aprendizagem que façam sentido para eles é uma maneira poderosa de fechar a lacuna de habilidades e melhorar seu conhecimento.

A Mastercard usa o poder da curadoria de conteúdo há vários anos. A empresa inventou uma maneira criativa de encorajar todos os funcionários a compartilharem sua expertise. Eles promoveram um concurso no qual desafiaram os funcionários a identificar um tópico do qual gostavam muito e criar suas próprias trajetórias de conteúdo curado para ensinar o assunto a outros funcionários. Quando os trabalhos foram entregues, as três melhores trajetórias foram escolhidas e os curadores ganharam prêmios por seus esforços. Foi divertido e competitivo, porém o mais importante é que fez todo mundo se engajar no processo de aprendizagem e gerou recursos excepcionais para o benefício de todos os funcionários.

Curadoria de Conteúdo com o Uso de Aprendizado de Máquina

Imagine um cenário em que funcionários do mundo inteiro tivessem acesso à aprendizagem personalizada e que a aprendizagem os ajudasse a construir as habilidades e o conhecimento necessários para suas carreiras. Há apenas alguns anos, a ideia de que um dia todos poderiam ter acesso à aprendizagem necessária parecia ficção. Atualmente, com o surgimento do aprendizado de máquina, é plenamente possível todas as pessoas terem uma experiência de aprendizagem personalizada. Hoje em dia é possível ter um conteúdo de aprendizagem relevante servido para você e seus funcionários todo dia de acordo com seus interesses, com quem você é e o que faz, com a maneira como gosta de aprender, com as habilidades que deseja construir e com o que sabe. Pense no que isso significa.

Isso era um sonho, mas gradualmente foi se tornando realidade com o aprendizado de máquina. O aprendizado de máquina é um subconjunto da inteligência artificial (IA) que permite que os computadores aprendam com os dados sem serem programados explicitamente. Em outras palavras, o computador aprende como aprender. Mas que papel o aprendizado de máquina desempenha na educação corporativa? Seu uso é duplo. Em primeiro lugar, ajuda a personalizar a experiência de aprendizagem do funcionário aprendendo o tipo de conteúdo que está sendo consumido e, em segundo lugar, codifica as habilidades e conhecimentos que estão sendo ganhos a partir desse conteúdo.

O aprendizado de máquina organiza e recomenda a aprendizagem com base em nossos interesses. Pense no que o Spotify fez para a música ou a Netflix para os filmes. Quanto mais assistimos ou escutamos, mais a tecnologia aprende sobre nós. Quanto mais ela aprende sobre nós, melhor fica em nos dar mais daquilo que queremos, ou podemos querer. Isso nos permite descobrir novas músicas de acordo com nossas preferências (na forma de playlists personalizadas) e dá uma ideia dos filmes que podemos querer assistir em seguida (através de sugestões e recomendações).

"O aprendizado de máquina não é composto apenas por recomendações de conteúdo", diz James Densmore, diretor de ciência de dados na Degreed. "Recebo muitos feedbacks de pessoas que acham que aprendizado de máquina é a construção de melhores sistemas de recomendação, quando na verdade o objetivo final é entender por que estamos recomendando um determinado conteúdo. É o formato (curso versus artigo), o tamanho, a frequência de consumo, o autor ou outra coisa?"[25]

O supercomputador Watson da IBM ilustra bem como o aprendizado de máquina funciona. O Watson ficou famoso por vencer os humanos no quiz show *Jeopardy* devido à sua capacidade de processar milhares de perguntas e aprender como jogar. O aprendizado de máquina está na essência de grande parte das tecnologias que usamos hoje e mesmo assim não o percebemos tanto porque ele funciona em segundo plano. Várias das maiores firmas de tecnologia o utilizam em muitas de nossas tarefas diárias. Por exemplo, a Amazon recomenda produtos em cada página; o Google exibe anúncios que ele acha que sejam relevantes para você (e às vezes nos pergunta se estão certos, obtendo, assim, mais dados); e o Facebook usa o reconhecimento facial para identificar pessoas nas fotos que postamos.

Quando você o aplica à tecnologia de aprendizagem, como estamos fazendo na Degreed, o aprendizado de máquina permite que o ensino seja curado automaticamente. Ele fornece uma seleção de conteúdo de aprendizagem que é personalizada e relevante. Você pode receber um feed de novos conteúdos de aprendizagem para avaliar diariamente e as trajetórias de aprendizagem são recomendadas com base no que você deseja aprender e no que o sistema está aprendendo sobre você. Ela faz o processamento para que você não precise vasculhar milhares de conteúdos, permitindo que se dedique à aprendizagem. E permite que analise os dados para saber que habilidades seus funcionários estão construindo.

Considere o quanto esse processo é eficiente em comparação com a típica "análise de necessidades" — o processo manual usado por muitos profissionais de aprendizagem para determinar o conhecimento, as habilidades e as competências dos funcionários. Embora as análises de necessidades comuns possam fornecer informações úteis quando se trata de projetar novos conteúdos ou programas, ela é demorada e raramente atende às necessidades e demandas dos funcionários participantes.

Com o aprendizado de máquina na educação corporativa, podemos coletar e analisar dados para saber o que os funcionários estão aprendendo. Os dados podem lhe dizer que conteúdo seus funcionários estão consumindo, que conteúdo e modalidades eles preferem e, o mais importante, que habilidades estão construindo. Nunca houve uma maneira melhor de conhecer seus aprendizes — não o que os funcionários dizem que querem aprender, mas o que estão realmente aprendendo.

Criando uma Estratégia de Aprendizagem Digital

Muitas empresas estão repensando sua estratégia de aprendizagem visando a incorporar mais componentes digitais para criar uma cultura que encoraje a aprendizagem contínua. Em seu livro *Stretch: How to Future-Proof Yourself for Tomorrow's Workplace* [Expanda-se: Como se Proteger do Futuro para o Ambiente de Trabalho do Amanhã, em tradução livre], Karie Willyerd[26] discute como manter a força de trabalho atualizada. Ela diz: "Não se trata de abandonar tudo que você está fazendo e se requalificar. O importante é manter-se aprendendo o tempo todo." Ela compara a aprendizagem a ficar em forma, com o fato de que é melhor se exercitar moderadamente no decorrer de sua vida a tentar correr uma maratona e então parar.

Willyerd diz: "Os indivíduos e as empresas precisam definir plataformas e maneiras para as pessoas aprenderem constantemente, a fim de estabelecer uma cultura, uma direção e expectativas ao redor da aprendizagem contínua. Talvez essa seja a única forma de se manter atualizado. É contraprodutivo não prestar atenção nisso, passar por uma reestruturação maior e contratar novos funcionários só para também torná-los obsoletos."

Indague-se como você aprende todo dia. Você procura conteúdo no Google e assiste a vídeos online? A maioria das pessoas, inclusive seus funcionários, aprende a partir de várias fontes informais. Logo, quando você estiver criando sua estratégia de aprendizagem digital para incorporar recursos digitais ao resultado, pense nas perguntas a seguir, que o ajudarão a desenvolver seu plano.

1. O que é uma estratégia de aprendizagem digital?

A estratégia de aprendizagem digital é o processo de incorporar recursos digitais (vídeos, aprendizagem online, cursos, blogs, artigos e livros) para ajudar as pessoas a aprenderem. No entanto, a aprendizagem digital é mais do que isso — ela nos encoraja a pensar na aprendizagem de uma maneira diferente. Há tantos conteúdos de aprendizagem disponíveis para as pessoas atualmente, e a velocidade da mudança é tão rápida, que não podemos ficar restritos a modelos de aprendizagem antigos (como o treinamento em sala de aula) para adquirir as habilidades necessárias.

Uma estratégia de aprendizagem digital nos dá a oportunidade de direcionar as pessoas para os recursos digitais que desenvolvemos, ou que já existem, e facilitar o acesso ao conteúdo. A disponibilização de vários tipos de recursos digitais também deve considerar as diferentes maneiras pelas quais as pessoas gostam de aprender: Kelly adora ler livros ou ouvir podcasts para aprender; David prefere assistir a vídeos e ler artigos; e outras pessoas podem preferir fazer um curso online de várias semanas. Logo, é uma boa ideia construir um plano na estratégia de aprendizagem digital que defina como esses recursos digitais devem ser oferecidos aos funcionários.

2. Por que as empresas precisam de uma estratégia de aprendizagem digital?

Uma razão para a estratégia de aprendizagem digital ser tão importante é que ela fornece aprendizagem para todos os funcionários — e não apenas para poucos escolhidos. Ela também permite que as empresas reajam mais rapidamente a mudanças de prioridades e a necessidades de aprendizagem especializadas que nem sempre podem estar acomodadas junto aos recursos disponíveis.

Quando uma estratégia de aprendizagem digital é implantada, ela se torna instantaneamente um benefício global e escalável para todos os funcionários, mostrando que a empresa está investindo neles e no desenvolvimento de suas habilidades — o tempo todo. Em vez de os funcionários terem que passar pelo departamento de aprendizagem para desenvolver um tipo específico de conhecimento, eles têm milhares de recursos de aprendizagem ao seu alcance sempre que precisam.

Muitas empresas gastam grande parte de seus orçamentos de aprendizagem com líderes, gerentes ou funcionários de alto desempenho e deixam o resto de seus funcionários se virarem sozinhos. A existência de uma estratégia digital ajuda a alcançar todos os funcionários e dá à empresa uma vantagem competitiva: é mais provável que os funcionários fiquem em uma empresa que invista na construção de habilidades e em uma aprendizagem complementar.

3. Que tipo de conteúdo digital deve ser incluído?

Essa é a parte em que um pouco de análise e iteração entram em cena. Quando Kelly estava no LinkedIn, ela e sua equipe estavam tentando decidir que conteúdo incluir na estratégia digital. O LinkedIn estava apenas iniciando a área de aprendizagem, logo, a equipe ainda não tinha criado conteúdo. Para disponibilizar o conteúdo de aprendizagem para as pessoas rapidamente, a equipe se associou a alguns fornecedores de conteúdo importantes que tinham bibliotecas de conteúdo digital.

Kelly e sua equipe escolheram três desses parceiros de conteúdo. Durante o primeiro ano, eles rastrearam o uso do conteúdo dos parceiros para saber o que os funcionários estavam utilizando para aprender. Também incluíram algum conteúdo gratuito, como TED Talks e vídeos do YouTube. Isso funcionou bem para a criação da primeira estratégia digital. No entanto, com o tempo, à medida que o LinkedIn aprendia o que estava funcionando melhor para seus funcionários, eliminou parte do conteúdo dos parceiros e adicionou conteúdo digital próprio à combinação.

4. Como as empresas sabem o que seus funcionários estão aprendendo online?

O segredo para se descobrir o impacto da primeira estratégia de aprendizagem digital é tentar obter dados sobre o que os funcionários estão consumindo e aprendendo e então usar essas informações para aperfeiçoar a estratégia. No entanto, pode ser demorado rastrear e entender o que as pessoas estão aprendendo através de um conjunto tão informal de recursos de aprendizagem (vídeos, blogs e livros). Tecnologias tradicionais, como o LMS, podem rastrear algo para o qual as pessoas se registraram (como um evento ou aula), mas não conseguem rastrear aprendizagem e atividades informais.

Embora seja possível rastrear manualmente a aprendizagem informal, trata-se de um processo muito difícil. É ainda mais difícil chegar a uma conclusão personalizada da aprendizagem de cada funcionário. Novas tecnologias, como a Degreed, resolveram o problema da análise personalizada fornecendo uma visualização detalhada de como as pessoas se ocupam do conteúdo de aprendizagem digital, de maneira semelhante a como os preparadores físicos automatizaram a coleta de registros da condição física pessoal.

Como Ajudar Aprendizes Sobrecarregados

Neste capítulo, falamos sobre a imensa quantidade de conteúdo que existe disponível para a aprendizagem. Também falamos sobre os diferentes tipos de conteúdo, como as empresas os estão usando e como você pode criar uma estratégia de aprendizagem digital. Não há dúvidas de que estamos todos sobrecarregados pela quantidade de conteúdo de aprendizagem existente. Abaixo estão descritas algumas maneiras pelas quais você pode ajudar os aprendizes sobrecarregados em sua empresa.

1. Cure conteúdo

Existem algumas maneiras de você curar conteúdo. Porém, há uma grande diferença entre conteúdo curado e conteúdo agregado. Um exemplo de conteúdo agregado é quando você faz uma pesquisa no Google sobre um tópico como "mídias sociais" e obtém centenas, quando não milhares, de resultados. Ainda é preciso percorrer todos os resultados e decidir o que é mais *relevante* e isso é muito demorado. O conteúdo curado, por outro lado, é uma maneira de dar ao funcionário apenas os melhores e mais relevantes conteúdos da área em questão. Significa reduzir as opções para que as pessoas não fiquem sobrecarregadas. Há algumas formas de oferecer conteúdo curado.

Trajetórias curadas de conteúdo

Uma maneira de curar conteúdo é fornecer uma "trajetória" de aprendizagem. Isso significa que, em vez de escolher um recurso de aprendizagem entre vários, você pode criar um conjunto de recursos para serem consumidos em ordem (ou não) dependendo do objetivo.

Por exemplo, você tem sete recursos de aprendizagem no conjunto. Pode assistir a um vídeo como introdução ao assunto, que é seguido por parte de uma aula ou livro, um podcast, dois artigos e até mesmo uma avaliação que mostrará o nível de compreensão do tópico. Essa "trajetória" pode ser muito útil para a aprendizagem prescritiva em áreas como treinamento em vendas ou desenvolvimento gerencial, mas também é benéfica para a integração de novos funcionários em uma empresa ou em suas equipes funcionais (vendas, engenharia e marketing).

A flexibilidade das trajetórias de aprendizagem também é uma vantagem, pois você pode usar trajetórias criadas por outras pessoas, modificar trajetórias existentes para torná-las mais relevantes para seu público ou criar uma trajetória totalmente nova.

Curadoria social

A ideia de que os aprendizes gostam de aprender tanto com colegas quanto com especialistas não é nova, mas a curadoria social faz essa aprendizagem se tornar realidade. Imagine que você fosse um engenheiro em uma empresa e estivesse tentando conhecer a tecnologia mais recente. Então, encontra conteúdo curado de um especialista ou de um colega que sabe muito mais sobre a tecnologia. Instantaneamente, você tem conteúdo de uma fonte confiável que é relevante para o que precisa aprender. E, com a curadoria social, pode não só consumir esse conteúdo mas também adicionar um de sua própria autoria, classificá-lo ou recomendá-lo para os outros. Esse é o poder da curadoria social.

Conteúdo curado por máquina

Algumas plataformas de aprendizagem usam o aprendizado de máquina para saber em que conteúdo estamos mais interessados e quais achamos mais relevantes. Por exemplo, se você estivesse interessado em aprender como melhorar em apresentações, a plataforma serviria cinco conteúdos relevantes por dia com base no que sabe sobre seus interesses. Se você consumir o conteúdo, ela lhe dará mais conteúdos do mesmo tipo, mas se não o usar, a plataforma tentará encontrar conteúdos mais relevantes. Quanto mais usá-la, mais ela aprenderá sobre seus gostos e sobre o que você acha relevante.

2. Recomende conteúdo

Outra maneira de ajudar o aprendiz sobrecarregado é fazer recomendações sobre conteúdo relevante. Por exemplo, um gerente poderia facilmente compartilhar conteúdo existente que ache ser útil para sua equipe apenas recomendando-o. Ele pode fazê-lo através de uma plataforma de aprendizagem integrada, que rastreará com facilidade o conteúdo recomendado e como e quando as pessoas o consumirão. A plataforma capturará discussões da equipe sobre o conteúdo.

3. Não crie conteúdo novo

Quando pensam em criar conteúdo, normalmente muitas pessoas criam algo novo e original. Em alguns casos, essa pode ser a melhor abordagem, mas devido ao que sabemos sobre o aprendiz sobrecarregado, criar conteúdo novo pode não ser necessário.

Quando Kelly foi a uma conferência externa de uma empresa de tecnologia, que reuniu um grande número de líderes em aprendizagem para coordenar sua estratégia de conteúdo, eles descobriram rapidamente que havia 15 cursos diferentes, porém semelhantes, sobre o mesmo tópico — nesse caso, o tópico era o gerenciamento de projetos. Isso ocorreu porque as pessoas não tinham conhecimento de todos os conteúdos que estavam disponíveis (mesmo em uma única empresa, imagine então na internet). Várias pessoas criaram conteúdo que residia em sistemas de gerenciamento de conteúdo, servidores web, sistemas de gerenciamento de aprendizagem, wikis e em computadores pessoais. Esse não é um problema raro nas empresas. Uma plataforma de aprendizagem integrada ajuda a resolvê-lo.

Quando quiser criar conteúdo, descubra se ele já existe em sua empresa ou gratuitamente na internet. Se o fizer, poderá dedicar seu tempo a criar um conteúdo que seja específico de sua empresa ou de sua área em vez de duplicar conteúdo que já tenha alta qualidade e atenda ao desejado.

4. Encoraje os funcionários a definirem objetivos de aprendizagem

Quando os funcionários definem objetivos relativos à sua aprendizagem, eles colocam em evidência aquilo em que devem gastar seu tempo. Por exemplo, digamos que Jenn quisesse se dedicar a aprender mais sobre estratégia empresarial. Ela poderia definir um objetivo de aprendizagem que descrevesse como adquirir tal habilidade (livros, podcasts, aulas, mentoria, etc.). Assim, poderia acompanhar seu progresso em relação ao objetivo, e até mesmo ganhar uma certificação pela habilidade ao terminar.

5. Deixe os funcionários serem responsáveis pelo desenvolvimento de suas carreiras

Em vez de impor treinamentos hierarquicamente, muitas empresas encorajam os funcionários a serem responsáveis e direcionarem sua própria aprendizagem e o desenvolvimento de suas carreiras. Willyerd diz que um mandamento geral que devemos seguir é "Tudo depende de você! Não há uma força mágica nos bastidores pensando em sua carreira, planejando-a e assegurando que você receba tudo de que precisa, seja aprendizagem ou experiências necessárias."

Ela prossegue dizendo: "Um gerente tende a colocar quem é melhor ou mais produtivo em um projeto, logo, se você não se manifestar e procurar as experiências ou a aprendizagem necessárias, perderá oportunidades."[27]

Embora as empresas possam fornecer ferramentas, processos e diretrizes para ajudar as pessoas a se desenvolverem, cabe ao funcionário fazer o que for necessário para obter o que precisa. Em outras palavras, os funcionários precisam se beneficiar de todos os conteúdos que estejam disponíveis e entender que, mesmo que os gerentes possam guiá-los, são eles que estão no banco do motorista.

CAPÍTULO CINCO

Entenda o Poder dos Pares

EM 2006, KELLY decidiu voltar à faculdade para estudar aprendizagem e tecnologia da educação em paralelo à sua posição de tempo integral como diretora sênior de produtos de aprendizagem no Vale do Silício. Haviam se passado vários anos desde que recebeu alguma educação formal e a faculdade havia mudado mais do que ela imaginava.

Em vez de frequentar grandes salas de aula com centenas de alunos anônimos tomando notas agitadamente, ela se viu em um ambiente social colaborando com seus pares. O professor solitário dando aula posicionado à frente dos alunos tinha sido substituído por aulas virtuais equipadas com ferramentas online de aprendizagem colaborativa. Os alunos assistiam a aulas em vídeo e respondiam a perguntas sobre o que haviam aprendido.

Esse novo ambiente de aprendizagem entre pares (*peer-to-peer*) criou um espaço seguro para cada aluno compartilhar informações, pontos de vista e experiências. Era um local em que até mesmo os alunos mais introvertidos sentiam-se compelidos a se manifestar, um espaço em que todos tinham voz.

Mas não parou aí. Os alunos compartilhavam seus pensamentos sobre as respostas dadas por seus pares. Kelly se viu colaborando com seus pares, conhecendo ideias, experiências e opiniões dos outros. Conforme o programa avançava, ela percebeu que estava aprendendo tanto com seus pares, se não mais, quanto tinha aprendido com seus professores na faculdade naqueles longínquos anos.

Isso levou Kelly a ponderar: e se os funcionários pudessem desenvolver sua expertise estimulando o desejo de aprender e colaborar com seus pares? Como seria se a aprendizagem fosse integrada ao trabalho e a colaboração com os colegas constituísse a forma predominante de aprender nesse ambiente? Essa nova experiência de aprendizagem convenceu Kelly do poder da aprendizagem entre pares para as empresas.

Por que Não "Pedimos" Aprendizagem como Fast-Food

No mundo corporativo, os "pares" podem ou não estar no mesmo grupo de trabalho. Ao contrário do que ocorre com a aprendizagem tradicional entre especialista e aluno, na qual uma pessoa tende a ser superior à outra em termos de responsabilidades ou posição, a aprendizagem entre pares começa em um nível de igualdade em que todos se sentem confortáveis para se engajar e colaborar uns com os outros pessoalmente ou online.

Normalmente, na aprendizagem entre pares há alguém *facilitando* o processo. Os facilitadores asseguram que ninguém se desvie do tópico, que anotem ideias e temas importantes e que mantenham a conversa avançando. O resto dos participantes deve ser preparado de modo que todos se envolvam comunicando-se de maneira aberta com o grupo, dando e recebendo feedback ativamente e ajudando os outros a aprender, quando possível. É claro que a aprendizagem entre pares bem-sucedida só acontece quando as empresas a implementam, o que, como Kelly descobriu, não ocorre com tanta frequência.

Passaram-se mais de 10 anos desde que Kelly estudou aprendizagem e tecnologia da educação em um programa de mestrado e, mesmo assim, quando se trata de aprendizagem corporativa nas empresas, as coisas têm evoluído lentamente. A maioria das empresas ainda depende de sistemas de gerenciamento de aprendizagem desatualizados, cursos de treinamento ministrados por alguém do RH através de apresentações de PowerPoint ou programas terceirizados. Mais de US$130 bilhões são gastos dessa forma com treinamento corporativo nos Estados Unidos, e as empresas têm dificuldades para ver os benefícios.[1]

Um dos problemas é que muitos gerentes e líderes tendem a ver a aprendizagem como algo que você faz uma única vez e dá como concluído. Deseja tornar os funcionários culturalmente mais conscientes? Envie-os para um programa de treinamento em diversidade. Os gerentes não estão contratando as pessoas certas? Coloque-os em frente a uma apresentação de PowerPoint e peça a alguém para ensiná-los a habilidade de entrevistar. Pesquisas mostram que pessoas que participam desses programas ressentem-se de estar ali ou simplesmente se esquecem do que aprenderam dentro de alguns dias, ou mesmo horas.[2]

O que ocorre é que a aprendizagem não pode ser pedida como fazemos com um hambúrguer em um restaurante de fast-food. Não há uma solução rápida. A aprendizagem envolve ganhar novas habilidades e conhecimento provenientes das pessoas que nos rodeiam; na verdade, estudos mostraram que até mesmo o próprio ato de aprender é um fator importante para a satisfação no trabalho.[3]

Fechando a Lacuna entre Gerações

Atualmente, a maioria das empresas tem uma força de trabalho composta por quatro gerações. Os millennials trabalham junto aos baby boomers e à geração X, e agora a geração Z está começando a entrar na força de trabalho. Às vezes as diferenças geracionais podem atrapalhar o trabalho harmonioso em conjunto. A aprendizagem entre pares é uma maneira valiosa de unificar uma força de trabalho multigeracional porque permite que as pessoas ensinem umas às outras em nível de igualdade. Quando as pessoas estão em um ambiente que lhes permite escutar diferentes perspectivas e compartilhar seu próprio conhecimento e expertise, desenvolvem gradualmente uma maior compreensão entre si.

Porém, é mais do que apenas compartilhar conhecimento. A aprendizagem entre pares cria um ambiente de trabalho que aumenta realmente o nível do que é esperado. De acordo com um estudo alemão que analisou milhões de trabalhadores em um período de 15 anos, uma pressão social saudável leva as pessoas a fazerem melhor: "Quando um funcionário está rodeado por outros profissionais de alto desempenho, sente-se forçado a se manter no nível dos colegas, o que leva a um ambiente em que os próprios colaboradores elevam o nível do que é esperado."[4]

No entanto, o estudo mostrou que o desempenho tende a cair quando os funcionários mais habilidosos saem da equipe, o que nos leva a deduzir que "quando os profissionais de ponta saem, seu impacto positivo também desaparece".

A teoria da aprendizagem social diz que aprendemos melhor observando o comportamento de outra pessoa e imitando-o. O psicólogo Albert Bandura escreveu: "Grande parte do comportamento humano é aprendida por observação através de modelos: observando os outros, a pessoa forma uma ideia de como novos comportamentos são adotados e em ocasiões posteriores essas informações codificadas servem como guia para a ação."[5] Na verdade, há uma dinâmica totalmente diferente entre a aprendizagem com nossos pares e a aprendizagem com alguém em uma posição superior. Independentemente da relação que você possa ter com seu chefe, a verdade é que, quando trabalha para outra pessoa, ela tem poder sobre você: o poder de ajudá-lo em sua carreira, guiá-lo e patrocinar seus esforços, influenciar sua renda e seus bônus anuais e promovê-lo ou despedi-lo. Esses fatores geralmente nos impedem de dizer o que queremos ou de falar francamente quando há uma preocupação.

A outra dinâmica envolvida na aprendizagem entre pares é a reciprocidade. As pessoas recebem feedback do grupo por seu próprio trabalho e também tendem a dedicar mais tempo e energia para oferecer um feedback significativo sobre o trabalho de seus pares. Isso simplesmente não acontece quando o chefe está distribuindo feedbacks unidirecionais para os funcionários.

A aprendizagem entre pares é parte vital da jornada de aprendizagem, mas por que poucas empresas a implementam? Jaime Casap, propagador de educação do Google, acredita que a aprendizagem entre pares não nos é natural.

> *O problema é que, como sociedade, não estamos abertos à aprendizagem entre pares. E o que quero dizer com isso é que falamos sobre colaboração na educação, mas não a levamos a sério. Ensinamos as crianças a serem individualistas e a valorizarem realizações individuais.*[6]

Em outras palavras, a ideia de compartilhar conhecimento e trocar feedbacks honestos com nossos pares vai contra a aprendizagem tradicional, na qual a avaliação individual das pessoas é mais valorizada. No entanto, o processo de aprendizagem entre pares pode mudar esse foco e nos oferecer um conjunto de habilidades totalmente novo.

O Processo de Aprendizagem entre Pares

Como vimos no Capítulo 1, há quatro etapas no processo de aprendizagem, que chamamos de "Loop da Aprendizagem". As etapas são obter conhecimento, praticar o que aprendemos, receber feedback e refletir sobre a experiência de aprendizagem como um todo.

A aprendizagem entre pares oferece níveis mais profundos de conhecimento por percorrer todo o loop da aprendizagem:

- Ganhar conhecimento.
- Praticar aplicando o conhecimento.
- Receber feedback.
- Refletir sobre o que foi aprendido.

Tomemos Priya como exemplo. Quando Priya estava tentando ocupar uma nova posição na gerência de produtos, ela abordou outros gerentes de produtos da empresa para ganhar conhecimento entendendo melhor suas funções. Na hora de realmente criar o plano de produtos, pediu modelos de planos a outros gerentes para poder praticar o que seria considerado "bom" para esse grupo e essa empresa. Quando Priya elaborou seu primeiro plano de produtos, pediu feedback a outros gerentes. Depois de receber o feedback, passou algum tempo refletindo sobre o que aprendeu no processo inteiro.

Concluindo o processo de aprendizagem entre pares e percorrendo todas as fases do ciclo de aprendizagem, ganhamos outras habilidades valiosas, que incluem autorreflexão, pensamento crítico e como dar e receber feedback de maneira eficaz.

Habilidades de Autorreflexão

Autorreflexão é a habilidade de descobrir quem você é ou de querer se conhecer melhor. Praticar a autorreflexão também pode ter um impacto positivo sobre seu desempenho no trabalho. Um estudo direcionado a call centers mostra que pessoas que gastavam 15 minutos no fim de cada dia durante um período de 10 dias refletindo sobre o que aprenderam executavam seu trabalho 23% melhor do que quem não usava a autorreflexão.[7]

Quando a autorreflexão é aplicada à aprendizagem, principalmente no contexto de "aprender a aprender" ou na demonstração de agilidade na aprendizagem, ela fornece a base para o conhecimento de nossos próprios pontos fortes e fracos, a manutenção de uma mente aberta, a aceitação de críticas construtivas e a aplicação desses insights a algo mais produtivo. Um dos vários benefícios da aprendizagem entre pares é que ela nos dá a oportunidade de refletir sobre nosso próprio trabalho. Ela também nos deixa à vontade para pensar com mais profundidade sobre o trabalho dos outros e fornecer feedbacks significativos. Como especialista em gerenciamento, Peter Drucker uma vez disse: "Após uma ação eficaz faça uma reflexão silenciosa. A partir da reflexão silenciosa virão ações ainda mais eficazes."[8]

Habilidades de Pensamento Crítico

O processo de aprendizagem entre pares também ajuda a melhorar nossas habilidades de pensamento crítico. Pensamento crítico é a habilidade de usar nosso conhecimento e intelecto a fim de analisar informações ou situações sem julgamento ou inclinações para tomar decisões equilibradas, criteriosas e baseadas em evidências.

Durante os últimos 10 anos, o pensamento crítico tornou-se uma das características mais procuradas nos funcionários e ainda é uma habilidade importante para o futuro. Um relatório recente chamado "O futuro do trabalho", do Fórum Econômico Mundial, mostra que a busca de habilidades de pensamento crítico aumentarão conforme as empresas forem forçadas a lidar com uma variedade cada vez maior de problemas complexos.[9]

Dando e Recebendo Feedback Construtivo

Para concluir, a aprendizagem entre pares ajuda a dominar as difíceis habilidades de dar e aceitar feedback construtivo. Dar um feedback honesto, escutar e ser capaz de receber feedback talvez sejam as habilidades mais importantes de todas. A maioria das pessoas prefere dar um feedback positivo porque isso faz os envolvidos se sentirem bem, inclusive quem deu o feedback. Por outro lado, quase ninguém gosta de dar feedback negativo ou construtivo porque não queremos ferir ou desapontar as pessoas. Sejamos francos, às vezes é muito mais fácil não dizer nada. No entanto, a aprendizagem entre pares bem-sucedida deixa as pessoas confiantes para dar e receber feedback construtivo sem se colocar na defensiva.

Em um mundo ideal, todos aprenderíamos algo de valor e nos dedicaríamos à autorreflexão, ao pensamento crítico e ao fornecimento e aceitação de um feedback criterioso. No mundo corporativo, é raro o loop de quatro etapas da aprendizagem ser concluído. Com frequência, a aprendizagem é interrompida após o estágio de "ganhar conhecimento".

Por exemplo, digamos que a equipe jurídica de uma empresa quisesse que todos os seus funcionários fizessem um curso de ética. Os funcionários fazem então o treinamento online ou em sala de aula, no qual aprendem sobre ética na aceitação de presentes de fornecedores. Se prestarem atenção, podem absorver o conhecimento, e até mesmo entender por que não é apropriado aceitar presentes de clientes. Mas, e depois? Terão oportunidade para aplicar esse conhecimento ou refletir sobre ele? Normalmente, não. E, mesmo se tiverem, haverá menos probabilidades de se lembrarem quando mais precisarem.

Os cursos de treinamento vão apenas até o limite de promoção da aprendizagem e, na maioria dos casos, não conseguem transferir informações críticas para as mentes de funcionários possivelmente entediados e desinteressados. É claro que deve haver uma maneira melhor.

Algumas empresas estão demonstrando que há uma maneira melhor. Por exemplo, a empresa de telecomunicações Ericsson promove uma "Semana da Aprendizagem", durante a qual os funcionários aprendem uns com os outros e ensinam o que sabem. As pessoas podem se inscrever em sessões para ensinar aos outros e participar do programa online através de ferramentas de colaboração ou em uma reunião presencial. Para a Ericsson, a Semana da Aprendizagem tornou-se uma estratégia muito bem-sucedida para encorajar a aprendizagem entre pares. Isso ocorreu porque as pessoas que compartilham sua expertise ganham tanto quanto os demais colegas que participam.

A estratégia da aprendizagem entre pares não envolve dar aulas, e sim preparar a aprendizagem de modo que haja a oportunidade de ocorrerem conversas significativas, de ouvir diferentes pontos de vista, de obter feedback e de refletir. Se pegarmos o exemplo anterior da equipe jurídica, a sessão de aprendizagem poderia incluir uma discussão com os pares sobre situações éticas difíceis em que eles pudessem compartilhar suas experiências com questões legais, e também incluir um colega especialista em leis para responder às perguntas.

A Aprendizagem entre Pares no LinkedIn

Em 2014, a equipe de Kelly no LinkedIn projetou um programa de aprendizagem social e colaborativo entre pares chamado "Consciência nos Negócios" em parceria com Fred Kofman, baseado no conteúdo de seu livro *Consciência nos Negócios: Como construir valor através de valores.*[10]

"Consciência nos Negócios" é um termo para descrever pessoas que expressam seus próprios valores através do trabalho. A ideia por trás do programa de aprendizagem Consciência nos Negócios era ajudar os funcionários do LinkedIn a aprenderem como aplicar a cultura e os valores da empresa de maneira prática no trabalho. Não foi uma mensagem fácil de comunicar porque os valores das empresas tendem a ser um pouco nebulosos e, portanto, difíceis de aplicar na prática. Como os funcionários poderiam demonstrar valores como "integridade" durante seu trabalho diário? Esse era o desafio.

Ao projetar o programa de aprendizagem, a equipe concentrou-se em três valores do LinkedIn, relacionando-os às teorias do livro de Kofman:[11]

"Consciência nos Negócios"	Valores do LinkedIn
Comunicação autêntica	Ser aberto, honesto e construtivo
Coordenação impecável	Os relacionamentos são importantes
Negociação construtiva	Assumir riscos de maneira inteligente

O programa ocupava quatro semanas, baseava-se no trabalho em equipe e comprometia de três a quatro horas por semana dos participantes. Começou na forma de um convite, o que o tornou seletivo antes de ser estendido a toda a base de funcionários do LinkedIn. A estratégia funcionou — não demorou para surgir uma lista de espera de pessoas que queriam entrar no programa.

Uma vez no programa, os participantes eram confrontados com situações do mundo real durante várias sessões práticas. Por exemplo, deparar com uma conversa difícil no trabalho é muito comum. Uma tarefa começava com os participantes sendo solicitados a pensar em uma conversa difícil da vida real que queriam ter no trabalho, mas possivelmente estavam evitando. Quando eles pensavam em algo, assistiam a diversos vídeos curtos com Kofman encenando situações fictícias que demonstravam como abordar conversas difíceis.

Por exemplo, um dos participantes, John, queria ter uma conversa real com um de seus funcionários, Mark, sobre o não cumprimento de prazos importantes e como esse comportamento estava afetando a equipe. Antes de falar com Mark, ele foi orientado por um dos vídeos de Kofman a praticar com um de seus pares. Também foi solicitado que John redigisse um roteiro simples com o que queria dizer para Mark, junto com possíveis respostas baseadas no que achava que Mark diria. O objetivo da conversa era ser "aberto, honesto e construtivo". John acabou tendo a conversa com Mark, que não foi tão boa quanto ele queria. John não se sentiu à vontade para dar um feedback negativo para Mark e percebeu que Mark foi defensivo em suas respostas.

Após todos na equipe terem uma chance de praticar uma conversa difícil, eles acessavam um grupo de discussão online para compartilhar com seus pares o que ocorreu na sessão prática. Foi então que John teve oportunidade de falar como se deu sua discussão com Mark. Essa tornou-se uma ferramenta de aprendizagem muito poderosa, porque deu aos participantes a chance de refletir sobre o que ocorreu. Por exemplo, eles podiam perguntar a si próprios e aos outros se a conversa tinha sido boa e, se tivesse sido, por que foi. A sessão de feedback foi confusa ou controversa? Como John e Mark lidaram com ela? Compartilhando essas reflexões com seus pares, que iriam passar pelo mesmo exercício, eles puderam saber como os outros lidavam com a situação e o que fizeram bem ou podiam melhorar da próxima vez. Compartilhar feedback e experiências dessa forma significava que os participantes estavam ganhando insights reais com seus pares e construindo relacionamentos com eles.

O Consciência nos Negócios provou ser o programa de aprendizagem mais popular oferecido no LinkedIn e ganhou alguns prêmios de aprendizagem. Os participantes estavam aprendendo ótimos conceitos, como a importância de construir relacionamentos no trabalho. Além disso, estavam praticando ativamente o que tinham aprendido no trabalho e vendo resultados reais.

Em 2015, não muito tempo depois do programa Consciência nos Negócios, a equipe de Kelly criou outra iniciativa, chamada "Laboratórios de Aprendizagem" — uma área de aprendizagem física e instantânea durante a hora do almoço na qual os funcionários podiam parar e receber ajuda sobre tópicos relacionados a suas funções (semelhante a um suporte rápido de TI). Por exemplo, os funcionários podiam acessar algo chamado "Plano de Transformação", que os ajudava a pensar nos objetivos de sua carreira e a concentrar-se nas habilidades que queriam desenvolver. Se quisessem ajuda para elaborar seu Plano de Transformação, um grupo de profissionais de aprendizagem dava suporte ao laboratório e ajudava as pessoas uma a uma. Os funcionários também podiam participar de sessões de aprendizagem em grupo para obter sugestões sobre como melhorar seus próprios perfis no LinkedIn. É claro, se você é funcionário do LinkedIn, precisa ter um perfil fora do comum.

Como o exemplo do LinkedIn mostra, o segredo para um programa bem-sucedido de aprendizagem entre pares é assegurar que todos os participantes tenham um objetivo ou problema real para abordar. Algumas empresas têm programas entre pares com problemas teóricos para resolver, na esperança de que os participantes apliquem o mesmo modelo a um problema real quando ou se ele surgir no trabalho. Essa abordagem não funciona tão bem. Pense nisso — funcionários ocupados vão querer sair de suas funções reais para trabalhar em um problema teórico? Provavelmente a tarefa será concluída com relutância ou posta de lado em favor de prioridades mais reais.

Por outro lado, é poderoso receber a atribuição de resolver um problema de trabalho real como oportunidade de aprendizagem. Os funcionários sentem-se motivados a participar de um problema com o qual têm afinidade e pelo qual sejam responsáveis e dedicam o tempo necessário para resolvê-lo. Estão concluindo tarefas com o benefício adicional de aprender algo novo ao mesmo tempo.

Construindo um Ambiente Seguro para a Aprendizagem entre Pares

Para a aprendizagem entre pares funcionar, os participantes precisam se sentir suficientemente seguros para compartilhar seus pensamentos com seus pares. Esse tipo de aprendizagem envolve estar aberto e vulnerável para aceitar opiniões construtivas e ter a coragem de dar feedback honesto, em vez de dizer às pessoas o que elas querem ouvir. Receber feedback envolve manter a mente aberta e considerar que a outra pessoa se esforçou para pensar em como você pode ser ou fazer algo melhor. Idealmente, o feedback deve ser percebido como um gesto generoso a ser aceito com gratidão, em vez de com relutância.

Embora Casap, do Google, acredite que a troca de feedbacks honestos seja parte-chave da aprendizagem entre pares, ele reconhece que não é um conceito fácil de aplicar:

Há um antigo ditado que diz "cuidado se alguém lhe pedir feedback, porque o que ele estará querendo realmente é validação". Logo, quando alguém me mostra um artigo que está escrevendo para uma revista e pede para revisá-lo, geralmente o devolvo dizendo algo como "foi bem escrito", "não leve para o lado pessoal" ou "só fiz algumas edições". Talvez nem olhe com profundidade porque não vou querer ofender a pessoa ou fazê-la sentir-se mal com o que escreveu, em vez de dar realmente um feedback e fazer uma avaliação. Então, a ideia de aprendizagem entre pares começa nesse nível de compreensão e aceitação de que colaboração real é a habilidade de dar e receber bons feedbacks, a habilidade de avaliar alguém e ser avaliado, a aptidão de influenciar e construir consenso. Precisamos desenvolver esse tipo de percepção e não o estamos fazendo na educação.[12]

Como Casap diz, é no feedback construtivo que está o valor real. Não há maneira melhor de aprender como estamos nos saindo e o que podemos fazer melhor.

Mesmo assim, muitas pessoas têm dificuldades em serem suficientemente abertas para dar feedbacks honestos, principalmente em um ambiente em que não se sentem seguras. De acordo com uma pesquisa de Ruth Helyer, professora de aprendizagem baseada em trabalho na Universidade Leeds Trinity:

[A aprendizagem] é mais eficaz quando envolve outras pessoas e, consequentemente, elas colaboram e compartilham ideias sobre mudanças, alterações e novas maneiras de operar. Refletir criticamente e compartilhar os resultados disso pode ser assustador e causar sentimentos de vulnerabilidade entre quem expõe seus pensamentos e descobertas; trabalhar em grupos e redes com colegas de trabalho ou de escola oferece o apoio e as opiniões necessárias para ajudar a melhorar esse problema e pode dar evidências de que o processo vale a pena, mesmo se inicialmente parecer desanimador.[13]

O Google descobriu isso quando embarcou no Projeto Aristóteles, uma tentativa de entender por que algumas equipes são bem-sucedidas e outras falham.[14] No decorrer de dois anos, 180 equipes foram analisadas. Viu-se que para equipes serem bem-sucedidas não precisavam apenas reunir as melhores pessoas, como pensava-se antes no Google, ou compartilhar backgrounds educacionais ou hobbies; o que importa é sua dinâmica. Os membros da maioria das equipes bem-sucedidas confiavam suficientemente uns nos outros para assumir riscos e compartilhavam o mesmo senso de segurança de que não seriam zombados, ridicularizados e punidos por se expressarem na frente de seus pares. Como um engenheiro do Google disse aos pesquisadores ao falar sobre o líder de sua equipe: "[Ele] é direto e sem rodeios, o que cria um espaço seguro para assumirmos riscos."[15]

As descobertas levaram os pesquisadores do Google a concluir que a segurança psicológica, ou a crença compartilhada entre os membros da equipe de que eles estariam suficientemente seguros para se expressar de maneira honesta e aberta sem medo de julgamento ou retaliação, foi o ingrediente-chave para criar um laço entre eles. Quando as pessoas sentem-se psicologicamente seguras no ambiente de trabalho, têm mais probabilidade de se comunicar de maneira aberta, compartilhar conhecimentos, levantar questões e relatar erros, e procurar e dar ativamente feeedback construtivo. Como o Google descobriu, mostrar empatia, ouvir uns aos outros, ser sensível aos sentimentos e necessidades e engajar-se em conversas emotivas normalmente evitadas no ambiente de trabalho são ações importantes para a criação de relacionamentos produtivos entre pares.

O Google se esforça para promover a ideia de segurança psicológica dentro da aprendizagem entre pares. As Tech Talks, por exemplo, são onde os engenheiros compartilham seu conhecimento com seus pares em relação a tecnologias inovadoras em uma série de apresentações in-house. Nessas conferências, os engenheiros falam sobre seus projetos e mostram como resolvem problemas com tecnologia. Os engenheiros que fazem a apresentação reservam um tempo amplo para perguntas e respostas de seus pares, fornecendo um espaço seguro para a aprendizagem e o compartilhamento de informações. As Tech Talks são tão populares que foram gravadas e postadas em um canal do YouTube hospedado pelo Google chamado "Google Tech Talks" (também conhecido como "TED para geeks") e compartilhadas com engenheiros do mundo todo.[16]

Como o Google, muitas empresas adotaram um modelo semelhante de aprendizagem entre pares. Desde 2013, a empresa de softwares de computador Adobe abraçou plenamente a aprendizagem entre pares através de seu programa "Líderes Ensinando Líderes" para líderes seniores.[17] Como parte do programa, a empresa associou-se à UC Berkeley's Haas School of Business para facilitar a resolução de problemas empresariais reais. De acordo com um dos participantes, Francis:

> *Quando há um professor em frente a um grupo de pessoas, dizendo a elas como liderar, os participantes veem apenas um único ponto de vista. No entanto, quando reunimos todos os nossos incríveis recursos humanos para ensinar uns aos outros e compartilhar experiências, todos se beneficiam. O principal ativo que uma empresa tem é seu pessoal, e essa é a melhor maneira de maximizar o valor desse ativo.[18]*

Francis também reitera que a reflexão desempenha um papel importante no programa "Líderes Ensinando Líderes" da Adobe.

Aprendi que é essencial compartilhar não só técnicas, mas também processos mentais com nossos pares. Tal ambiente permite que essas interações ocorram e que essas histórias surjam. Quando deparei com aquela situação, como lidei com ela? Que lições as pessoas podem aprender com minha experiência? Se pudermos ter uma visão do conhecimento e da experiência uns dos outros, poderemos nos ajudar a nos tornar líderes mais fortes. Sempre acreditei na força do compartilhamento e [o programa] apenas reforçou que compartilhar experiências com líderes promissores é uma maneira poderosa de ajudá-los a liderar suas próprias equipes com mais eficiência.[19]

Construindo o Reconhecimento entre Pares

Enquanto o Google está ocupado cultivando um ambiente saudável de aprendizagem entre pares dando ênfase à segurança psicológica, a empresa de aviação JetBlue deu um passo adiante. A linha aérea associou-se à empresa de reconhecimento social Globoforce para iniciar um programa de reconhecimento "entre pares".[20] Como parte do programa, os funcionários podem indicar uns aos outros por seu esforço e valiosa contribuição. A pessoa que recebe o maior número de indicações é premiada com pontos que ela pode gastar em uma pequena gratificação, como um jantar, ou economizar para gratificações maiores, como férias ou cruzeiros. O resultado? Um aumento de 2% no engajamento dos funcionários e de 3% na retenção para cada 10% dos funcionários que receberam reconhecimento.

Mas os resultados não param aí. A JetBlue também descobriu que esse engajamento maior teve um impacto positivo sobre a satisfação e a lealdade do cliente. Em outras palavras, os funcionários que se engajavam estavam três vezes mais propensos a "papariçar" os clientes, de acordo com seu feedback favorável. Já que seus funcionários sentem-se valorizados, reconhecidos e estimados, a JetBlue tem uma próspera cultura de compartilhamento entre pares.

O MBA e a Aprendizagem entre Pares

Há muito tempo o MBA é considerado o "Santo Graal" da educação empresarial. Normalmente, um MBA é um programa em período integral de dois anos que custa mais de US$50 mil, em média, e aumenta para US$100 mil nas escolas mais importantes. Em teoria, o MBA seria o atalho para a obtenção de um emprego com salário maior. Porém, realisticamente, quantas pessoas têm tempo e dinheiro para passar dois anos fora de sua trajetória profissional para concluir um MBA?

No entanto, há alternativas para quem não tem tempo e dinheiro para se dedicar em tempo integral, ou mesmo em meio período, a ser um aluno de MBA. Em 2009, o antigo CEO da GE, Jack Welch, lançou um MBA online chamado Jack Welch Management Institute (JWMI), que oferece um programa totalmente online em que todos os alunos e professores são remotos. O JWMI leva cerca de dois anos e meio para ser concluído, e por demandar menos de US$40 mil, custa um terço ou metade dos outros programas de MBA. Ele também foi considerado pela *CEO Magazine* um dos 15 programas globais de MBA online mais importantes de 2017, e a *Princeton Review* o considerou um dos 25 melhores programas de MBA.[21]

De acordo com Welch, o programa é uma maneira prática dos alunos aplicarem o que aprenderam em situações do mundo real. O fluxo é "aprenda na segunda, aplique na terça e compartilhe na sexta". Os alunos conversam sobre as tarefas em fóruns, salas de chat e por e-mail. Alguém poderia argumentar que isso não é tão eficaz quanto construir relações pessoais, mas mesmo assim pode ser bastante eficaz. Além de um componente entre pares, o programa dá aos alunos um "coaching para o sucesso", e há discussões uma vez a cada trimestre conduzidas pelo próprio Welch.

Seth Godin, autor de best-sellers e empreendedor, também criou uma alternativa à obtenção do MBA, chamada altMBA.[22] Trata-se de um workshop intensivo de liderança e gerenciamento online de quatro semanas para profissionais de alto desempenho que desejam "ascender e liderar". Os participantes são divididos em grupos de aprendizagem de cinco pessoas (que mudam toda semana) para trabalharem juntos em projetos semanais. Após cada tarefa, os participantes devem dar feedback sobre o trabalho uns dos outros. Isso cria um ambiente de aprendizagem vibrante em que todos são considerados responsáveis por suas contribuições.

O processo do altMBA segue o modelo de aprendizagem entre pares descrito anteriormente neste capítulo. Inicialmente, os grupos de aprendizagem recebem um problema real para resolver, depois dão feedback para seus pares e, para concluir, dedicam-se à autorreflexão do que foi aprendido e de como o problema/projeto poderia ser resolvido diferentemente em uma próxima vez.

Ele custa US$3 mil e envolve o uso de ferramentas digitais como o Slack (um serviço de comunicação para equipes) e o Zoom (software de conferência em vídeo e na web) para a conexão com cerca de 100 alunos do mundo todo a cada sessão. Em 2016, alunos de 27 países participaram. O programa tem atraído líderes de grandes empresas como Nike, Whole Foods, Google, Microsoft, Hallmark e Coca-Cola.

A consultora de soluções de mídia e participante do altMBA Brigitte Cutshall compara o curso a uma "aventura náutica difícil", mas sente que a experiência foi transformadora.[23] Ela aprendeu a pensar criticamente "[perguntando] em primeiro lugar POR QUE em um momento de decisão" e a "concentrar-se no que é crucial e não apenas no que é urgente". O mais importante é que o curso gerou um ligação duradoura com os outros participantes, com quem ela se mantém em contato diariamente. Em quatro semanas, Cutshall criou uma rede próspera graças a seu engajamento na aprendizagem entre pares.

Joanne Heyman, fundadora e CEO da Heyman Partners e professora adjunta na Universidade de Columbia, compartilhou a experiência que teve com a aprendizagem entre pares. Heyman é conhecida internacionalmente como líder de pensamento, inovadora e conselheira-chave dentro do setor de inovação social. Quando Joanne se inscreveu no altMBA em setembro de 2016, já era profissional liberal há seis anos. Embora goste de trabalhar só, ela percebeu que esse hábito tem suas limitações. Achou, então, que o altMBA seria uma ótima oportunidade de interagir com pessoas, ganhar insights, trabalhar em grupo e encontrar novas maneiras de aumentar e estruturar seu negócio.

Como Brigitte, ela achou a experiência estimulante e ficou impressionada principalmente com o nível dos participantes e a qualidade do feedback que recebeu.

Sinto que me beneficiei de alguns feedbacks realmente honestos sobre minhas ideias; gostei de ser forçada a ir mais fundo e a ser mais detalhista. Com frequência, quando estou tentando fazer as coisas sozinha, não sou assim. Posso fazê-lo para meus clientes, mas não para mim mesma. Logo, achei incrivelmente útil ter que responder regularmente a perguntas cuidadosas e que estimulavam o raciocínio — em grande parte, feitas por meus pares no programa e, às vezes, por facilitadores.[24]

Ao fim do programa, Heyman ficou convencida de que queria trabalhar coletivamente em vez de sozinha, mas o resultado não foi o esperado.

Saí do programa muito entusiasmada com o poder da colaboração e pensei em adotar a prática em grupo. Tentei por quatro a cinco meses e não funcionou. Dessas experiências que falharam surgiu uma vontade muito mais profunda e confiante de me desenvolver com a ajuda de outras pessoas, mas não de ficar institucionalmente rodeada por elas. Logo, no fim das contas, foi uma experiência incrivelmente poderosa; apenas não acabou da maneira que eu imaginava.[25]

Tanto Cutshall quanto Heyman aprenderam o valor de trabalhar com colegas de diferentes contextos e países no decorrer de apenas algumas semanas. Imagine a riqueza de conhecimentos que poderia ser obtida se esse nível de aprendizagem entre pares ocorresse todo dia nas empresas.

Aprendendo Junto aos Pares (Com Cerveja)

Na primeira quinta-feira de cada mês, o psicólogo holandês, agora designer, Wouter de Bres encontra-se com seus colegas de design para trocar ideias tomando cerveja. De fora, parece um evento social, mas para de Bres esse encontro é uma das partes mais importantes de sua experiência de aprendizagem.

De Bres é o fundador de duas empresas nos Países Baixos: a agência digital Bread & Pepper e a Gibbon, uma plataforma de compartilhamento de conhecimentos online. Ele atribui seu sucesso a seus pares: "Aprendi mais sobre design com meus pares do que em cursos ou livros de design".[26]

Mas de Bres não se limita apenas a eventos presenciais entre pares; ele também é membro da Dribbble, uma rede social online para designers. Através dessa plataforma online, de Bres pode não só mostrar seu trabalho, mas também receber feedback de designers profissionais que ele admira.

"O feedback é honesto", diz ele, "e poderia ser considerado severo, mas para mim é inestimável. Além disso, todos os designers da Dribbble seguem o mesmo código: 'Não leve para o lado pessoal; você não é o seu design.'".[27]

Esse discernimento ajuda a promover a confiança e a honestidade dentro da comunidade de design. Como de Bres explica: "O melhor é que podemos receber feedback crítico e mesmo assim sair para uma cerveja amigável se nos encontrarmos pessoalmente algum dia. Estamos nos ajudando ao mesmo tempo em que aprendemos uns com os outros."

O Twitter também desempenhou um papel importante no que diz respeito a aprender e se comunicar com os pares — de Bres lia todos os artigos e livros recomendados por designers para melhorar sua aprendizagem e se conectava regularmente com bons contatos da área de design. Esse processo de compartilhar conhecimento tornou-se até mesmo a principal fonte de inspiração para a startup de compartilhamento de informações Gibbon. Mas, para fazer a Gibbon decolar, de Bres precisava de patrocínio. Quando de Bres e sua equipe escolheram um programa acelerador de investimento em 2012, ele teve a chance de passar algum tempo no Vale do Silício e estava determinado a aproveitar ao máximo sua oportunidade.

> *Fiquei no Vale do Silício por 60 dias, então, defini o objetivo de encontrar pelo menos um designer por dia; já havia me conectado com a maioria deles pelo Twitter, mas ainda precisava conhecê-los pessoalmente. É incrível o quanto aprendi. Um designer me apresentava imediatamente a outro que ele conhecia e assim foi até eu ter bem mais de 60 contatos de design.[28]*

Os contatos que de Bres fez por acaso eram grandes designers do Airbnb, Facebook, Google, Twitter, Yahoo!, Square, Zendesk e Flipboard, para citar apenas alguns. Através de sua paixão por aprender com seus pares, de Bres conseguiu construir uma rede profissional invejável com designers talentosos com quem ele continua colaborando e aprendendo todo dia.

Como a experiência do designer mostra, podemos aprender com mais rapidez e progredir mais velozmente nos beneficiando do conhecimento compartilhado por nossos pares. Preocuparmo-nos com problemas não faz nenhum sentido quando temos tantas pessoas ao redor para nos ajudar e aconselhar. Há muitas vantagens na aprendizagem entre pares tanto no trabalho quanto mundialmente. Só o que temos que fazer é participar.

Habilidades-chave da Aprendizagem entre Pares

A aprendizagem entre pares oferece três habilidades-chave: autorreflexão, dar e receber feedback e pensamento crítico. Esta seção mostrará como podemos aperfeiçoar essas habilidades para melhorar nossa própria experiência de aprendizagem.

Como Usar a Autorreflexão

As pessoas tendem a *não* se dedicar à autorreflexão por várias razões. Não entendem como funciona, não gostam de reservar o tempo necessário em seus dias ocupados ou não apreciam a ideia de avaliar suas próprias ações e possíveis pontos fracos.

No entanto, como qualquer habilidade importante, a autorreflexão requer compromisso e prática. Qualquer pessoa pode se dedicar à autorreflexão se praticar alguns exercícios simples:[29]

1. Reflita sobre o seu dia e responda a algumas perguntas

- O que poderia ter evitado?
- Como está ajudando os outros a atingirem seus objetivos?
- Como estaria ajudando ou impedindo o progresso de outras pessoas?
- Qual o seu relacionamento mais frustrante no trabalho? Como poderia melhorá-lo?
- Pense na última reunião que teve. Como poderia ser mais eficaz?

2. Escolha o melhor método para refletir

É a pessoa que escolhe o método de reflexão. Se você é o tipo de pessoa que prefere recordar seus pensamentos sozinho, então pegue um diário e anote-os ou vá passear ou andar de bicicleta. No entanto, a autorreflexão não precisa ser uma atividade solitária. É totalmente possível refletir com um colega, um coach ou um mentor, contanto que você reflita construtivamente sobre o assunto, em vez de reclamar sobre ele.

3. Reserve um tempo para a autorreflexão

Programe um tempo para a reflexão da mesma maneira que faria com uma reunião: coloque em sua agenda. Reservar um tempo deliberadamente vai motivá-lo a pôr em prática.

4. Defina seu próprio período de tempo

Algumas pessoas refletem por uma hora, outras por alguns minutos. Se uma hora parecer tempo demais no começo, tente 10 minutos. Reservar um período de tempo gerenciável para se comprometer também ajuda a fazer progresso.

5. Reflita sobre seus pensamentos

Analise seus pensamentos e considere seus próprios pontos de vista e por que está pensando de uma maneira específica. Você concorda com todos os seus pensamentos? Se não, por quê?

Como Melhorar Suas Habilidades de Pensamento Crítico

O pensamento crítico é fundamental para a solução de problemas e a tomada de decisões. A boa notícia é que todos nós podemos nos tornar ótimos em pensar criticamente se fizermos as perguntas certas. Aqui estão algumas boas perguntas de pensamento crítico a se fazer quando alguém lhe designar um desafio complexo:

- O que esse problema significa?
- Como devo interpretar o que foi dito?
- Minha interpretação faz sentido? Ela é lógica?
- A que suposições/conclusões devo chegar?
- De que informações adicionais preciso para resolver esse problema?
- De quantas maneiras ele pode ser resolvido?
- Tenho informações/fatos suficientes para me ajudar a tomar uma decisão?
- As informações são confiáveis?
- Se eu decidir, quais serão as consequências dessa decisão em curto e em longo prazo?
- Com quem mais posso falar sobre esse problema? Que outros pontos de vista posso procurar?

Como Dar e Receber Feedback Construtivo

Uma das habilidades mais importantes que desenvolvemos na aprendizagem entre pares é como dar e aceitar feedback. Não é fácil, mas com prática torna-se uma ótima maneira de empoderar a nós mesmos e aos outros. Lembre-se, trocar feedback é uma atividade bidirecional, logo, assegure-se de dar à outra pessoa tempo suficiente para reagir ao que foi dito e permita o diálogo quando apropriado. O feedback mais bem-sucedido é baseado em clareza na comunicação e compreensão. A seguir, temos uma lista de sugestões de como dar e receber feedback construtivo:

1. Não leve para o lado pessoal

Quando estiver dando feedback, concentre-se no comportamento, não na pessoa. Por exemplo, se estiver irritado com um colega que sempre chega atrasado nas reuniões, não o ataque ("Você tem um problema com o cumprimento de horários"); em vez disso, dê uma sugestão útil sobre como o comportamento pode ser mudado ("Podemos começar e terminar mais rápido a discussão se todos estiverem aqui ao mesmo tempo").

2. Esteja preparado

Pode parecer óbvio, mas, se for dar feedback, prepare o que irá dizer antes de fazê-lo. Permaneça no tópico e certifique-se de usar exemplos e referências específicas. Nunca generalize ou espere que a pessoa entenda "sutilezas". Um feedback bem-sucedido é baseado na comunicação clara entre as duas partes.

3. Não faça comparações

Quando estiver dando feedback, cuidado para não comparar desempenhos ("Veja Janet: ela nunca se atrasa!"). Comparar pessoas apenas estimula competição negativa e ressentimentos. No entanto, você pode comparar o desempenho passado e o atual, contanto que não envolva mais ninguém.[30]

4. Aceite o feedback com elegância e dignidade

Considere o feedback como uma maneira positiva de se capacitar para fazer melhor. Escute com atenção para entender o que a pessoa está dizendo, resuma o que ouviu e faça muitas perguntas para esclarecer o assunto. A pessoa que deu o feedback ficará grata por você se esforçar para ouvir o que ela disse.

5. Não fique na defensiva

Quando estiver recebendo feedback, tente não se proteger. Ficar na defensiva ou claramente preocupado só vai deixar a pessoa que está dando feedback mais desconfortável. Também significa que ela não o verá mais como alguém acessível e pode parar de dar feedback.

6. Tenha paciência

Pode ser tentador tentar justificar um feedback que você perceba como injusto, mas deixe a pessoa terminar antes de se explicar. Da mesma forma, não compensa argumentar. Tente controlar o impulso de interromper e concentre-se em entender o que está sendo dito antes de formular uma resposta ponderada.[31]

Construindo um Ambiente Bem-sucedido de Aprendizagem entre Pares

Leva tempo para criar um ambiente bem-sucedido de aprendizado entre pares, mas muitas empresas têm conseguido seguindo estas diretrizes:

- Indique alguém para *facilitar* o processo de aprendizagem. Pessoas que foram instrutoras em programas de treinamento conduzidos por instrutor com frequência são ótimas facilitadoras. Os facilitadores da aprendizagem entre pares certificam-se de que ninguém se desvie do tópico, anotam ideias e temas importantes e mantêm a discussão avançando.
- Foque situações do mundo real dando ao grupo um problema real para resolver. O segredo para um programa de aprendizagem entre pares bem-sucedido é assegurar que todos os participantes tenham algo autêntico para resolver.
- Construa um ambiente de aprendizagem no qual os participantes sintam-se confortáveis para compartilhar seus pensamentos abertamente com seus pares. Encoraje a empatia, a escuta ativa, a sensibilidade às emoções e necessidades e o engajamento em conversas emotivas.
- Promova a aprendizagem entre pares realizando eventos e conferências inclusivos presenciais ou online.
- Encoraje a criação de uma rede entre pares definindo redes sociais online, organizando eventos de networking ou criando grupos de aprendizagem informais que se reúnam regularmente e troquem ideias (mesmo após algumas cervejas!).

CAPÍTULO SEIS

Tenha Sucesso com a Tecnologia Certa

MUITAS EMPRESAS ESCOLHEM a tecnologia antes de saber como ela pode resolver os problemas que estão tentando solucionar. Por exemplo, alguém poderia achar uma boa ideia pegar uma aula presencial e colocá-la online. Mas pense no pior professor que você teve no ensino médio ou na faculdade e imagine colocar as aulas dele no YouTube. Embora haja tecnologia para distribuir uma aula horrível para milhões de pessoas, poucas acharão isso útil, inspirador ou interessante. Se já não era boa originalmente, adicionar tecnologia não vai melhorar. Em outro caso, uma professora do ensino básico comprou um iPad para todos os alunos de sua classe achando que a tecnologia melhoraria a aprendizagem. Mas ela não tinha planejado como os iPads seriam usados. Com frequência, as empresas também compram tecnologia antes de saber como irão usá-la. Pode parecer óbvio, mas é muito mais benéfico avaliar o problema primeiro e então escolher a tecnologia certa para resolvê-lo.

Como o cientista da aprendizagem Bror Saxberg diz: "A tecnologia não faz nada pela aprendizagem. O que ela faz é pegar uma solução de aprendizagem boa ou ruim e torná-la mais acessível, confiável, disponível, rica em dados e personalizada."[1] Em outras palavras, a tecnologia é inútil se você não começar com uma base e uma estratégia sólidas para o que deseja fazer com a aprendizagem.

Neste capítulo, discutiremos alguns dos desafios empresariais mais comuns com os quais as empresas estão se deparando hoje e como a tecnologia pode ajudar a superá-los. Também examinaremos as tecnologias educacionais mais inovadoras do mercado, inclusive as que permitem explorar e criar metas de carreira, ajudar profissionais a descobrir seu objetivo no trabalho e auxiliar pessoas e empresas a saber que habilidades os trabalhadores têm e precisam. Investigaremos tecnologias para a prática de habilidades, a aprendizagem em equipes e a solução de problemas do mundo real. Resumindo, estudaremos as tecnologias a seguir para mostrar como podem melhorar sua estratégia. Você quer ajudar seus funcionários a:

- Explorar ou criar metas de carreira? (Fuel50)
- Entender/descobrir seu propósito no trabalho? (Imperative)
- Entender as habilidades que as pessoas têm e de quais precisam? (Degreed)
- Praticar e obter feedback sobre suas habilidades? (Practice)
- Atuar em grupos para resolver problemas empresariais? (Intrepid)

Podemos ter uma noção de tudo isso se começarmos com "Por quê?". Por que você precisa da tecnologia? Que problema está tentando resolver?

Construindo Bicicletas para a Mente

A tecnologia está forçando as pessoas a repensarem a maneira como executam seu trabalho. A verdade é que não podemos mais separar aprendizagem de trabalho. Nigel Paine, líder de pensamento na área de aprendizagem e autor de *The Learning Challenge* [O Desafio da Aprendizagem, em tradução livre], fala sobre eficiência e produtividade na força de trabalho. Ele acredita que lapsos na produtividade são causados por falta de investimento em nossa própria aprendizagem. Paine diz: "É claro que a aprendizagem aumenta a produtividade. Além de motivar as pessoas, cria para elas novas maneiras de fazer as coisas. E novas maneiras geralmente são mais eficientes."[2]

Para reforçar esse ponto, Paine lembra a famosa história que Steve Jobs contava nos primórdios da Apple, quando comparava computadores a bicicletas para nossas mentes. Jobs dizia que, por sua própria conta, os humanos não são as criaturas mais eficientes, mas, quando lhes damos bicicletas, tornam-se a espécie mais eficiente do planeta: "É isso que um computador é para mim — é a ferramenta mais fantástica que inventamos. É equivalente a uma bicicleta para nossas mentes."[3]

Paine acredita plenamente na teoria de Jobs. "A noção de computadores e tecnologia como bicicletas para nossas mentes é importante porque significa que não é só o conteúdo. É o processo e o mundo dos 'apps', em que as coisas conectam-se umas às outras para solucionar tarefas e problemas."[4] Logo, com o tempo, quando tecnologias melhores forem desenvolvidas, nos livraremos das antigas e adotaremos as novas e, assim, melhoraremos a eficácia, a produtividade, o processo de trabalho e as pessoas.

Mas só porque a tecnologia é melhor não significa que é a escolha certa. Escolher a melhor tecnologia para sua empresa significa descobrir o tipo de ajuda que seus funcionários precisam para avançar em suas carreiras através da aprendizagem. Uma vez que tiver essa informação, poderá tornar a solução mais acessível, disponível e personalizada.

Explore ou Crie Metas de Carreira

Anne Fulton cresceu em Auckland, Nova Zelândia, e estudou psicologia organizacional e aconselhamento vocacional. Ela sempre gostou de ajudar as pessoas a tomarem decisões profissionais importantes, guiá-las em suas jornadas e auxiliá-las a pensar mais atentamente no rumo que darão a suas carreiras.

Sua jornada profissional a levou a se tornar conselheira vocacional e depois psicóloga organizacional, profissão em que construiu testes preditivos de recrutamento e carreira. Em seguida, lançou várias empresas de tecnologia — todas focando desenvolvimento profissional e carreiras. Em 2011, Fulton e sua cofundadora, Jo Mills, desenvolveram o software de trajetórias de carreira Fuel50 com a missão de criar um ambiente de trabalho significativo para pessoas do mundo todo. A ideia de abastecer paixões ajudou a formar parte do nome da empresa.

Fulton descreve o Fuel50 como "o Match.com encontra o LinkedIn".[5] Ou seja, o software compara os profissionais a trajetórias de carreira e oportunidades internas e os conecta a pessoas da empresa para ajudá-los a serem bem-sucedidos. O conceito por trás do Fuel50 é oportuno — pesquisas mostram que 46% dos funcionários querem trajetórias profissionais mais visíveis em suas empresas.[6] Isso ocorre porque querem saber se ali há espaço para crescimento, desenvolvimento e progressão na carreira. Logo, se deseja que os funcionários cresçam dentro da empresa, você precisa conectá-los às oportunidades disponíveis internamente. Infelizmente, com frequência, é mais fácil procurar oportunidades externamente no LinkedIn.

No Fuel50, os funcionários encontram respostas para perguntas como:

- Para que sou mais qualificado nessa empresa?
- A que cargo posso aspirar?
- Como posso chegar aonde quero a partir de onde estou?
- Como posso crescer em minha carreira nessa empresa?
- Como posso encontrar um mentor, coach ou experiência de aprendizagem (*stretch assignments* [projeto ou tarefa oferecida aos funcionários fora de sua zona de conforto para "alongar" o seu desenvolvimento], projetos e tarefas de meio período conhecidas como "*gigs*") para me ajudar a crescer em minha carreira?
- Em suma, o que escolheria se pudesse fazer qualquer coisa?

O Fuel50 também é inestimável para gerentes e líderes porque dá às pessoas uma visão da realidade com uma "pontuação de adequação a carreiras". Como Fulton diz: "Acreditamos que as pessoas podem fazer o que quiserem, mas damos a pontuação atual de possível adequação à função-alvo e o roteiro de competências, habilidades, qualificações e experiências necessárias para chegarem aonde querem."

Uma das principais metas do Fuel50 é construir uma cultura e um mindset de crescimento contínuo na empresa, o que é valioso principalmente para os millennials. Vamos pegar o novo contratado Rashid como exemplo. Rashid entrou na empresa há seis meses, direto da faculdade, como analista de negócios com um MBA. Ele quer saber o que é necessário para tornar-se CFO. Ao passar pelo Fuel50, é informado que tem potencial para tornar-se CFO, mas no momento sua pontuação é de 18%. Ele recebe, então, um roteiro para seguir, com alguns pontos de partida. Esse tipo de visibilidade é algo que os funcionários desejam, além de saber como podem vivenciar seus valores, objetivos e paixões no trabalho. Todos esses componentes são partes importantes da experiência fornecida pelo Fuel50.

Agora o produto é uma ferramenta de crescimento profissional. Foi projetado para ajudar as pessoas a usarem seu potencial e alavancar seus talentos por meio de indicadores de insight, os "FuelFactors", que abordam valores, qualidades, ajuste ao trabalho/estilo e rapidez na carreira. Os fatores profissionais são comparados a oportunidades de trabalho na empresa e os funcionários recebem ajuda para encontrar *gigs, stretch assignments* e mentores para impulsionar seu crescimento profissional.

A Mastercard é um bom exemplo de empresa que ativou a trajetória de carreiras para seus funcionários no mundo todo com o uso do Fuel50. Inicialmente, a empresa introduziu o Fuel50 como iniciativa de desenvolvimento de carreiras para ajudar em seu programa de coaching "Managers Matter". Ele tornou-se popular dentro da empresa: agora o Fuel50 está sendo usado por 12 mil funcionários globalmente. Elizabeth Barreiros, diretora da Mastercard, diz:

No futuro, esperamos continuar a construir melhorias na plataforma que permitam que nossos funcionários desenvolvam relações de mentoria, obtenham feedback de outras pessoas da empresa sobre seus talentos e continuem a criar sua rede. Além disso, queremos integrar o Fuel50 à Degreed para que os funcionários possam acessar diretamente recursos de aprendizagem que estejam relacionados aos talentos que desejam melhorar.[7]

Dando Propósito ao Trabalho

Aaron Hurst começou seu primeiro negócio quando tinha 16 anos e desde então é um empreendedor. Quando Hurst cursava o ensino superior na Universidade de Michigan, desenvolveu um programa influente em parceria com a universidade que levava os alunos a centros de correção para ensinar escrita criativa para os internos. Hurst acreditava que a aprendizagem empírica era mais importante do que aprender em livros. Por ele próprio ter dificuldade para aprender, nunca tirou muito conhecimento dos livros; aprendeu fazendo. Em sua experiência visitando internos, teve insights sobre vários tópicos, da escrita criativa à sociologia, da psicologia à justiça criminal e da dinâmica em grupo à empatia. Isso levou Hurst a perceber o valor da aprendizagem empírica como uma maneira poderosa de absorver informações e mostrar como a vida realmente funciona.

Em 1995, Hurst migrou para iniciativas sem fins lucrativos, trabalhando em educação no centro de Chicago. Embora apreciasse o que essas empresas estavam fazendo, ele percebeu rapidamente que desistiram de causar um grande impacto porque renderam-se à mentalidade de escassez, o que significa que só podiam levar seu empreendimento até certo ponto devido a limitações financeiras. Então, Hurst decidiu concentrar-se no que as empresas faziam para crescer, principalmente startups sem fins lucrativos, e tentar aplicar isso ao mundo da filantropia.

Ele começou a jornada mudando-se para o Vale do Silício em 1997 e conseguiu emprego em uma startup imobiliária como gerente de produto educando os consumidores para que assumissem o controle e a responsabilidade no processo de construção de uma casa. Depois, foi para outra startup, a iSyndicate (posteriormente comprada pela empresa de análise de conteúdo YellowBrix), que publicava e distribuía conteúdo e foi a precursora dos blogs. O que ele aprendeu trabalhando nas duas startups de tecnologia foi que o problema das instituições sem fins lucrativos era parcialmente financeiro, porém, acima de tudo, era porque não tinham acesso aos mesmos talentos. Para fazer crescer uma empresa, Hurst acreditava na contratação para além de suas necessidades; as empresas sem fins lucrativos estavam sempre contratando bem abaixo das necessidades. Normalmente, essas startups não tinham recursos de marketing, tecnologia, RH ou outras funções. Estavam sempre apenas sobrevivendo.

Hurst sabia que as pessoas eram atraídas por filantropia e voluntariado, mas percebeu que não havia uma maneira adequada de trazer talentos para as áreas em que eles eram mais necessários nas empresas filantrópicas. Também viu que as empresas não estavam se beneficiando das partes empíricas da aprendizagem. Logo, em 2001, decidiu unir as duas coisas, iniciando uma empresa chamada Taproot Foundation.[8] A missão da Taproot é liderar, mobilizar e engajar profissionais em serviço *pro bono* que conduza a mudança social. Ela conecta as habilidades de todos os tipos de profissionais para ajudar empresas filantrópicas com os talentos de que precisam para além do apenas necessário. Em 12 anos, Hurst aumentou o movimento social *pro bono* em um mercado de US$15 bilhões.

Para Hurst, uma das coisas mais gratificantes na Taproot foi o número de pessoas que lhe disseram que fazer trabalho *pro bono* era a parte mais satisfatória de sua carreira. Esse feedback também o fez pensar no outro lado dessa afirmação — que as pessoas estavam insatisfeitas com suas carreiras e tendiam a complementar suas profissões com trabalho voluntário para encontrar significado e propósito.

Hurst passou as últimas décadas explorando o relacionamento entre propósito e trabalho e, em 2013, decidiu embarcar em uma nova jornada, sendo cofundador da empresa de tecnologia Imperative. O objetivo da empresa é imaginar um mundo em que a *maioria* da força de trabalho seja orientada ao propósito[9] devido aos enormes benefícios aos funcionários, às empresas e à sociedade.

Para criar conscientização sobre a importância do propósito no trabalho, Hurst publicou *The Purpose Economy: How Your Desire for Impact, Personal Growth and Community Is Changing the World* [A Economia de Propósito: Como Seu Desejo por Impacto, Crescimento Pessoal e Comunidade Está Mudando o Mundo, em tradução livre].[10] No livro, ele detalha sua extensa pesquisa sobre como as pessoas percebem o trabalho. O que Hurst descobriu é que as pessoas costumam ver o trabalho a partir de dois pontos de vista. O primeiro é através da orientação ao propósito, o que significa que algumas pessoas veem o trabalho como uma maneira de obter satisfação pessoal e servir aos outros. Na segunda orientação, as pessoas veem o trabalho como uma maneira de obter status, promoção e renda.

A filosofia de Hurst é a de que a economia está mudando, e ele também enfatiza que quando aplicamos rigor ao propósito, este torna-se um impulsionador econômico. A Imperative construiu a primeira avaliação de propósito para que as pessoas conhecessem a si mesmas e expandiu isso para que se desenvolvessem profissionalmente com base em impulsionadores de propósito. Assim, em vez de sonhar em ser um grande engenheiro ou vendedor, você pode pensar em como se destacar no seu propósito. Na verdade, independentemente da função ou cargo que ocupe, é o propósito que o fará sentir-se incrível e realizado — é a única coisa que se sustenta.

Hurst vê nas empresas uma necessidade urgente de criar uma cultura de trabalho mais voltada ao propósito. "Empresas de todos os segmentos da indústria estão ansiosas para evoluir para além do engajamento e inspiradas a abraçar a realização como o sustentáculo de suas estratégias para atrair talentos."[11] A Imperative está trabalhando com as 100 empresas mais importantes da Fortune para ajudar os funcionários a pensar no desenvolvimento de habilidades, carreiras e liderança por meio do propósito. Ela ajuda as pessoas a encontrar as competências que deveriam construir independentemente da função que desempenham. Isso vai se tornar ainda mais importante para as gerações futuras. Em um estudo da Imperative, *Purpose in Higher Education* [Propósito na Educação Superior, em tradução livre],[12] a geração Z é o grupo mais orientado ao propósito que ainda entrará na força de trabalho; 47% são orientados ao propósito (em comparação com os 28% da força de trabalho atual), e quase um terço dos estudantes dizem que preferem se formar priorizando o propósito, e não a área de atuação.

Para determinar a orientação ao propósito no nível da empresa, os funcionários passam por uma avaliação que define seus impulsionadores de propósito e respondem a perguntas sobre o nível de satisfação que sentem no trabalho. As informações que compartilham fornecem uma boa medida de seus relacionamentos, impacto e senso de crescimento. Os participantes também são solicitados a definir uma meta de carreira de 90 dias; pode ser algo como ser um líder ou um gerente melhor, ou se o participante for novo na empresa, a meta pode ser baseada nos primeiros 90 dias de trabalho. Conforme os resultados da avaliação, os funcionários recebem seus impulsionadores de propósito e um painel que exibe suas metas de curto prazo, as ações que precisam executar a cada semana e resultados personalizados medindo relacionamentos, impacto e crescimento. Baseando-se nessa plataforma tecnológica, a Imperative começou a associar-se a coaches externos certificados em sua metodologia para ajudar a guiar as pessoas em como podem realizar seu propósito no trabalho.

Por que os CEOs e as Empresas Devem se Preocupar com o Propósito?

Algumas empresas recusam-se a pensar sobre propósito e significado no trabalho, mas há uma boa razão para os líderes se preocuparem. De acordo com o Workforce Purpose Index de 2015[13], patrocinado pela Universidade de Nova York, os trabalhadores orientados ao propósito são os mais valiosos e a parcela da força de trabalho de potencial mais alto, não importando o segmento da indústria ou a função. Seja onde for, eles apresentam resultados melhores que seus pares:

- A estabilidade esperada no emprego é 20% mais longa.
- Probabilidade 50% maior de estarem em posições de liderança.
- Probabilidade 47% maior de apoiarem seus empregadores.
- Níveis de realização no trabalho 64% mais altos.

Entenda as Habilidades que os Funcionários Têm e de Quais Precisam

Há algumas décadas, David tem um propósito elevado — um objetivo que desafia a maneira como pensamos sobre aprendizagem e educação. Ele tem como missão "desmistificar a graduação", mudar a maneira como o mundo aprende e dar às pessoas crédito pela aprendizagem que obtiveram ao longo de suas carreiras profissionais, e até mesmo durante seu tempo de vida. Em 2012, David colocou em prática seu objetivo e tornou-se cofundador da empresa de tecnologia da educação Degreed.

David foi um bom aluno quando jovem, investindo muito tempo e esforço nos estudos para se certificar de manter seu índice de rendimento acadêmico em 4,0 (o mais alto) e também fez o máximo de aulas preparatórias que conseguiu. Ele era editor do anuário, participou do conselho da escola, jogou futebol, tinha um emprego depois das aulas, foi Eagle Scout* e tocava saxofone. Resumindo, David fez tudo que "devia fazer" para ser o típico aspirante a universitário. Mas a verdade é que, mesmo sendo tão

---

*N.T.: Eagle Scout é o distintivo de grau máximo no Escotismo dos EUA. É semelhante à Lis de Ouro do Escotismo brasileiro.

bom aluno, sua maneira de encarar a educação e a aprendizagem era apenas um meio para atingir um fim. David acreditava na narrativa contada a ele e a seus colegas — que se sair bem na escola levaria a serem aceitos na melhor universidade, o que por sua vez levaria aos melhores empregos após a graduação e os prepararia para as melhores carreiras — com "melhor" sempre significando a escolha mais segura e prestigiosa.

No entanto, após fazer o vestibular quando tinha 17 anos, ele teve uma epifania. Percebeu que, apesar dos anos de tempo e esforço que investiu em sua educação, a nota desse teste determinaria quase metade de seu futuro — era metade da equação para a universidade em que entraria, que por sua vez era metade da equação para as oportunidades de trabalho que estariam disponíveis. Para ele, o sistema parecia insano.

Embora David não soubesse na época, a verba de marketing das universidades norte-americanas é definida por notas no vestibular e pelo seu código postal — é assim que as universidades miram possíveis alunos. Não é porque você era bom em matemática ou tinha uma banda e sim porque tirou nota boa no vestibular.

David diz: "Acredito que testes em que há muito em jogo, como o vestibular, não têm nada a ver com quem você é ou qual seu potencial. Na verdade, eles estão fortemente relacionados ao seu status socioeconômico na hora do teste. O sistema de educação incentiva as pessoas a dominarem a arte de fazer testes, e não de aprender." David percebeu que, embora tivesse se tornado um ótimo aluno, era um aprendiz medíocre. Não tinha paixão por aprender ou senso de curiosidade e dava pouco valor ao que aprendia. Tinha sido programado para absorver informações e fornecê-las nos testes. David decidiu que mais do que ser um ótimo aluno, o que ele aspirava realmente era ser um ótimo aprendiz. Esse objetivo solidificou sua paixão pela aprendizagem vitalícia.

Apesar de suas reservas quanto a como ocorriam os vestibulares, David seguiu o ritmo normal das coisas, fez os testes e se saiu bem. Ele graduou-se na Brigham Young University com um diploma em Economia e, como de praxe, seu diploma tornou-se a moeda de troca pela qual seu valor era determinado no mercado de trabalho.

Saído da universidade, ele recebeu uma oferta de trabalho de uma firma de consultoria em gestão de Dallas, mas, apesar de aprender muito, melhorar suas habilidades e trabalhar com ótimas pessoas, sentiu que faltava algo. Nessa época, ele percebeu que queria dedicar sua energia e carreira à paixão pela educação, mesmo se significasse desistir do prestígio e da segurança financeira da consultoria em gestão.

David lembra-se: "Comecei a pensar em como nossa educação formal não representa quem somos ou o que podemos fazer. E o mais importante é que percebi que são nossas habilidades, não importando como ou onde as desenvolvemos, que devem determinar nossas oportunidades, e queria fazer parte da solução."

Ele começou a procurar pessoas e empresas que estivessem fazendo coisas interessantes em aprendizagem e educação, mas não encontrou muitas. Então ouviu falar de uma pequena startup de tecnologia em Utah chamada Zinch, que ostentava o slogan "Alunos são mais do que a nota em um teste", e ficou curioso. A Zinch era semelhante a um LinkedIn para alunos do ensino médio, na qual eles criavam perfis que podiam ser acessados como parte do processo de admissão na universidade. Dessa forma, os alunos não estavam sendo avaliados apenas por notas em testes.

David enviou e-mails para a equipe da Zinch e eles responderam uma ou duas vezes, mas as coisas não estavam progredindo na velocidade que gostaria. Ele, então, comprou uma passagem aérea e viajou, sem avisar, para o escritório da empresa. Bateu à porta e disse: "Olá, sou a pessoa com quem vocês trocaram e-mails, posso levá-los para almoçar?" Quando o almoço terminou, David tinha uma oferta de trabalho, que aceitou ali mesmo.

Relembrando, David admite que foi difícil passar do prestígio para o propósito. Como consultor em gestão ele recebia bem, estava em um rumo profissional promissor e tinha ótimos benefícios. Entrar na Zinch significava uma queda salarial de 60% e mudar-se para o porão da casa de seus pais apenas semanas depois do nascimento de seu primeiro filho.

Em 2012, após três anos trabalhando para a Zinch, David reforçou sua visão de como transformar o sistema educacional e finalmente estava pronto para lançar sua própria empresa. Ele começou a Degreed em São Francisco e, com uma equipe pequena, desenvolveu o produto inicial: uma plataforma para permitir que pessoas e empresas acompanhassem TODA a aprendizagem vitalícia e um perfil gerenciado pelos profissionais que os deixasse rastrear sua aprendizagem no decorrer da carreira.

David percebeu que a aprendizagem é uma jornada na qual nos deslocamos entre universidades, empregadores e provedores de educação. Você aprende no YouTube, e talvez em TEDs; ouve um podcast quando se desloca e assiste a um treinamento no trabalho; talvez posteriormente vá a uma conferência e leia um livro no avião. Você se desloca entre muitos destinos e provedores de educação, e, embora o mercado tenha várias inovações destinadas ao consumidor para fornecer novas maneiras de aprender, ninguém pensou em dar suporte ao aprendiz nessa jornada enquanto ele se desloca entre provedores de educação. A Degreed lançou-se como a primeira plataforma a dar suporte com um modelo contínuo de aprendizagem vitalícia que nos ajuda a descobrir as melhores trajetórias de aprendizagem e a ganhar crédito por tudo que aprendemos.

Agora, anos depois, a Degreed é uma das principais empresas de tecnologia da educação mundiais ajudando várias empresas listadas na Fortune 100, além de outras, a resolver alguns de seus problemas empresariais mais urgentes ao identificar as habilidades de seus funcionários e ajudá-los a se atualizar continuamente.

A Degreed ajuda as pessoas a aprender para construírem habilidades para seus objetivos pessoais e profissionais. Ao trabalhar na era da expertise competitiva, precisamos continuar aprendendo para permanecer relevantes. Educando-se com tudo o que foi publicado sobre um tópico específico, você pode tornar-se um dos especialistas mais instruídos sobre o assunto. É necessário apenas interesse em aprender e comprometimento disciplinado.

Uma frase de Laszlo Bock, antigo chefe de RH do Google, é sempre lembrada por David: "Quando consideramos as pessoas que não foram à faculdade e tiveram sucesso, vemos que são seres humanos excepcionais."[14] Nos primórdios da Degreed, David conheceu uma dessas pessoas excepcionais que o influenciou muito. Era uma mulher talentosa com mais de cinquenta, mas quando ele lhe perguntou sobre sua educação, ela respondeu: "Não estudei. Não frequentei a universidade."

David ficou surpreso por essa mulher achar que era inculta porque não tinha um diploma tradicional. Do ponto de vista prático, o que um diploma em Economia de 15 anos atrás nos diz sobre o que sabemos e podemos fazer hoje? A Degreed se esforça para atualizar essa visão, assegurando que as pessoas sejam valorizadas por todos os tipos de aprendizagem, sendo ou não bacharéis.

É claro que David sabia que se não respondermos por nossa aprendizagem, ela não vai gerar oportunidades. Embora as pessoas aprendam a partir de várias fontes durante suas vidas, não há um meio de rastrear o que está sendo aprendido ou de levar a aprendizagem ao mudar de emprego. Graças à visão de David, qualquer pessoa pode acessar o site da Degreed e definir um perfil gratuitamente para rastrear sua aprendizagem e construir as habilidades necessárias para seus objetivos de carreira. Com dados e análise, os líderes e gerentes podem rastrear a equipe e os objetivos de aprendizagem organizacional e avaliar o progresso na construção de habilidades dos funcionários para atender as necessidades da empresa.

Pratique as Habilidades

Há seis anos, Emily Foote[15] recebeu um telefonema de seu antigo professor de direito na Universidade Drexel, Karl Okamoto, que disse ter ganhado uma pequena doação de seis meses de pesquisa para iniciar uma empresa de educação. Para ser candidata a essa doação para pesquisa em inovação empresarial, a empresa tinha que cumprir duas metas: ter impacto social e criar empregos. Na época, Foote advogava como procuradora de educação especial, mas Okamoto achava que sua experiência em sala de aula a tornava a parceira ideal.

Foote sempre gostou de educação. Antes de advogar, passou dois anos como professora no ensino fundamental para alunos carentes em Atlanta através de um programa chamado *Teach For America* [Ensine pela América, em tradução livre]. O programa recruta graduados de destaque das principais universidades dos EUA para passar dois anos ensinando nas escolas mais carentes antes de começar sua jornada profissional. Depois do *Teach For America*, Foote passou mais três anos como professora do ensinos fundamental e médio em uma *KIPP charter school* (escola pública com gestão privada) e seguiu para a faculdade de Direito. Os programas *Teach For America* e *KIPP charter school* estavam desafiando as normas da educação tradicional, o que deu a Foote uma ótima experiência para entrar na empresa de EdTech.

Parte de seu desejo de fazer a diferença através da educação era pessoal. Embora Foote tivesse se saído bem no ensino médio, nunca se achou inteligente. Por algum motivo, sempre achou que estivesse enganando a todos e que apenas fingia muito bem. Em sua opinião, a escola tradicional é definida como um cenário generalista, em que um professor empurra conteúdo e passa tarefas. Mesmo achando que era boa aluna porque dava aos professores o que pediam, ela não tinha certeza de ter absorvido todo o conteúdo ou aprendido o que era mais importante. Mesmo tirando boas notas, não se sentia inteligente ou confiante — isto é, até ir para a faculdade de Direito e ter aula com um professor, Okamoto, que usava uma abordagem totalmente diferente para o ensino e a aprendizagem.

Okamoto tinha paixão pelo ensino de direito e achava que havia uma ruptura entre como a matéria era ensinada na faculdade e a quantidade de conhecimentos que os alunos conseguiam reter e aplicar no mundo real após a graduação. Tradicionalmente, os professores de direito concentravam-se mais na teoria e nem tanto na prática. Em uma pesquisa de sua autoria, Okamoto descobriu que os alunos de Direito levavam em média oito anos para tornarem-se advogados bons e competentes.

Sua pesquisa também mostrou que pessoas que tornaram-se advogados competentes se beneficiaram da ajuda de mentores, de observarem como colegas e advogados mais experientes exerciam o direito, deles próprios o exercerem e de obter feedback. Resumindo, os advogados precisavam de prática, feedback e reflexão para destacarem-se em sua profissão, o que ele achava que também poderia ser aplicado a outras disciplinas.

Okamoto decidiu replicar em suas aulas de direito como ele achava que as pessoas realmente aprendiam. Isso teve um grande impacto em seus alunos. O modelo que Okamoto desenvolveu envolvia dividir os tópicos em intervalos de quatro semanas. As turmas eram pequenas — apenas 12 alunos. A primeira semana dedicava-se ao aprender fazendo; a segunda era sobre a aprendizagem entre pares; a terceira envolvia a aprendizagem com especialistas da área; e a quarta era uma oportunidade para refletir sobre o que foi aprendido. O segredo da abordagem de Okamoto era deixar os alunos descobrirem por si próprios como fazer algo em vez de ensiná-los a fazer.

Por exemplo, um intervalo de quatro semanas podia envolver a apresentação de contratos de compra e venda de bens. Mas, em vez de dar uma aula sobre o tópico, Okamoto dividia os alunos em pares e lhes dava uma semana para preparar o contrato. Os alunos tinham, então, que descobrir sozinhos como criar um. Na semana seguinte, cada par apresentava sua tarefa concluída enquanto o resto da classe dava notas baseadas em um conjunto de regras. Dessa forma, os alunos recebiam feedback de seus pares imediatamente após a apresentação, através de uma discussão aberta do que fizeram bem e do que poderia ter saído melhor. Em seguida, o próximo par fazia a apresentação até que todos demonstrassem a habilidade e dessem e recebessem feedback.

Na terceira semana, os alunos iam a campo e visitavam um escritório de advocacia para apresentar seus contratos de compra e venda de bens para dois advogados em exercício e obter feedback desses especialistas. Para fechar o dia, os dois especialistas em direito ensinavam para os alunos como a tarefa é executada na vida real. A quarta semana era sobre reflexão: cada aluno tinha um caderno e escrevia sobre o que aprendeu, o que faria de forma diferente e o que continuaria fazendo. Para terminar a quarta semana, Okamoto conduzia uma discussão retrospectiva sintetizando tudo que havia sido aprendido durante as quatro semanas. Então, passava para o próximo tópico. (Observe que o ensino de Okamoto segue os princípios do Loop da Aprendizagem — conhecimento, prática, feedback e reflexão — como discutido no Capítulo 1.)

Após ter aulas com Okamoto, Foote deixou o curso de direito sentindo-se incrivelmente confiante porque teve a oportunidade de realmente demonstrar competência. Então, quando Okamoto disse que poderiam construir um produto tecnológico que espelharia como ele ensina, Foote ficou empolgada. Ela percebeu a influência que poderiam ter sobre tantas pessoas e não hesitou em se juntar ao professor na empreitada.

A empresa que fundaram, Practice, uma companhia de EdTech que oferece coaching e avaliação entre pares em vídeo, replicaria através da tecnologia o processo de ensino de Okamoto na Universidade Drexel. Inicialmente, eles queriam impulsionar o poder da tecnologia de vídeo para ajudar os educadores a ensinarem com mais eficácia em sala de aula, mas logo perceberam o potencial de ajudar empresas a melhorar a aprendizagem de uma maneira que as pessoas aprendessem e construíssem habilidades de modo funcional, colaborativo e poderoso através da prática.

Quando Emily e sua equipe falavam pela primeira vez com funcionários de grandes empresas para saber como gostavam de aprender, a maioria disse que aprendia melhor por simulação, recebendo feedback, sendo acompanhados e interagindo com os pares. Mas, como ela descobriu, grande parte não estava aprendendo assim no trabalho. Os gerentes não pareciam ter tempo para dar o feedback específico e útil que os funcionários precisavam ouvir. Emily sentiu-se ainda mais confiante de que seu produto, o Practice, seria uma ótima solução para a aprendizagem corporativa.

"O que o Practice faz é simular os ótimos treinamentos pequenos presenciais que normalmente exigem muito tempo, dinheiro e pessoas, e permite que as empresas os executem em uma escala bem menor sem diminuir a eficácia só por serem online por razões de escalabilidade."[16]

O Practice fornece ferramentas de autoria (geralmente usadas por profissionais de aprendizagem e desenvolvimento) para a construção de exercícios que incluem as quatro etapas da aprendizagem e as distribui para um grupo de trabalho inteiro. Isso significa que os quatro componentes que tornam o treinamento presencial tão eficaz são emulados no Practice:

1. Um meio de praticar a habilidade.
2. Uma maneira de construir capital social e trocar feedback com os pares.
3. Uma maneira de autorrefletir.
4. Uma maneira de obter feedback diretamente de um "especialista".

Por exemplo, a cadeia de pizzarias Domino's usa o Practice no treinamento gerencial. Eles têm um excelente programa gerencial contínuo no qual, algumas vezes no ano, enviam pessoas para a sede para ajudá-las a melhorar suas aptidões de liderança. Alguns dos tópicos aos quais a Domino's tem se dedicado são como lidar com um demonstrativo de lucros e perdas (P&L), como dar um feedback direto eficaz, ou como definir a pauta para uma reunião. Já que pode ser caro enviar as pessoas de avião para a sede, não só do ponto de vista de despesa de viagem, mas por tirá-las de suas funções diárias, eles substituíram um dos treinamentos presenciais pelo Practice. Como resultado, a Domino's economiza custos e ao mesmo tempo mantém a eficácia da aprendizagem.

Uma das maiores empresas globais de mídia e telecomunicações é outro exemplo de uso do Practice, mas eles o adotaram para suas novas contratações de suporte ao cliente. Primeiro, um grupo de novos contratados recebe um conjunto de exercícios, como saudar um cliente apropriadamente ou como lidar com um cliente que reclame de sua conta. Os novos contratados assistem a um vídeo de um cliente insatisfeito com a conta. Então, criam um vídeo de como acham que devem responder ao cliente insatisfeito. Depois fazem o upload do vídeo e, em resposta, recebem um conjunto de perguntas pedindo que avaliem a si próprios sobre como acham que se saíram na interação. Se não gostarem da nota, podem regravar o vídeo até ficarem satisfeitos com a autoavaliação. Ou seja, podem continuar praticando até se saírem bem. Em média, as pessoas reenviavam seus vídeos seis vezes antes de aprovarem o trabalho.

Durante o segundo estágio, os novos contratados passam por um processo de avaliação aleatória entre pares. Pares aleatórios são designados para as pessoas avaliarem e elas usam a mesma avaliação que usaram para si mesmas. De acordo com as pesquisas conduzidas pela equipe de Emily, os participantes adoram trocar feedback com os pares. Gostam de receber feedback porque sentem que aprendem mais com os pares do que com os gerentes; são os pares que executam realmente o trabalho. Eles também gostam de dar feedback, alguns dando até mesmo para mais do que os três pares exigidos. Os entrevistados disseram que dar feedback para os outros faz com que se sintam bem porque acham que estão ajudando.

Mas talvez a parte mais impactante do produto, e a que mais inspirou Emily a criar o Practice, seja a chance de praticar a autorreflexão. É nesse momento que a aprendizagem real ocorre. Logo, no estágio três, os novos contratados recebem um "exemplo" de como poderiam ter respondido a um cliente insatisfeito ou levado a conversa difícil. Tanto esse exemplo como a resposta do próprio contratado gravada em vídeo são mostrados. A verificação dos dois em paralelo inicia a autorreflexão. "O que aprendi? O que vou começar a fazer? O que vou parar de fazer?"

A autorreflexão transforma o modelo de educação tradicional passivo em algo que nos força a pensar no que foi aprendido. Em vez de fingir que você "entendeu" ou simular que acha que sabe o que alguém quer sem saber realmente, ela ajuda a absorver as informações e dá confiança para dominar uma nova habilidade.

Trabalhe em Equipe para Resolver Problemas Empresariais

Sam Herring é um empreendedor em série em Seattle e admite ter paixão por ciências humanas. Ele estudou História em Yale e formou-se em Harvard, onde estudou Ética, Religião e Políticas Públicas. Os estudos de Herring são relevantes nos negócios hoje. Habilidades básicas ensinadas em ciências humanas, como pensamento crítico, solução de problemas e comunicação estão em alta atualmente em todos os segmentos da indústria. "Habilidades difíceis", como matemática e ciências, também continuam sendo importantes.[17]

Em 1999, no começo da aprendizagem online, Herring foi o primeiro funcionário de uma empresa de pesquisa em tecnologia da aprendizagem, a Lguide. Eles ajudavam outras empresas a tomar decisões de compra inteligentes sobre o que era eficaz em e-learning assíncrono. A empresa acabou se ampliando para a consultoria e expandiu seus serviços para a terceirização de treinamento seletivo para grandes corporações globais. Ao ajudar a começar a Lguide, Herring conheceu a indústria de treinamento, o que os compradores procuravam e os problemas que as empresas queriam resolver, como redução de custos, velocidade ou engajamento de talentos.

Por volta de 2012, Herring sentiu que a indústria estava mudando e que as pessoas começavam a ter expectativas diferentes sobre a aprendizagem.

> *"Acho que o divisor de águas do ponto de vista tecnológico ocorreu perto de 2007, quando o iPhone foi lançado e o Google comprou o YouTube. Alguns anos depois, essas tecnologias começaram a surgir nas empresas e os funcionários diziam: 'Nossa, como consumidor, tenho essas experiências maravilhosas com meus dispositivos, por que preciso aturar esse tédio no trabalho?'"*

Logo, ele e sua equipe viram uma oportunidade de fazer algo diferente. Testaram várias ideias novas, e Herring admite que nem todas funcionaram. Foi uma evolução; começaram com algumas ideias básicas e então trabalharam com clientes antigos cujo retorno provou ser muito influente na modelagem de seu futuro produto. Eles também foram inspirados pelo conceito dos MOOCs que estava sendo usado no ensino superior, mas o reimaginaram no contexto do trabalho. Herring pensou: "E se pudéssemos resolver problemas empresariais com aprendizagem colaborativa em escala, em vez de apenas disseminar conteúdo acadêmico?"

Eles então fizeram uma pergunta para alguns de seus clientes: estariam interessados em uma plataforma de aprendizagem que ajudasse a resolver problemas empresariais? Uma que fosse altamente escalável, interessante e colaborativa e envolvesse experiências de aprendizagem em grupo?

Herring diz: "Esse tipo de tecnologia não existia em lugar nenhum na época. Tínhamos e-learning em ritmo personalizado, tecnologia de webinar e tecnologias LMS (Sistema de Gestão de Aprendizagem) de ensino superior, como o Blackboard, mas nada que estivesse atendendo às necessidades da aprendizagem corporativa."

A pergunta gerou um grande retorno; as pessoas queriam saber como seria esse tipo de experiência de aprendizagem. Em um ano, cerca de doze clientes queriam trabalhar com eles, e isso deu a Herring e à equipe de 30 pessoas confiança suficiente para se dedicarem à tecnologia de aprendizagem colaborativa. Em 2015, venderam a parte da empresa referente aos serviços para a Xerox e lançaram a Intrepid Learning como empresa de tecnologia independente. No fim de 2017, após um crescimento de 750% e 40 prêmios da indústria em apenas três anos, a Intrepid foi comprada pela líder em educação superior, VitalSource Technologies, para conduzir seu negócio de tecnologia de aprendizagem profissional e corporativa.

A Intrepid tinha como foco permitir que o aprendiz praticasse e aplicasse novas habilidades no trabalho. "A aprendizagem e o trabalho costumam ser vistos como dois mundos diferentes: é uma falha fatal do treinamento com instrutor baseado em eventos. Embora os aprendizes se envolvam em uma experiência em sala de aula, quase nunca aplicam novas habilidades a desafios reais nesse ambiente e com certeza não fazem muito para aperfeiçoá-las no trabalho." Então, Herring continuou enfatizando a aplicação direta de habilidades, a solução de desafios de trabalho e a colaboração do aprendiz nessas atividades. A Intrepid faz isso mediando fóruns de discussão, encorajando os funcionários a se engajarem em trabalhos reais com suas equipes e a refletirem sobre o que aprenderam juntos e ajudando as pessoas e equipes a aprenderem ao longo do tempo.

A parte sobre aprender ao longo do tempo é importante. Em vez de tentar absorver uma grande quantidade de dados em uma sessão de treinamento de oito horas em sala de aula, nossos cérebros precisam de tempo para processar informações. Aprender ao longo do tempo nos dá a oportunidade de praticar e aperfeiçoar a aprendizagem no percurso.

A Intrepid é uma empresa voltada para a missão, cujos funcionários se orgulham de permitir que seus clientes e parceiros criem experiências de aprendizagem transformadoras para os aprendizes. Seu trabalho não causa apenas impacto empresarial; ele impacta as vidas das pessoas. Herring diz: "Aprender novas habilidades é importante para as pessoas avançarem nas carreiras. Seja em habilidades técnicas ou básicas, como comunicação e liderança, vimos exemplos de pessoas aprendendo e aplicando uma nova habilidade que as ajudou a executar melhor sua função e progredir. Ao mesmo tempo, as empresas nos escolhem para ajudá-las a superar seus desafios mais confusos e espinhosos de engajamento empresarial e de aprendizagem. Estamos fazendo a diferença para as pessoas em suas funções e nas empresas para as quais trabalham, e nos sentimos bem com isso."

Uma das histórias de mais sucesso da Intrepid é sua colaboração com a Microsoft a partir de 2014[18] para criar uma nova abordagem de treinamento para as equipes de vendas globais. A Microsoft decidiu evoluir para uma empresa mais voltada para a computação móvel e de nuvem — ou seja, uma mudança de foco de hardware e software para produtos "de nuvem", como servidores, bancos de dados de armazenamento, aplicativos empresariais, etc. Mas a transformação teria um grande impacto em suas equipes de vendas globais. Em vez de vender para gerentes de TI, venderiam para tomadores de decisões que trabalhassem em departamentos de finanças, contabilidade e marketing, que exigiam uma abordagem bastante diferente.

O desafio enfrentado pela Microsoft era claro: como eles podiam treinar sua força de trabalho global para ajustar as técnicas de vendas a fim de acomodar a nova base de clientes?

Os dinâmicos líderes de vendas da Microsoft perceberam rapidamente a extensão do desafio. Sabiam que era uma mudança significativa para a equipe de vendas e, como tal, demandaria uma nova abordagem de grande magnitude. Em resposta, a Microsoft associou-se à Intrepid para desenvolver um programa de "miniMBA na nuvem" com várias escolas de negócios, como INSEAD, London Business School, Wharton e Kellogg, e projetar cursos colaborativos em sua plataforma de tecnologia. Os programas incluíam aulas pré-gravadas em vídeo por professores, questionários para avaliar a compreensão, fóruns de discussão online, estudos de caso relevantes e exercícios práticos (em que os participantes criavam planos de conta para clientes reais).

Equipes do mundo todo foram encorajadas a se comunicar entre si, trocar observações e avaliar o trabalho umas das outras. Também puderam rastrear o progresso e compará-lo com o de seus pares, uma atividade destinada a estimular a concorrência amigável. No fim de cada curso, quem atingia a taxa percentual do limite de sucesso e uma nota de aprovação no exercício prático recebia certificados da escola de negócios relevante e um badge digital para usar em seu perfil do LinkedIn.

É uma grande história porque os resultados foram importantes para a Microsoft. No início, quando mediram o impacto do programa, mostrou-se que ele traria mais de US$50 milhões em novas receitas de algumas centenas dos milhares de aprendizes. E já que os membros da equipe criaram planos para clientes nos cursos, a liderança de vendas em campo ficou empolgada porque o planejamento de contas era uma prioridade importante. Além disso, a equipe adorou o programa. As taxas de engajamento e satisfação individuais atingiram novos recordes para os programas de treinamento em vendas na Microsoft. Os resultados mostraram impacto empresarial, mas o programa também inspirou alguns depoimentos sinceros dos vendedores, um deles anunciando orgulhosamente: "Fiz o curso, e porque o fiz, fechei um contrato com um banco por US$25 milhões!"[19] Outro funcionário ficou tão impressionado com o programa que gastou duas vezes o tempo recomendado para segui-lo, porque o achou benéfico para seus esforços de sucesso na carreira e de planejamento de clientes.[20] Com resultados tão bons, não surpreende que a Microsoft continue usando uma abordagem personalizada de treinamento por MOOC para ensinar uma ampla variedade de habilidades básicas e de vendas e dar às equipes do mundo todo a chance de construir relacionamentos, compartilhar dificuldades e insights, e comunicar-se de uma maneira que antes não era possível.

Tecnologia e Cultura Empresarial

As novas tecnologias exigem que as empresas mudem o modo como veem a aprendizagem e consideram o aprendizado e o trabalho. Muitas empresas estão acostumadas a culturas de comando e controle, mas, na verdade, deixar claras as filosofias de trabalho é o segredo do sucesso. Por exemplo, se uma empresa compra tecnologia que dá acesso a conteúdo de aprendizagem gratuito, mas impede que os funcionários acessem o YouTube quando estão no trabalho, a tecnologia não é compatível com sua filosofia. Da mesma forma, se os gerentes decidirem rastrear os conteúdos online consumidos por seus funcionários e monitorar como eles executam suas tarefas, essa abordagem também é oposta a de que eles sejam responsáveis por suas carreiras e jornadas de aprendizagem.

As empresas têm que se adaptar ao que os funcionários querem e precisam. E nenhuma tecnologia é uma solução mágica. Você não pode comprar tecnologia e esperar que as pessoas se convertam automaticamente. Haverá trabalho envolvido para tornar a nova tecnologia um sucesso — implementação, gerenciamento da mudança, convencimento dos executivos, comunicação e marketing contribuem para o sucesso contínuo.

Ecossistemas de Tecnologias de Aprendizagem

Após saber por que você quer fazer algo com a tecnologia de aprendizagem, é provável que queira aplicá-la a mais de uma coisa — por exemplo, ajudar os funcionários a descobrir seus objetivos profissionais ou encontrar um propósito. Você pode querer que eles compartilhem seus conhecimentos com os pares, que avaliem, aprendam e construam habilidades e que tenham a oportunidade de praticá-las. Talvez descubra que não há uma empresa ou tecnologia individual que faça tudo isso — o que pode ser bom. No começo, é desafiador escolher mais de uma tecnologia. Em longo prazo, no entanto, as empresas devem pensar em criar um "ecossistema" de aprendizagem, que é um sistema que integra perfeitamente as melhores tecnologias para os problemas que elas querem resolver.

Há outras vantagens na adoção de uma filosofia de ecossistema de aprendizagem. Por exemplo, se você estiver usando uma plataforma de conteúdo em vídeo e integrá-la ao ecossistema, mas posteriormente descobrir que outra plataforma de vídeo atende melhor às suas necessidades, poderá trocá-la facilmente. Não ficará limitado aos componentes do ecossistema — ele estará sempre evoluindo conforme a tecnologia evoluir.

Muitas tecnologias inovadoras do mercado estão mudando as regras quando se trata de ajudar os funcionários a imaginar seus objetivos de carreira, criar e disseminar conteúdo, descobrir e consumir informações, e rastrear habilidades e aprendizagem. Há algo mais que é único nas diversas tecnologias de aprendizagem avançadas e inovadoras que estão surgindo: quase sempre, as soluções são criadas por pessoas que querem fazer a diferença e cuja missão é dimensionar a tecnologia para ajudar os envolvidos a aprender de maneiras exclusivas e empolgantes.

Vários dos fundadores de empresas de tecnologia da educação, como os descritos neste capítulo, não criaram uma solução tecnológica só para ganhar dinheiro. Criaram-na porque ansiavam por resolver um problema empresarial específico e identificaram uma necessidade que poderiam atender — além de participar da mudança na maneira como as pessoas aprendem.

Como Criar Seu Ecossistema de Tecnologia da Aprendizagem

Há muito tempo as empresas se apegam ao *status quo*, mesmo quando não funciona mais. Porém, há um equilíbrio. Não queremos mudar as tecnologias constantemente, nem comprar tecnologias para problemas que não estejamos tentando resolver. Aqui estão algumas maneiras de ser bem-sucedido com a tecnologia certa:

1. **Primeiro, crie sua estratégia de aprendizagem e de como atrair talentos.** Parece óbvio, mas planeje o que deseja fazer, qual será sua estratégia e que problemas empresariais quer resolver antes de comprar tecnologia para dar suporte à estratégia.
2. **Faça pesquisa.** Há muita informação útil sobre as tecnologias que existem para resolver problemas específicos, logo, mantenha-se atualizado sobre o que há de novo. Alguns recursos que ajudam são a *Harvard Business Review* e a *Fast Company* (conteúdos em inglês).

3. **Invista mais em adaptabilidade do que em eficiência.** Esqueça a fantasia de um sistema integrado que faça tudo no mesmo aplicativo simples e perfeito. Parece familiar, soa seguro e seria eficiente. Mas confinar todos os seus processos, conteúdos e usuários em um sistema monolítico não o ajudará a se adaptar quando os requisitos e prioridades evoluírem ou surgirem opções novas e melhores. E elas surgirão.

4. **Concentre-se no valor e não no preço.** Não olhe só o preço na etiqueta. De acordo com uma pesquisa do Fosway Group, taxas de licenciamento compõem 35% do custo total de se "possuir" um software. Grande parte da despesa vem depois da assinatura, quando você implementa, opera e inova. Portanto, pesquise mais. Considere ganhos de produtividade, pense em novas possibilidades e analise o tempo e o trabalho necessários para conduzir a adoção e a utilização.

5. **Selecione um parceiro e não um software.** Vá além do vendedor. Não importa se a interface de usuário é adequada ou se a integração é mais fácil, o software não transformará suas operações ou fará a mudança ser aceita. As pessoas o farão. Inovar exige visão, criatividade e coragem, mas também requer solução de problemas. Logo, conheça o produto, assim como as pessoas da engenharia e do atendimento ao cliente com as quais trabalhará. O sucesso também depende de sua flexibilidade, experiência e habilidades.

Quando Susie McNamara, antiga líder de desenvolvimento de talentos da General Mills, avalia novas tecnologias de aprendizagem, ela não examina apenas a tecnologia. "Olho não só o que a tecnologia faz e a experiência que está criando", diz ela, "penso no pacote inteiro. O que terei quando a comprar? Terei uma equipe de curadores? Terei uma equipe de marketing? Muitas vezes, essas respostas me guiaram em minhas decisões. Não estou só comprando uma tecnologia ou produto. Estou comprando toda uma equipe de pessoas. Vejo-as como uma extensão de minha equipe".[21]

CAPÍTULO SETE

Analise as Habilidades com Dados e Insights

RECENTEMENTE, KELLY TEVE uma conversa com o chefe de vendas de uma das maiores empresas de tecnologia do Vale do Silício. Ele queria saber o que seus vendedores estavam aprendendo, as habilidades que tinham e o que precisavam fazer para fechar mais negócios. O que queria na verdade era que os vendedores cumprissem sua cota para que ele batesse sua meta. Seu objetivo era ajudar a empresa a ser bem-sucedida e tirar o máximo de sua equipe. Também queria fazer sua área progredir e entender de quais habilidades e aprendizagem os vendedores precisariam no futuro para continuar a atingir suas metas.

Quando ele pediu ajuda à equipe com seus desafios e indagações, recebeu um inacreditável relatório de 50 páginas com cálculos de retorno sobre o investimento (ROI) dos programas de aprendizagem — de dolorosa leitura. Frustrado, jogou o relatório no lixo. Não lhe informava o que ele queria saber. Líderes empresariais e CEOs enfrentam esse problema o tempo todo: não obtêm as informações de que precisam sobre como a aprendizagem torna as equipes mais bem-sucedidas.

Talvez você já tenha estado na posição desse líder de vendas e tenha recebido cálculos complexos mostrando a correlação entre treinamento e resultados empresariais. O mais provável é que tenha respondido a pesquisas — normalmente chamadas de "fichas de avaliação" — que perguntam se gostou de um treinamento específico, mas que informam apenas se as pessoas gostaram do instrutor ou da experiência em um evento. A métrica mais comum e inútil é totalizar o número de horas e de pessoas presentes em uma aula, o que não diz nada. Pense bem: se alguém lhe disser que 36 de seus vendedores concluíram um curso de ética online e 45 tiveram uma aula sobre metodologia de vendas, o que você fará com essas informações? Os dados não fornecem nenhum insight importante, mas são os que a maioria dos líderes recebe nas empresas. Eles não contam a história que os líderes empresariais e CEOs precisam ouvir. Parte do problema é que, em geral, não conhecemos as lacunas de habilidades dos funcionários e é difícil medir o que as pessoas aprendem. Também é quase impossível relacionar a aprendizagem e o sucesso da empresa. Os líderes não têm nem mesmo um parâmetro para conhecer as habilidades de suas equipes e, até o momento, nada lhes foi esclarecido. Mas as coisas estão mudando.

Como David sempre diz: "O mercado quer falar a língua das habilidades, mas até agora não tínhamos uma boa maneira de fazer isso." Com a ajuda de dados e análise, podemos conhecer as habilidades atuais de nossos funcionários e as que eles estão construindo. Os dados também podem informar o nível de engajamento na aprendizagem, como tomar as melhores decisões de investimento nesse sentido e como ela pode impactar a empresa de maneiras significativas. Graças à personalização e à tecnologia, agora podemos acessar uma enorme quantidade de dados relacionados a como e ao que as pessoas aprendem e a como isso afeta seu trabalho. Se analisarmos os dados, podemos ter insights e usar a análise preditiva para olhar para a frente em vez de para trás.

Os dados podem responder algumas das perguntas cruciais que os líderes fazem sobre treinamento, como:

- Deveríamos gastar tanto para treinar nossos funcionários?
- Está fazendo diferença?
- Valeu o investimento?
- O que os funcionários estão aprendendo em seu tempo livre e no trabalho que não estamos acompanhando?

Em nossa pesquisa na Degreed, descobrimos que, entre 150 empresas e mais de três milhões de usuários, 68% do conteúdo que as pessoas consumiam não vinha do sistema de gerenciamento de aprendizagem ou de outras fontes da empresa. Vinham da aprendizagem autodirigida dos funcionários de todos os conteúdos gratuitos e informais que estão disponíveis. Há mais de duas décadas, Peter Senge escreveu em seu livro *A Quinta Disciplina*: "A única vantagem competitiva sustentável é a empresa aprender mais rápido do que a concorrência."[1] Embora isso ainda seja verdade, os dados que usamos para mostrar como, o que e quando nossos funcionários aprendem são melhores do que nunca. Se todos os líderes tivessem esses dados ao seu alcance, poderiam tomar decisões de investimento diferentes relativas à aprendizagem para seus funcionários.

Aprendizagem Corporativa como Negócio

Para entendermos melhor o valor dos dados para as estratégias de aprendizagem, é importante examinar o que algumas das empresas mais bem-sucedidas pensam sobre aprendizagem corporativa. Já que é vista como um centro de custos, em vez de uma função geradora de receitas, normalmente torna-se mais reativa do que estratégica. Por exemplo, um líder empresarial solicita um programa de treinamento em viés consciente, outro quer um em desenvolvimento ágil e talvez um terceiro solicite um em integração. Portanto, temos três programas de aprendizagem diferentes, mas nenhuma estratégia maior para abranger o que a empresa está tentando fazer. Um líder forte de aprendizagem que entenda a empresa pode desenvolver uma estratégia geral baseada em dados de várias fontes e mostrar como a aprendizagem impacta a empresa e os funcionários de maneiras significativas.

Muitos líderes de aprendizagem de sucesso não começam na área do ensino. Vêm do marketing, desenvolvimento de produtos, gestão de produto, tecnologia e estratégia corporativa. Eles podem aproveitar sua experiência empresarial para abordar a aprendizagem como um negócio, em vez de uma função de suporte ou serviço, e aplicar os princípios da empresa para torná-la uma vantagem estratégica competitiva.

Janice Burns, diretora de aprendizagem na Mastercard, é um bom exemplo de líder de aprendizagem de sucesso que vem de um contexto empresarial. Antes de ir para a área de aprendizagem, ela passou algum tempo nas áreas de produto, marketing e satisfação do cliente da Mastercard. Da mesma forma, Heather Kirkby saiu de funções-chave da gestão de produto e do marketing na Intuit para se tornar vice-presidente de desenvolvimento de talentos. Beth Galetti, vice-presidente sênior de RH, era diretora de TI na FedEx antes de assumir o RH e a área de aprendizagem da Amazon. Para concluir, Tim Quinlan, da Intel, trabalhou em vendas, marketing e tecnologia antes de liderar a estratégia de aprendizagem digital da empresa.

Susie Lee,[2] chefe de soluções empresariais globais da Degreed, é outra líder que começou nos negócios antes de passar para a aprendizagem. Em 2010, Lee migrou internamente de sua função no Bank of America como vice-presidente de desenvolvimento de produtos e marketing de lealdade para vice-presidente sênior de gestão e implantações globais de produtos de aprendizagem.

Quando Lee entrou para a aprendizagem corporativa, a área era direcionada a processos e fechamento de pedidos, muito reativa e baseada em eventos. Não era fácil obter dados. Sem bons dados, era impossível analisar o que estava ou não funcionando, ou mesmo determinar o tipo de métrica a ser avaliada.

Ela notou que aplicando os princípios de marketing e métricas à aprendizagem corporativa, podia ter conversas significativas com líderes empresariais sobre os padrões de aprendizagem dos funcionários.

Lee acha que uma das coisas mais inteligentes que as empresas podem fazer é olhar a aprendizagem corporativa mais holisticamente e pensar nela como um negócio. Resumindo, significa entender seus clientes. Mas quem são os clientes da aprendizagem em uma empresa? As áreas de aprendizagem acham que seus clientes são os executivos que estão pedindo o treinamento para suas equipes. Ou que estão na área de RH, já que eles também solicitam programas de treinamento, supondo que sabem o que é melhor para os funcionários. Mas, no fim das contas (e é aí que a mudança no mindset é importante), os clientes são seus funcionários. São eles que estão aprendendo. É por isso que é tão importante examinar dados de aprendizagem que lhe deem insights sobre as habilidades que seus funcionários têm e o treinamento de que precisam para conseguir as habilidades que faltam. Logo, não se trata de adivinhar; trata-se de mostrar com dados o que os funcionários precisam. Isso também ocorre em empresas em que os engenheiros acham que sabem o que o cliente quer, mas na verdade nunca falaram com nenhum deles. Na aprendizagem, é preciso examinar dados dos funcionários para que você saiba onde a empresa está sendo bem-sucedida ou onde é preciso fazer mudanças.

Quando os programas ou as tecnologias de aprendizagem são vistos como produtos em vez de eventos, então as métricas de estratégia, o marketing e o sucesso tornam-se naturais. De acordo com Lee, você pode usar dados em camadas: primeiro, examine métricas e dados no nível do produto, depois no nível do programa e então no nível do curso. Uma vez que você tiver dados nesses níveis, poderá usar estratégias de medição qualitativa e quantitativa para obter insights que lhe permitam identificar e mudar o que está ocorrendo na empresa e voltar-se mais para resultados.[3]

Por exemplo, digamos que você tivesse várias bibliotecas de conteúdo em seu ecossistema de aprendizagem e descobrisse pelos dados que ninguém está acessando ou usando uma biblioteca específica — que custa para a empresa cerca de US$300 mil por ano. Com essa informação, você poderia desistir do produto de aprendizagem, investir em conteúdo diferente ou economizar de um modo geral.

Em outro exemplo, digamos que a empresa desenvolvesse um programa de aprendizagem para a construção de habilidades de gestão, mas a pesquisa ou os dados qualitativos e quantitativos mostrassem que ele não está sendo eficaz. Como na venda de um produto, você pediria feedback aos clientes e faria alterações conforme o informado para obter os resultados desejados. Como ponto de dados, o feedback fornece insights valiosos para as empresas e indica o que precisa mudar e para onde o negócio deve apontar para motivar e alterar o comportamento dos funcionários.

Lee acrescentou: "Com frequência, projetos tecnológicos internos, quando não gerenciados como um produto ou vistos como um negócio, são influenciados pelas opiniões das pessoas em vez de pela realidade." Por exemplo, em uma grande corporação havia uma iniciativa para o investimento na atualização de vários sites de aprendizagem do SharePoint quando os dados indicassem que o uso estava baixo. "Com base nos dados, seria uma decisão empresarial muito simples a de não gastar o dinheiro — os sites não estão sendo usados, então não invista em sua recriação."[4]

Medindo o que Importa com o Modelo de Análise de Aprendizagem

Como Lee descobriu, os insights sobre os dados permitiram que ela tivesse conversas relevantes com os líderes sobre o impacto da aprendizagem dos funcionários. As empresas mais inteligentes tiveram êxito usando dados e insights para exibir um histórico real. Muitas aplicam os princípios do modelo de análise de aprendizagem (Learning Analytics Model — LAM) para obter informações. Esse modelo mostra como:

- Coletar os dados de aprendizagem certos.
- Analisar os dados para obter insights poderosos.
- Conhecer o histórico da aprendizagem na empresa para ganhar vantagem competitiva.
- Fornecer resultados úteis com o uso dos dados.

O modelo fornece resultados empresariais baseados em insights, o que pode levar a ações ou recomendações de mudança ou desenvolvimento adicional do processo de aprendizagem.

Após coletar todos os dados de aprendizagem relevantes, é hora de analisar. O objetivo dessa análise é ajudar a descobrir o que eles significam e obter as respostas procuradas. Analisar dados é parte ciência e parte arte e é uma das habilidades mais desejadas nas empresas, tendo crescido mais de 650% desde 2012.[5] Será cada vez mais importante para qualquer pessoa que queira progredir.

Os dados podem ser coletados em vários níveis para contar uma história de aprendizagem completa. Por exemplo, você pode coletá-los no nível industrial, no nível empresarial, no nível organizacional e no nível individual (funcionário). Há muitos dados em cada um desses níveis que você pode usar para ajudar a contar a história da aprendizagem:

Nível industrial

Quais as habilidades mais necessárias na indústria? Quais as habilidades de nossos competidores e como nos igualar? Colete dados em avaliações do segmento da indústria e relatórios de análise. Por exemplo, digamos que você seja de uma empresa de cibersegurança em crescimento e veja no relatório da Cybersecurity Ventures que há alta demanda de empregos e são previstos 3,5 milhões de cargos vagos até 2021. Isso alimentaria sua estratégia empresarial e preveria a disputa de talentos no futuro.

Nível empresarial

Quais os impulsionadores e métricas estratégicos mais importantes? Digamos que as solicitações de seus clientes por informações baseadas em insights de dados estivessem crescendo. Para continuar competitivo, a partir dessa informação, você investiria em especialistas, planejando contratar ou desenvolver 5 mil cientistas de dados nos próximos cinco anos.

Nível organizacional/da equipe

Que habilidades seus funcionários têm e de quais precisam para serem competitivos? Colete dados em avaliações (autoavaliações, avaliações 360º, avaliações de pares e de gerentes), feedbacks, objetivos do aprendizado, aprendizagem adaptativa e voz do cliente. Por exemplo, suponhamos que você liderasse uma equipe de gestão de produto e descobrisse por autoavaliações e avaliações de gerentes que a priorização é uma habilidade crítica para gerentes de produtos. Se alguns membros da equipe não forem fortes nessa habilidade e você achar importante, poderá dar feedback aos funcionários para que se dediquem a ela como objetivo de aprendizagem.

Nível individual

Como e o que seus funcionários estão aprendendo? Que habilidades têm e quais precisam construir? Colete dados de aprendizagem formal e informal e de lacunas de habilidades através de estudos, pesquisas, análises de plataformas de tecnologia da aprendizagem, Google Analytics, dados de aprendizagem de máquina e voz do cliente. Saber o que as pessoas estão aprendendo e que habilidades estão construindo é muito poderoso. Na Degreed, rastreamos esses dados regularmente usando nosso próprio produto para ver que habilidades temos dentro da empresa. Quando há uma vaga interna que as inclui, sabemos quem ficará interessado porque temos os dados. Os funcionários ficam empolgados quando veem oportunidades associadas aos novos conhecimentos e habilidades que estão construindo.

Analise Dados: Nível Industrial

No nível industrial, podemos examinar dados de algumas maneiras diferentes. Vejamos como exemplo o relatório *O futuro do trabalho*, do Fórum Econômico Mundial de 2018,[6] que exibe dados de obsolescência de habilidades por país e por indústria. Ele afirma que 35% das habilidades básicas serão eliminadas da força de trabalho entre 2015 e 2020, como mostra a Figura 7.1, e 210 milhões de pessoas mudarão de função até 2030.

Figura 7.1[7] Relatório *O futuro do trabalho*, Fórum Econômico Mundial de 2018

OBSOLESCÊNCIA DE HABILIDADES

MÉDIA

35%
das principais habilidades vão mudar entre 2015 e 2020

DISRUPÇÃO POR INDÚSTRIA

43% Serviços Financeiros e Investimento
42% Básico e Infraestrutura
39% Mobilidade

35% Tec. da Informação e Comunicação
33% Serviços Profissionais
30% Energia
30% Consumidor
29% Saúde
27% Mídia, Entretenimento e Informação

DISRUPÇÃO POR PAÍS

48% Itália
42% Índia
41% China
41% Turquia
39% África do Sul
39% Alemanha
38% França
37% México

OBSOLESCÊNCIA MÉDIA

31% Brasil
29% Estados Unidos
28% Reino Unido
27% Austrália
25% Japão
21% Conselho de Cooperação do Golfo
19% ASEAN

Mas como você pode analisar esses dados relacionando-os aos seus? Primeiro, examine o que está ocorrendo em empresas semelhantes no seu segmento da indústria e então verifique os dados geográficos. Por exemplo, se você for da indústria de serviços financeiros na Itália, os dados mostram 43% de obsolescência das habilidades em seu segmento e 48% em seu país. São dois pontos de dados importantes para incluir em sua análise de como a empresa está em termos de habilidades.

De acordo com Maksim Ovsyannikov, antigo vice-presidente de produto da Degreed, "Além das habilidades estarem se tornando moeda de troca na aprendizagem, são um indicador econômico e a língua falada na análise da força de trabalho".[8] A Figura 7.2 ilustra o contraste entre as habilidades mais numerosas e as mais escassas na Baía de São Francisco.

Figura 7.2[9] Habilidades mais numerosas e mais escassas na Baía de São Francisco

Janeiro de 2018 HABILIDADES MAIS NUMEROSAS NA BAÍA DE SÃO FRANCISCO	Janeiro de 2018 HABILIDADES MAIS ESCASSAS NA BAÍA DE SÃO FRANCISCO
1. Perl/Python/Ruby	1. Gestão de assistência médica
2. Computação em nuvem e distribuída	2. Vendas
3. Design de circuito integrado	3. Educação e ensino
4. C/C++	4. Compra e gestão de contratos
5. Desenvolvimento de dispositivos móveis	5. Sistemas Microsoft Windows
6. Outras habilidades de desenvolvimento de software	6. Operações de lojas varejistas
7. Desenvolvimento Java	7. Infraestrutura de TI e gestão de sistemas
8. Linguagens de script	8. Finanças gerais
9. Programação web	9. Gestão de eventos de marketing
10. Teste de software e usuário	10. Outras funções de RH

Os dados da Figura 7.2, provenientes do LinkedIn, mostram que há muitos desenvolvedores de software em São Francisco e que as 10 principais habilidades estão relacionadas à tecnologia. Em seguida, se examinarmos as lacunas de habilidades, os dados mostram que precisamos de mais pessoas com habilidades nas áreas de assistência médica e vendas, assim como em educação e marketing. Logo, se você for um empregador, deduzirá que vai ser mais difícil recrutar pessoas com as habilidades mais escassas. Se for empregado, ficará empolgado ao ver que, se aprender habilidades de gestão de eventos de marketing, há oportunidades de emprego em São Francisco. Basicamente, o objetivo é coletar o máximo de dados possíveis de várias fontes para identificar padrões em sua empresa.

Analise Dados: Nível Empresarial

Na análise no nível empresarial, é útil ter uma noção de como a aprendizagem está afetando a empresa como um todo. Métricas como produtividade, eficácia no trabalho e progresso interno na carreira fornecem uma visão mais clara de como a aprendizagem a está afetando. Se um dos objetivos da empresa for tornar a aprendizagem uma vantagem competitiva pela atração de novos talentos ou a retenção dos que já existem, esses dados ajudarão a exibir um histórico útil.

Em agosto de 2017, Janice Burns,[10] diretora de aprendizagem da Mastercard, conduziu um estudo de impacto envolvendo cerca de 1.000 funcionários para coletar dados para análise no nível empresarial. Os dados indicaram que usuários ativos da nova plataforma de aprendizagem da Mastercard estavam mais inclinados a dizer que eram mais produtivos (54%), mais eficazes em sua função ou cargo (51%) e investiam mais em crescimento na carreira (46%) do que não usuários. Burns também pôde deduzir dos dados que os usuários ativos tinham 33% mais chances de dizer que estavam engajados no trabalho e 80% de chances de dizer que eram mais colaborativos. Essas métricas refletem o progresso e o feedback diretamente dos aprendizes da Mastercard. É esse tipo de dado que pode ajudar a contar a história da aprendizagem no nível da empresa.

Novamente, esses dados levam a insights que são valiosos no desenvolvimento de uma estratégia geral de atração de talentos. Burns usa essas métricas continuamente para alimentar sua estratégia. É uma maneira ágil de responder a mudanças iniciadas por funcionários, já que lhe permite ajustar as táticas da estratégia.

Analise Dados: Nível Organizacional/da Equipe

A análise de dados no nível organizacional envolve procurar padrões entre funções profissionais semelhantes. O objetivo aqui é resumir o intervalo a dados que serão interessantes não só para a empresa, mas para os líderes de diferentes departamentos, como o chefe da engenharia ou de vendas. Por exemplo, na análise da área de engenharia, os dados ajudarão o líder a projetar uma estratégia de atração de engenheiros talentosos, que provavelmente será diferente da estratégia projetada para vendedores.

A Figura 7.3 mostra uma visão dos dados no nível organizacional para uma função específica, nesse caso, a de aprendizagem corporativa. Esses dados fornecem aos líderes de áreas de aprendizagem informações sobre os tipos de habilidades que os funcionários têm e as que precisam para o futuro.

O nível organizacional envolve examinar tendências e padrões como em um funil, começando com dados macro e estreitando o foco para a equipe ou o departamento. Por exemplo, no caso de equipes de aprendizagem, os dados poderiam mostrar que você tem muitos gerentes de projeto e designers instrucionais, mas poucos tecnólogos ou analistas de dados. Esses dados fornecem informações sobre as habilidades que a equipe tem e de quais precisa.

Quando aplicados a uma equipe de engenharia, os dados podem mostrar que 80% são desenvolvedores web e apenas 20% têm habilidades de desenvolvimento de dispositivos móveis. Se a estratégia da empresa for mudar para o desenvolvimento de dispositivos móveis, agora você terá dados lhe informando que a combinação deve mudar. Esse é um insight valioso para líderes empresariais que estejam planejando sua estratégia corporativa e de talentos para o futuro.

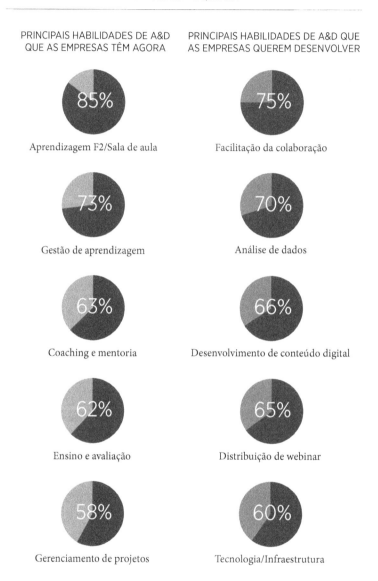

Figura 7.3[11] Principais habilidades de aprendizagem e desenvolvimento que as áreas têm e querem

No nível da equipe, é essencial saber as habilidades que os funcionários têm. É espantoso que a maioria dos líderes não saiba do que seus funcionários são capazes além do que foram contratados para fazer. Quando Kelly liderava a área de aprendizagem no LinkedIn, queria desenvolver uma marca para a empresa e projetar campanhas de marketing para seus produtos. Por acaso, uma pessoa em seu departamento, Nawal Fakhoury, era formada em relações públicas e tinha participado da criação de uma marca para produtos de aprendizagem na empresa anterior. Kelly só soube dessas habilidades em uma conversa, já que Nawal foi contratada para liderar o processo de integração no LinkedIn. Nesse caso, Nawal ficou empolgada para dar sugestões e emprestar suas habilidades e expertise para a equipe.

Se houvesse uma maneira adequada de conhecer todas as habilidades das pessoas da equipe ou departamento, seria muito mais fácil dar aos talentos novas oportunidades para crescer e se desenvolver.

Analise Dados: Nível Individual

Os dados do nível individual nos permitem ter uma visão clara do tipo de aprendizagem na qual os funcionários estão engajados. No passado, era possível ter uma noção apenas de uma fração do que estavam aprendendo. Graças às novas tecnologias, agora é mais fácil obter dados sobre aprendizagem de maneira formal e informal, dentro e fora da empresa. O objetivo dessa análise de dados é obter o histórico do tipo de conteúdo que está sendo consumido pelos funcionários e do que eles estão aprendendo.

Em 2017, a Degreed começou a trabalhar com o Laboratório de Propulsão a Jato (JPL) da NASA. O JPL é uma instalação de pesquisa nacional única que executa missões científicas robóticas no espaço e na Terra. De acordo com Tony Gagliardo, chefe de aprendizagem da empresa, é o JPL que envia astronautas para a lua e gerencia a Deep Space Network, um sistema de antenas mundial que se comunica com naves interplanetárias. Nele, encontramos algumas das tecnologias mais avançadas e mentes mais brilhantes do mundo, mas mesmo esses cientistas espaciais precisam estar sempre aprendendo. Gagliardo disse: "Reconhecemos que a mudança que nos levará ao futuro já está em andamento na tecnologia, nas habilidades e na população de funcionários, logo, também tivemos que alterar nossa estratégia de aprendizagem e nosso ecossistema de tecnologias."[12]

Eles queriam saber o que seus cientistas estavam aprendendo para continuar inovadores e atualizados nas últimas tecnologias. Logo, tinham que coletar dados significativos sobre o que seus funcionários estavam fazendo e descobrir maneiras de medir aprendizagem e habilidades.

Vejamos algumas respostas às perguntas do JPL. Primeira: *As pessoas estão aprendendo?* Um dos atributos mais importantes que as pessoas podem ter, não importa onde trabalhem, é a agilidade na aprendizagem e o desejo de aprender sempre. Quando estiver examinando dados que coletou, dedique um tempo ao nível de comprometimento com a aprendizagem. Consegue medir se os funcionários estão engajados em aprender? Eles estão acessando o conteúdo e os sistemas definidos para a aprendizagem? Se estão, com que frequência? A análise de dados baseada em usuários ativos semanais e mensais, ativações ou logins no sistema de aprendizagem é um modo de definir uma métrica de engajamento.

Segunda: *Como as pessoas estão aprendendo?* Indo a conferências, lendo livros ou recomendando conteúdo a colegas? Elas estão envolvidas em programas e projetos de aprendizagem em equipe? Esses insights podem ajudá-lo a saber onde fazer investimentos de aprendizagem inteligentes e onde executar mudanças. Por exemplo, se os dados informarem que todos os engenheiros estão aprendendo na biblioteca de conteúdos da Pluralsight, mas a empresa só oferece conteúdo da Lynda.com, você pode ter que mudar o portfólio de investimentos em aprendizagem. Ou pode descobrir que os funcionários estão aprendendo de fontes tão variadas que faz mais sentido alocar dinheiro por funcionário para que aprendam o que quiserem, e então monitorar. Dessa forma, poderá continuar coletando dados que o ajudem a saber como estão aprendendo.

As duas últimas perguntas são: *Que habilidades as pessoas têm?* e *De que habilidades precisam?* Saber que habilidades os funcionários têm versus de quais eles precisam é crucialmente importante para empresas que estejam analisando seus talentos. As empresas precisam saber se têm pessoas com as habilidades que as levarão para o futuro. Por exemplo, alguns anos atrás, na área de engenharia do Yahoo!, era difícil encontrar desenvolvedores de dispositivos móveis porque as empresas de tecnologia os contratavam em grande quantidade. Isso resultou em uma tentativa de desenvolver os engenheiros que eles já tinham, porque era difícil contratar. Se você pudesse prever o tipo de habilidades de que seus engenheiros precisarão no futuro, poderia ajudá-los a desenvolvê-las logo, em vez de competir por talentos com outras empresas depois.

Dados Errados Podem Ser Fatais

Mesmo com todos os dados à mão, temos que ter cuidado, já que exibir dados errados pode ser fatal. Em uma empresa de tecnologia na qual Kelly trabalhou, a equipe de RH foi a uma reunião com dados sobre os talentos que possuíam. O VP de engenharia disse imediatamente: "Esses números não estão certos para a minha área." Feito o comentário, outros executivos também questionaram os dados sobre suas áreas. Dani Johnson, antigo analista da Bersin by Deloitte, disse: "Os dados podem dar credibilidade ou acabar com ela. Temos que saber como os esforços [de aprendizagem] estão afetando o desempenho, lidar com isso e fazer adaptações se necessário. Se alguém falar sobre processamento de produtos ou rotatividade e estivermos falando de satisfação do aprendiz, não haverá entendimento."[13] Principalmente para líderes que se baseiam em dados, se alguém detectar erros nos dados exibidos, não conseguiremos contar a história que existe por trás deles, porque não serão confiáveis.

Janice Burns, diretora de aprendizagem na Mastercard, acredita que ainda estamos nos aperfeiçoando nessa área. Ela sugere que "podemos fazer algum progresso construindo um ecossistema de tecnologias robusto para integrar dados de aprendizagem fragmentados". Burns observa que alguns dos problemas da análise de dados ainda estão sendo descobertos e que as leis de privacidade e o fato de cada vez mais perguntas serem feitas sobre como usamos os dados podem ser um desafio.

Mas os dados serão importantes para o avanço. Burns disse: "Além de precisarmos de uma estratégia de aprendizagem, também precisamos de uma estratégia de dados e de tecnologia. E para produzir insights, precisamos de outros tipos de dados — não só dados de aprendizagem, mas dados de talentos e aquisição. O segredo é contar uma história e integrar tudo."

Contando a História da Aprendizagem em Sua Empresa

Por que ouvir a história da aprendizagem em sua empresa? Se está acostumado a ver relatórios de quem concluiu o treinamento de compliance em ética do último mês, sabe que eles são um tédio. Não podemos esperar que você se preocupe e, na verdade, as empresas só se preocupam com quem fez o treinamento quando são processadas.

Mas, se considerar a aprendizagem de forma diferente — como uma maneira de saber quem é mais competente para um projeto específico ou que membros da equipe estão aprendendo ativamente as novas habilidades necessárias que a empresa precisa —, ela será uma parte poderosa de sua estratégia empresarial e de talentos.

E o melhor é que, com a ajuda dos dados certos, você pode contar uma história de aprendizagem interessante em vez de fornecer apenas uma planilha com dados intermináveis. Histórias são uma ótima maneira de prender o público. Elas oferecem um veículo para a transmissão de mensagens impactantes. De acordo com a consultora em liderança Kristi Hedges: "As histórias nos entretêm. Elas nos transportam e permitem vivenciar de maneira empática e visual a experiência de outra pessoa." Além disso: "Histórias compartilhadas aceleram a conexão interpessoal. Aprender a contar histórias para chamar, direcionar e manter a atenção dos outros é uma habilidade-chave da liderança."[14] Contar histórias pode ser uma maneira atraente de mostrar a história da aprendizagem e compartilhar o que você acha do nível dos talentos de sua empresa.

CAPÍTULO OITO

Faça a Expertise Ter Valor

Se você perguntasse a alguém sobre sua saúde e a pessoa dissesse que correu uma maratona há 20 anos, o que pensaria? Da mesma forma, se alguém lhe falasse "conte-me sobre sua educação", o que responderia? Quase todos nós pensamos imediatamente em nossa educação formal — os diplomas ou certificados que conquistamos. Podemos mencionar a universidade, a faculdade ou a escola em que nos graduamos. Ou responder que não cursamos faculdade ou não a terminamos. Tenha você 20 anos ou 20 meses de carreira, responderá pelo viés da educação formal.

O que é um absurdo.

Sua resposta conta a história de todo o ensino que recebeu? Inclui todo o conhecimento e experiência — tanto formal quanto informal — que acumulou desde que se graduou?

Claro que não.

Não paramos de aprender ao sair da escola. Aprendemos durante toda a vida, aonde quer que formos. Mas quase sempre não estamos conscientes do que aprendemos e de como adquirimos conhecimentos. A aprendizagem ocorre organicamente: você aprende uma nova habilidade olhando o colega fazer uma apresentação ou porque leu um livro ou assistiu a um TED Talk. Na era da expertise competitiva, não importa como ganhamos expertise, mas sim que a ganhamos. O desafio que resta é fazer a expertise ter valor de formas relevantes e usá-la para proteger os empregos, avançar nas carreiras e mudar o mundo.

Estamos tentando nos adaptar ao que precisamos aprender. A rapidez tecnológica e científica superou a capacidade de adaptação dos humanos e da sociedade. Conforme os novos métodos tornam os antigos obsoletos, adaptar-se lentamente não é mais suficiente. O jornalista vencedor do Pulitzer e autor Thomas L. Friedman escreve sobre esse conceito em *Obrigado pelo atraso: um guia otimista para sobreviver em um mundo cada vez mais veloz*.[1] De acordo com ele, o sistema educacional está desatualizado: milhões de pessoas podem executar nossas funções e, portanto, precisamos nos engajar em um processo de aprendizagem vitalícia para adquirir mais expertise e prosperar no trabalho. Embora os países, governos, CEOs, líderes empresariais e funcionários estejam começando a sentir a velocidade dos avanços e da disrupção, já ficamos para trás.[2]

O problema é que atualmente o valor de nossas habilidades é determinado por um diploma universitário, em vez de pelo que sabemos ou podemos fazer. Nos Estados Unidos, cada vez mais pessoas têm diplomas universitários.[3] Hoje, 33,4% dos americanos têm diploma de bacharel ou superior, em comparação a apenas 4,6% em 1940.

E se alguém frequenta a universidade por apenas três anos e não obtém o diploma relativo aos quatro anos, é considerado como se não tivesse aprendido nada. Mesmo se obtiver o diploma de quatro anos, isso conta realmente a história do que a pessoa pode fazer? Representa todas as habilidades e expertise que uma pessoa conquistou em sua vida profissional? Lembremos da conversa de David com uma mulher que estava 30 anos atrasada em relação à idade na qual deveria ter ido à universidade. Quando ele lhe pediu, "Fale-me sobre seus estudos", ela não se considerava uma pessoa instruída por não ter um diploma formal. Isso é ridículo.

O fato é que, com ou sem diploma, muitos dos funcionários atuais estão ganhando habilidades e conhecimento o tempo todo. Além disso, querem quantificar de forma ativa suas habilidades. Por exemplo, uma pesquisa sobre habilidades e expertise conduzida pela plataforma de construção de equipes TeamFit[4] mostra que eles querem investir tempo e esforço em conhecer suas habilidades e potenciais para suas carreiras. A pesquisa também mostra que líderes e gerentes seniores querem conhecer as habilidades dos funcionários para designá-los para as funções certas ou, sobretudo, para colocá-los em uma posição que ajude a empresa na solução dos problemas mais críticos de seu segmento.

Habilidades para uma Nação

Saber entender a expertise competitiva holisticamente — as habilidades do país, da indústria, da empresa e as que você tem como pessoa — é a moeda de troca do futuro. O programa SkillsFuture[5] é um ótimo exemplo de iniciativa de abrangência nacional para enfatizar o valor das habilidades. Iniciada em 2015 pelo governo de Singapura, ela fornece a todos os cidadãos acesso a programas de treinamento para desenvolverem habilidades específicas. A missão do programa é criar um rico pool de talentos com as habilidades mais procuradas e oferecer uma plataforma em que os trabalhadores possam desenvolver e exibir sua expertise. Trabalhando em parceria com empregadores, sindicatos e conselhos, o governo age como provedor de educação e como agente para permitir que a mão de obra recém-capacitada encontre trabalho relacionado às suas habilidades.

O programa também inclui desenvolvimento de carreira e de habilidades para os setores de energia, engenharia, desenvolvimento de software e aeroespacial, serviços de alimentação, finanças e muitas outras áreas. O desenvolvimento e a medição das habilidades é o ingrediente secreto que libera a mobilidade da força de trabalho. Em 2017, mais de 285 mil pessoas se beneficiaram dos programas de Singapura.

Construindo Habilidades Relevantes para uma Empresa

Tradicionalmente, os CEOs dedicam muito tempo aos lucros e perdas da empresa. Cada vez mais, no entanto, eles estão se dedicando aos talentos e à educação, percebendo o impacto que causam à estratégia de negócios. Em um evento recente da revista *Fortune* para CEOs sobre a construção corporativa de marcas, dois tópicos-chave discutidos foram "Fechando a lacuna de habilidades: liberando a oportunidade com o desenvolvimento da força de trabalho" e "A nova preocupação do CEO: como a cultura corporativa conduz a inovação e o sucesso empresarial duradouro".

Os líderes estão abraçando a ideia de que é crucial ter uma estratégia baseada em habilidades e de que a cultura é parte integrante dela. A tendência que estamos vendo é que os CEOs mais avançados priorizem e se apropriem da aprendizagem como parte da estratégia. Eles estão falando publicamente sobre a importância da aprendizagem e da educação na força de trabalho, e para seus próprios funcionários. É um diferencial importante no recrutamento e na manutenção dos melhores talentos.

Mas como os CEOs estão lidando com a tarefa de construir habilidades relevantes para empresas e funcionários? Bill McDermott, CEO da SAP, acha que nunca é tarde para aprender. Ele considera a questão do ponto de vista da força de trabalho madura, bem como dos recém-formados que estão ingressando no mercado de trabalho agora. McDermott acha que a idade é irrelevante e nunca somos velhos (ou jovens) demais para desenvolver novas habilidades e aprender.[6]

Bill lembrou de uma história que ouviu do primeiro-ministro do Japão sobre uma senhora de 81 anos que desenvolveu um aplicativo quando estava em uma clínica de repouso e se saiu tão bem que ela começou seu próprio negócio. Ele acredita que "nunca é tarde para se reequipar, voltar a estudar e se dedicar a algo novo" e aplica essa crença aos funcionários da SAP, muitos dos quais participam da empresa desde o início e estão entre os mais importantes. McDermott diz que mesmo se você for um graduado novo, as habilidades técnicas ou de TI não são as mais relevantes. Ele acredita que habilidades sutis e inteligência emocional são essenciais. "É de empatia que precisamos. A ideia de estar à disposição para os outros é a maior forma de liderança." Ao recrutar novos talentos, a SAP primeiro procura na pessoa um desejo de aprender e uma propensão natural para fazer algo bem, depois tenta equiparar as habilidades práticas do candidato com as da oportunidade.

McDermott acredita fortemente no desenvolvimento de seus funcionários na SAP: "Começamos uma academia. Contratamos a nós mesmos, treinamos uns aos outros e construímos nossas próprias habilidades." O que se destaca na liderança de McDermott ao ajudar funcionários a construir habilidades é que na maioria das empresas o treinamento é sempre o primeiro item do orçamento a ser cortado. Mas, na SAP, McDermott diz: "O único item do orçamento que nenhum gerente pode cortar é o treinamento, porque acreditamos que educação é a chave para tudo." Os funcionários ouvirem seu CEO dizer isso é poderoso e muda o jogo.

A Boeing também está apostando alto na aprendizagem dos funcionários. Esse ano, anunciaram que estão investindo US$100 milhões na sua aprendizagem e habilidades. Eles adotaram uma abordagem interessante para a iniciativa e coletaram mais de 40 mil ideias de seus funcionários no mundo todo. Os funcionários disseram que queriam uma aprendizagem que fosse acessível para todos e que pessoas de diversos níveis precisavam construir habilidades para o futuro.[7]

De acordo com Heidi Capozzi, vice-presidente sênior da Boeing, "ouvimos e lemos cada ideia que foi enviada. Nossos planos de longo prazo representam um investimento inicial no futuro dos funcionários e na força de trabalho técnica do amanhã". A Boeing realizará programas que ajudem os funcionários a crescer e construir habilidades técnicas, entender as tendências da indústria e conhecer novas ferramentas e tecnologias.[8]

A empresa planeja lançar vários programas de desenvolvimento da força de trabalho e está se associando à Degreed para dar acesso à aprendizagem e educação, cursos de certificação e programas universitários online. Como um facilitador de suas estratégias de crescimento, primeiro eles oferecerão um programa dedicado ao letramento digital. É impressionante o número de iniciativas de crescimento educacional e profissional que a Boeing oferece, inclusive estágios, treinamento em campo, programas rotativos, mentoria formais e treinamento em liderança — o investimento de US$100 milhões vai além desses programas que eles já oferecem.

Se você acha que estratégias empresariais para a construção de habilidades são apenas para CEOs de empresas de tecnologia, reavalie. Drew Greenblatt é CEO da empresa de manufatura Marlin Steel Wire Products e conheceu o poder de ter o máximo de funcionários treinados no máximo de habilidades durante anos. Isso deu à sua empresa a flexibilidade necessária para responder às mudanças constantes no trabalho e no mundo. Ele transformou a empresa de criadora de cestos de arame para padarias em uma fabricante em rápido crescimento especializada em produtos de metal de precisão, usados por companhias automotivas como a Toyota e fornecedores multinacionais da área de defesa, como a BAE.[9]

Greenblatt fez um alto investimento nas habilidades dos funcionários da linha de frente, dando-lhes ferramentas, treinamento e incentivos para ajudá-los a conquistar um sólido status de classe média. Em vez de competir em preço, baixando salários e oferecendo menos benefícios, ele valoriza seu pessoal, investe em suas habilidades, motiva-os e os recompensa com base nas novas habilidades que aprenderam e na maestria que desenvolveram nelas. O que recebe em troca são funcionários leais que estão aprendendo como operar roteadores controlados por computador, prensas e robôs responsáveis por algumas das tarefas automatizadas.

Greenblatt está à frente de seu tempo. Enquanto algumas empresas estão apenas começando a pensar em como os humanos e as máquinas coexistirão na força de trabalho, ele faz isso há anos. Sua abordagem avançada de investir em seu pessoal, na verdade, não é nova. De acordo com Steven Pearlstein, que entrevistou Greenblatt recentemente, os princípios que ele segue vêm de livros de negócios publicados décadas atrás. Mas, por alguma razão, as empresas esqueceram-se de alguns importantes princípios de gestão empresarial. A filosofia de Greenblatt é "eles se saem bem; nós nos saímos bem; nós nos saímos bem, eles se saem bem. Esse é o acordo".[10]

Pessoas Capacitando-se e Recapacitando-se

É claro que nem todo mundo precisa trabalhar para uma grande empresa para adquirir as habilidades de que precisa. Veja Mikel Blake,[11] por exemplo. Blake cresceu em uma cultura muito tradicional em Utah. Ela graduou-se na Brigham Young University (BYU) em 2006, com um diploma em Relações Internacionais. Conheceu seu marido, David, cofundador da Degreed, na faculdade, e eles decidiram se casar e formar uma família. Enquanto Blake estudava para o LSAT [teste de admissão na pósgraduação em Direito nos EUA], David era entrevistado em firmas de consultoria por todo o país. David conseguiu um emprego de consultoria em gestão em Dallas, então Blake resolveu colocar o Direito em segundo plano e, após ter seu primeiro filho, ficou em casa para cuidar da família.

Alguns anos depois, uma nova oportunidade de emprego para David os levou de volta a Utah e para perto da BYU. Durante o verão, Blake, ainda sentindo um chamado vocacional, decidiu fazer um curso de ciência da computação. Um professor da BYU concordou em permitir que ela assistisse a aula durante o verão, o que fez aumentar seu interesse no assunto. Ela executou com entusiasmo todas as tarefas e deveres de casa e gostou muito da experiência, mas, na época, não avançou mais. Blake e David acabaram mudando-se para São Francisco com seus dois filhos pequenos.

Quase 10 anos após diplomar-se na BYU, Blake percebeu que queria continuar cuidando da família, mas também queria uma carreira — trabalhar e explorar seu potencial profissional. Mas o que isso significava? Dedicar-se ao curso de Direito? À Ciência da Computação? Ou ter um emprego de meio expediente para se manter ocupada? Depois de muita autoavaliação, resolveu que queria uma carreira. Porém, sentia-se em conflito entre trabalhar e ficar em casa, em suas tarefas maternas. Após pensar muito, chegou à conclusão de que toda a família se beneficiaria se ela se dedicasse às suas inclinações para encontrar uma carreira que a realizasse.

Em 2012, Blake descobriu a Codecademy, uma plataforma interativa online que fornece tutoriais e aulas gratuitos. Nessa plataforma, podia aprender a codificar à noite, após as crianças dormirem. Ela ficou outro ano sem codificar quando nasceu seu terceiro filho. Quando estava pronta para começar de novo, percebeu que, dada sua restrição de tempo, tinha ido até onde podia por conta própria e, novamente, entrou no universo online para se inspirar. Lá, deparou-se com um grupo baseado em São Francisco chamado MotherCoders, cuja missão era "ajudar mães a entrar em carreiras tecnológicas para prosperar na economia digital".[12] Esse programa ajudou Blake a se voltar para o mundo da tecnologia e para todas as diferentes opções disponíveis. Quando terminou o programa, ela sentiu-se incrivelmente motivada a continuar.

Blake acabou inscrevendo-se em um treinamento em campo de desenvolvimento em tempo integral chamado DevMountain. No decorrer de três meses de estudo, ela aprendeu a desenvolver softwares para se preparar para um emprego de codificação na área de tecnologia. No entanto, o curso não garantia um emprego ao terminar — afinal, foram apenas três meses; ela competiria não só com seus colegas do treinamento, mas também com pessoas que tinham graduação de quatro anos em Ciência da Computação.

Após o treinamento, Blake fez estágio por um ano, codificando projetos reais, o que provou ser uma experiência inestimável. Graças a seus mentores e aos vários projetos aos quais foi designada, ela descobriu à qual área de desenvolvimento de softwares queria se dedicar. Pouco tempo depois do estágio, foi contratada de forma terceirizada e depois conseguiu um emprego de tempo integral como desenvolvedora web.

A jornada profissional de Blake é inspiradora e relativamente atípica. Ela tomou um rumo pouco tradicional com muitos começos e paradas para desenvolver sua expertise e carreira como desenvolvedora web. Em seus anos de aprendizagem, Blake descobriu que podia ter uma carreira gratificante e cuidar da família. Também provou ser um ótimo modelo de construção de sua própria aprendizagem e carreira.

Práticas de Contratação: Das Tradicionais às Focadas em Habilidades

Seja para construir habilidades para os cidadãos de uma nação, ajudar os funcionários a construírem habilidades novas e emergentes dentro de uma empresa como a Boeing ou a SAP, ou se requalificar para procurar uma nova carreira como Mikel Blake, não é fácil falar sobre habilidades como moeda de troca porque não há uma língua-padrão quando falamos delas.

Isso ocorre porque as práticas de contratação comuns não veem as habilidades como chave para o recrutamento e construção de talentos internos e externos.

Por exemplo, digamos que você estivesse contratando para uma vaga aberta em sua empresa. Que parâmetros usaria para tomar uma decisão? Provavelmente se basearia somente nas qualificações da pessoa. Suponhamos que houvesse um grande pool de candidatos. Como o restringiria a apenas alguns? Que pessoa acabaria recebendo uma proposta?

É provável que você tenha tecnologia para selecionar currículos, cartas de apresentação ou perfis do LinkedIn usando certas palavras-chave ou frases. Essas ferramentas são projetadas para filtrar a massa de candidaturas online. Após a filtragem inicial, ficarão apenas algumas candidaturas, que talvez sejam examinadas por uma equipe ou pessoa interna, que então selecionará candidatos para entrevistas de triagem iniciais. Esse processo reduzirá os candidatos a três ou quatro. Um ou dois candidatos passarão pela série completa de entrevistas e, para concluir, uma proposta será feita.

Ao empregar pessoas, de dentro da empresa ou externamente, o que precisamos saber é: *Ela pode realizar o serviço? É boa nisso?* Em outras palavras, devemos avaliar sua competência pelo ponto de vista das habilidades, e não por características como a empresa para a qual trabalharam ou uma escola de prestígio que frequentaram. Habilidades são as coisas que sabemos fazer. Domínio é o nível de maestria. Ela sabe programar em Python? Consegue pensar criticamente? Fazer apresentações? Sabe analisar? Se sabe, em que nível? Qualquer tarefa que pedimos para alguém executar é um conjunto de habilidades individuais. As habilidades são os blocos de construção de uma atividade e os componentes básicos da empresa. Ao analisar talentos — internos e externos —, temos que examinar as habilidades que eles têm e até que nível as dominaram.

Em vez disso, tendemos a usar os substitutos de habilidades a seguir no mercado de trabalho:

Títulos dos cargos

O problema de usar os títulos dos cargos como sinais de expertise é que eles não são uma unanimidade. O significado por trás do título de um cargo varia muito entre empresas, segmentos da indústria ou regiões geográficas. Ao considerar títulos de cargos, pense nas habilidades que acha que um diretor tem mas um gerente não. São suposições corretas?

Credibilidade da universidade

A faculdade que uma pessoa frequentou gera uma certa expectativa — inteligência, talvez um conjunto específico de valores, um senso de perseverança. Também pode indicar o tipo de treinamento que ela recebeu. Mas decisões de contratação não podem ser baseadas na faculdade que alguém frequentou porque diz pouco sobre seu portfólio de habilidades atual.

Experiência contida no currículo

"Nossa, essa pessoa trabalhou no Google; deve ser ótima!" Bem, talvez, mas pode ser que não. A experiência contida no currículo não dá indicação do que as pessoas podem fazer e qual seu nível de maestria.

Referências

Referências de caráter são uma coisa boa, mas é importante não confundir referências positivas com habilidades. Uma referência pode ser ótima quando se trata de validar a ética ou a honestidade de um candidato, mas não é a melhor maneira de provar o nível de habilidades de planejamento financeiro e análise (FP&A) ou a capacidade de raciocínio crítico.

Habilidades de entrevista

As entrevistas são vitais para a contratação, mas não dizem tudo sobre um candidato. Algumas pessoas se saem bem nelas, mas perdem o brilho quando estão no emprego. Não confunda simpatia com competência.

Vestibular/ENEM

Acreditem ou não, algumas empresas ainda usam o histórico acadêmico ou notas em exames-padrão como sinais de expertise ou potencial. Essas notas nunca tiveram por objetivo sinalizar expertise e fazem parte dos substitutos do que realmente importa. Ou seja, só porque você tirou boas notas no teste não significa que possa desempenhar a função com sucesso.

Para resolver os problemas do mercado de trabalho desse cenário econômico, devemos falar a linguagem das habilidades e parar de nos preocupar com credibilidade, experiência, tempo de aprendizagem, capacidade de realizar testes, habilidades de entrevista ou outras coisas. A primeira etapa é pensar na empresa como seu próprio mercado de trabalho.

Sua Empresa É um Mercado de Trabalho

Embora no geral a empresa faça parte do mercado de trabalho, ela também é um microcosmo dele. Há um pool de funções, com vagas abertas para serem preenchidas, no qual você recruta, despede, promove, analisa e avalia seus talentos. O mercado de trabalho tem um lado da oferta e um da demanda. O lado da oferta é dos trabalhadores e dos que os preparam para o mercado, o que inclui estabelecimentos de ensino superior, associações profissionais, programas de aprendiz, treinamentos em campo, etc. O lado da demanda são as funções a serem desempenhadas para atingir os objetivos da empresa. Além das empresas, há agências, conselhos profissionais, recrutadores e pessoas influentes que combinam pessoas e oportunidades.

A sorte das empresas é o mercado ser integrado verticalmente — o processo é só nosso — e, portanto, podemos chegar a um nível de eficiência que o mercado de trabalho como um todo teria muita dificuldade para atingir.

Criar eficiência no mercado de trabalho da empresa gera muitos lucros se feito corretamente. Imagine os resultados que você obteria se conhecesse as habilidades que cada pessoa tem. Com que rapidez designaria recursos para resolver um problema? Quem são as pessoas mais qualificadas para entrar na força-tarefa da inovação? Onde sua empresa deveria desenvolver habilidades para preencher lacunas? Quem são as melhores pessoas para a função de VP? Com que eficiência os novos gerentes estão administrando? Em quanto reduziria os custos de recrutamento se contratasse considerando habilidades e não a experiência contida no currículo? Em quanto poderia melhorar a retenção dos funcionários? E que importância tem para sua empresa começar a levar a sério a avaliação de habilidades?

Três perguntas simples podem ajudá-lo a começar a falar a linguagem das habilidades:

1. Que habilidades temos?
2. De que habilidades precisamos?
3. O que poderíamos fazer se tivéssemos essas informações?

Se não consegue responder a essas perguntas, está operando com um mercado de trabalho interno ineficiente e confiando em sinais de habilidades mais opacos.

Habilidades como Moeda de Troca

O mercado de trabalho opera de maneira semelhante a qualquer outro mercado, usando moeda para converter valor relativo e torná-lo mais eficiente. Se as habilidades são a unidade de valor do mercado de trabalho, as credenciais profissionais são a moeda. E é aí que está o problema. Atualmente há tantos tipos de credenciais acadêmicas e profissionais que o mercado não consegue operar com elas eficientemente.

O mercado foi inundado por credenciais: designações profissionais de associações (por exemplo, CPA, PMI, CAN), microdiplomas, nanodiplomas, certificações específicas da empresa, open badges e, claro, o tradicional diploma universitário.

O problema dessas credenciais é que cada uma representa uma coisa para diferentes pessoas. Algumas medem a conclusão de cursos, outras o conhecimento; há as que medem o tempo gasto em algo, e outras não têm sentido. Mas se você estiver contratando ou promovendo, como se decidir entre uma certificação MSCE da Microsoft e um open badge HP Master ASE Storage Solutions Architect Level 2? Ou como avaliar um nanodiploma de um provedor de cursos online? Que habilidades essas credenciais representam? Representam habilidades ou conhecimento?

Poucas empresas estão avaliando talentos por habilidades, dependendo, em vez disso, de diplomas formais. Mais empresas precisam encontrar maneiras melhores das pessoas falarem das habilidades que conquistaram.

Hoje temos um mar de siglas. O que precisamos é de uma moeda única para medir qualquer habilidade em qualquer nível e dar para os trabalhadores, gerentes e recrutadores uma língua comum para interagirem.

Diplomas e Credenciais

Não precisa ser um problema do tipo "ou esse ou aquele" quando se trata de diplomas e credenciais. Os dois podem ter valor, mas só se você souber as habilidades que representam e puder analisar as diferenças financeiras. Salman Khan acredita que as credenciais de aprendizagem vão muito além do diploma tradicional, principalmente dado o custo das universidades da Ivy League. Khan disse: "Um aluno paga US$200 mil para obter um diploma, como compensar isso? A universidade pode compensar o custo com a qualidade do ensino ou com um excelente campus, mas eles não falam na experiência de aprendizagem; e os alunos podem argumentar que, no fim das contas, vale a pena gastar US$200 mil em quatro anos de suas vidas. Definitivamente há algo errado quando uma grande soma em dinheiro troca de mãos e o comprador e o vendedor compram e vendem duas coisas diferentes."

Se você pudesse ter uma educação em Harvard *ou* ter um diploma de Harvard, mas não ambos, o que escolheria?

Khan acredita que outro problema da educação formal tradicional é que ela não demonstra para os empregadores o que sabemos realmente. O currículo tradicional só mostra a experiência de aprendizagem até certo ponto. Parte dele pode ser inventada ou exagerada. É por isso que a Khan Academy quer encorajar seus participantes a criar portfólios que mostrem a extensão de suas capacidades. Os portfólios incluiriam vídeos de pessoas dando aulas e liderando um projeto, ou exibiriam relatórios de seus pares ou orientadores universitários falando como é trabalhar com elas. Essa abordagem holística é essencial para correspondermos ao que as universidades e empregadores estão procurando hoje. Como Khan disse: "Universidades e empregadores estão interessados no portfólio de trabalho, no que as outras pessoas acham do candidato, e têm certas expectativas básicas quanto ao domínio do conteúdo. Eles também querem saber de 'trivialidades' e se podemos mostrá-las atuando."[13]

As Habilidades Constroem Capacidade e Inteligência Coletiva

Se as habilidades são os blocos de construção do potencial de sua empresa, pense:

- No valor que poderia gerar se as conhecesse.
- Em como poderia aplicar todo esse conhecimento coletivo.
- No potencial que a empresa tem realmente.
- Na eficiência que sua empresa teria.

Por exemplo, Janice trabalhou no desenvolvimento de produtos para uma empresa de softwares por quase uma década e desenvolveu fortes habilidades de design de produtos em sua função. Periodicamente ela é chamada para importantes reuniões de vendas com clientes para demonstrar nuances do produto e descrever sua trajetória. Quando uma vaga interna é aberta em vendas e é preenchida por um candidato externo, Janice vai ao RH para expressar sua frustração por não ter sido informada da oportunidade ou ter a chance de ser entrevistada para a posição.

Ela expressa seu desejo de migrar para outras áreas além da de design de produtos e como teria apreciado a oportunidade de passar para vendas, principalmente por já ter uma boa reputação dentro da equipe.

Se essa situação ocorrer mais vezes para Janice, o resultado é previsível. Ela acabará saindo da empresa para encontrar uma oportunidade mais afinada com a trajetória profissional que deseja.

Em vez de perder funcionários valiosos como Janice, considere essa alternativa: digamos que você divulgasse uma vaga e gerasse um relatório para ver os candidatos mais qualificados com base nas habilidades mais próximas da vaga. Após ver o relatório, converse proativamente com os gerentes e informe-os que uma pessoa de sua equipe pode ser uma boa opção — antes de executar um processo de recrutamento interno.

Entreviste os candidatos para avaliar seus objetivos, visões e valores pessoais. Graças ao relatório de habilidades, você também pode usar a oportunidade para avaliar os níveis de interação da equipe. Após reunir-se com os candidatos de finanças, marketing, operações, vendas e produtos, você contrataria alguém do departamento de marketing com uma experiência e visão que criasse empatia e trouxesse nova dinâmica para a equipe de vendas. Já que o candidato conhece o histórico e o contexto da empresa, pegaria logo o ritmo. Outros candidatos que não foram selecionados aprenderiam que a empresa está querendo aproveitar profissionais internos de alto desempenho com habilidades específicas — algo que os motivaria a continuar a atuar em alto nível e desenvolver mais habilidades.

Cada pessoa de sua empresa tem um portfólio único de habilidades e nível de maestria. E, coletivamente, a empresa também possui um genoma de habilidades único. Até que você as meça, serão apenas bens intangíveis que não poderão ser gerenciados, usados, cultivados ou ampliados para melhorar, se adaptar, inovar ou competir no mercado global.

Medindo Habilidades

As empresas precisam definir padrões para criar um cenário completo de como estão medindo e desenvolvendo habilidades em funções específicas. Por exemplo, ao considerar a função de um especialista de implementações para clientes, elas poderiam fazer as seguintes perguntas: o que significa ser um especialista bem-sucedido? Que habilidades são necessárias para a função e que nível de maestria? Há várias abordagens e ferramentas disponíveis para ajudar as empresas a encontrarem as respostas para essas perguntas pelo mapeamento entre funções e habilidades. Na verdade, cada vez mais empresas estão adotando tecnologias de IA e aprendizado de máquina com bancos de dados relacionais para fazer recomendações com base em dados quase em tempo real de cargos e mercado de trabalho.

De acordo com a Lumina Foundation: "Muito tem se escrito sobre o impacto da tecnologia e se os robôs e a inteligência artificial suplantarão os humanos. Bem menos se diz sobre as oportunidades que avanços na tecnologia criarão para a construção de novos sistemas de credenciamento que possam capturar e validar todas as formas de aprendizagem."[14] A ideia de que podemos validar todas as formas de aprendizagem está se tornando disseminada, e esse é o objetivo.

Muitas empresas também estão definindo níveis de maestria para as habilidades que identificaram para cada função. A rubrica Connecting Credentials da Lumina Foundation é um guia popular de oito níveis aplicável a qualquer habilidade e serve como uma maneira útil de definir padrões e medir maestria. Uma vez que os padrões são definidos, podemos treinar com base neles e medir os resultados dos esforços.

A Telus International, uma global de telecomunicações, está usando a rubrica da Lumina construída na Degreed para medir as habilidades obtidas por 300 funcionários participantes de um programa de treinamento formal. Após o programa, que inclui uma combinação de várias modalidades de aprendizagem, conhecimento baseado em projetos, e feedback, todos passam por um processo que mede e certifica especificamente suas habilidades.

O benefício desse processo é duplo: as pessoas recebem certificações para as habilidades que ganharam e a empresa tem uma ideia melhor da eficácia do programa de treinamento e das habilidades adquiridas pela equipe. Os resultados são então avaliados em relação às funções de cada pessoa para mostrar em que nível ela atende as expectativas e necessidades da empresa. Conforme o programa continuar, a empresa poderá avaliar o desenvolvimento de habilidades com o tempo, o que resultará em um rico conjunto de dados fornecendo um genoma de habilidades mapeado ao qual poucos se equiparam.

Um número crescente de empresas como a Telus reconhece o valor gigantesco do desenvolvimento de habilidades para cargos e de uma atividade de medição sensata quando se trata de definir o sucesso no trabalho.

Quociente de Habilidades (SQ, Skills Quotient)

Após as habilidades serem medidas, você pode começar a se beneficiar das informações para criar uma dinâmica nova na empresa. Sugerimos o uso de um novo padrão que chamamos de Quociente de Habilidades, ou SQ (*Skills Quotient*, em inglês). O SQ calcula as habilidades que você tem divididas pelas que precisa adquirir (e o resultado é multiplicado por 100). Veja como calcular:

1. Selecione uma função de interesse.
2. Identifique as habilidades que são importantes para ela.
3. Identifique os níveis dessas habilidades esperados para a função.
4. Some os níveis das habilidades esperados para a função.
5. Meça seu próprio nível nessas habilidades.
6. Some seus níveis nas habilidades.
7. Divida as habilidades que tem pelas que precisa adquirir e multiplique por 100.

Por exemplo, digamos que você fosse um redator técnico em uma empresa de software. A empresa definiu nove habilidades críticas para você dominar, cada uma com um nível de maestria (usaremos a rubrica de oito níveis da Lumina Foundation), como ilustra a Tabela 8.1:

Tabela 8.1   Rubrica de oito níveis da Lumina Foundation

Habilidade	Nível de maestria	Nível de habilidade real verificado
Comunicações empresariais	5	4
Pesquisa	3	3
Gestão do tempo	4	3
Teste de software	3	4
Redação	7	6
Gestão de projeto	3	2
Edição	5	4
Aptidões em computação	6	4
Aptidões em comunicação	5	6 (Máximo desejado = 5)
TOTAIS	**41**	**35**

Nesse exemplo, seu SQ para a função de redator técnico na empresa é de 85 — calculado pela divisão das habilidades que possui (35) pelas que precisa adquirir (41) e multiplicado por 100. Você deve ter notado a observação em "Aptidões em comunicação" onde, no exemplo, suas habilidades excedem o nível de maestria desejado; nesses casos, o cálculo nunca ultrapassa o nível desejado.

Um SQ de 100 significa que você apresenta uma equivalência perfeita entre as habilidades da função e as que domina. É claro que uma pontuação igual a 0 significa que você não tem nenhuma das habilidades de uma função específica. Mas é bom mencionar que o SQ é contextual. Por exemplo, você pode ter um SQ igual a 0 para a função de microbiólogo, já que não possui as habilidades requeridas, mas isso não significa que não tenha nenhuma habilidade. O nível de habilidades vai depender muito do contexto em que elas forem aplicadas. Você não vai querer depender de habilidades que não pode usar — pergunte às pessoas com doutorados que dirigem táxis ou são bartenders ou às pessoas que perderam seus empregos para a automação.

O objetivo do SQ é duplo: o primeiro é medir o nível de habilidades que a pessoa tem para dar seu máximo, ou seja, medir todas as competências de um grupo de trabalhadores em relação ao trabalho a ser feito; e, o segundo, sinalizar as possíveis ameaças e oportunidades dentro da empresa. O primeiro sinaliza se você estará pronto, em curto prazo, para aplicar suas habilidades a qualquer iniciativa ou projeto. Uma pontuação igual a 100 significa que está pronto, igual a 120 significa que possui muitas habilidades que ainda não foram aplicadas e igual a 50 significa que há brechas em sua capacidade para satisfazer as demandas que já tem hoje.

O segundo objetivo do SQ é como um indicador importante de quanto seus trabalhadores estão engajados ou frustrados. Por exemplo, se você está em uma função que requer oito habilidades em um nível de maestria específico, e possui todas no nível certo (um SQ igual a 100), quais são as chances de estar altamente engajado em seu trabalho? Ou, inversamente, se estiver em uma função que demandar as mesmas habilidades mas só for proficiente em duas (um SQ, digamos, de 35). Provavelmente se frustrará e acabará falhando, desistindo ou sendo demitido. As pessoas querem crescer e ser desafiadas, mas precisam de base suficiente para ter sucesso e de um contexto satisfatório para chegar às respostas certas se trabalharem duro. Logo, embora uma pontuação de 100 possa parecer positiva para a empresa em curto prazo, também significa falta de crescimento individual, que terá efeito negativo em médio ou longo prazo.

Em vez disso, as empresas devem procurar o equilíbrio entre sua necessidade de ter uma reserva de pessoal adequada e a capacidade de gerar resultados empresariais e oportunidades de crescimento para as pessoas. Um SQ no intervalo 70–85 na maioria das empresas é ideal para a criação de equilíbrio e tensão. Essa pontuação permite intensidade suficiente para as pessoas terem êxito em suas funções ao mesmo tempo que dá oportunidades de crescimento nos níveis individual, de equipe, departamental e empresarial. Ou seja, esse intervalo de SQ permite que a empresa opere em nível adequado — o suficiente para progredir e desafiar as pessoas, mas não tanto para esgotá-las ou em um nível tão baixo que as frustre.

Também é bom mencionar os benefícios do SQ como função operacional. O SQ responde a perguntas como: *Que habilidades a pessoa tem?* e *Quais ela não tem?* Ele fornece os dados para tomarmos decisões baseadas em habilidades. O SQ pode ser usado para medir o crescimento:

- Do mercado de trabalho.
- Da indústria.
- Da empresa.
- Do departamento.
- Individual.

É algo que não era possível antes, mas, hoje, na era da expertise, o que poderia ser mais poderoso?

Como Usar o Quociente de Habilidades (SQ)

Esta seção contém vários estudos de caso hipotéticos de como as empresas podem usar o SQ de uma maneira prática para saber as habilidades que possuem e as que precisam adquirir.

Busca de Emprego

Um gerente experiente do varejo trabalha em uma empresa que cedeu à pressão de um grande varejista online. Uma vez que o segmento todo da indústria está contratando, não há empregos de gerente suficientes. O gerente recorre a uma agência de recolocação para fazer uma avaliação de habilidades abrangente e medir as que ele desenvolveu nos últimos 27 anos. A agência, então, calcula seu quociente de habilidades em relação a um amplo banco de dados de vagas abertas e recomenda que ele se candidate a vagas de quociente de habilidade acima de 70 com o salário inicial mais alto.

Recrutamento

Uma empresa de energia solar precisa contratar 200 instaladores de placas em vários estados, mas há milhares de candidatos. Já que a empresa é avançada, eles não querem excluir pessoas sem diploma universitário, mas precisam reduzir a lista a quem for mais qualificado. Para encontrar o mais adequado, direcionam cada candidato para um portal de avaliação que medirá seu nível em relação às habilidades necessárias para a função. A empresa de energia solar mede o quociente de habilidades de cada candidato e entrevista os que obtiveram o valor mais alto. Já que as pontuações de todos os candidatos são gravadas em um histórico, mesmo os que não conseguiram o emprego podem sair com uma prova de suas habilidades que os ajudará na busca por outro emprego.

Recrutamento Interno

Em uma empresa de tecnologia tradicional de 150 anos, um VP de vendas experiente decidiu aposentar-se sem um plano de sucessão. No entanto, recentemente a área de vendas fez um inventário de habilidades como parte de seu processo de desenvolvimento anual, em que cada membro classificou a si próprio de acordo com um conjunto de habilidades relevantes. Como primeira etapa, a empresa calcula o quociente de habilidades relatado por cada membro em relação à função de VP. Quem obtiver mais pontos passará por um rigoroso processo de certificação relativo às habilidades mais importantes para que seja verificado se as autoavaliações são verdadeiras e imparciais. Um dos profissionais com alta pontuação será selecionado para preencher a vaga e os outros receberão orientações de onde devem melhorar para estarem prontos para a próxima oportunidade.

Designação de Contratos

Uma grande firma de consultoria precisa de uma maneira melhor de designar funcionários com tempo disponível para contratos abertos. Já que essa é sua área, eles já avaliaram as habilidades que os funcionários têm associando o desenvolvimento voluntário de habilidades de alta demanda a bônus de incentivo significativos. Para melhorar o processo de designação, cada contrato é tratado como uma função, pela identificação junto aos interessados de qual é o tipo e os níveis de habilidades necessários para ela. Eles então calculam um quociente de habilidades para todos os funcionários disponíveis, procurando valores próximos de 100 a fim de oferecer satisfação máxima ao cliente.

Lista de Promoção

Um fabricante multinacional de produtos tenta promover os melhores profissionais, fazendo de tudo para assegurar que cada funcionário de alto potencial tenha oportunidades de crescimento em algum lugar do conjunto corporativo. Já que todos os profissionais de ponta passam por uma abrangente avaliação de habilidades e atualizam regularmente seu progresso, a empresa calcula o SQ de cada um em relação à sua função atual. Quem tiver um SQ acima de 90 é indicado para verificação imediata. Por quê? Porque provavelmente esses profissionais procurarão sua próxima oportunidade de crescimento em outro lugar se uma não lhes for ofertada na empresa.

Iniciativa de Requalificação

Uma empresa global de consultoria vê tendências emergentes na ciência de dados e decide fornecer profissionais que possam executar essas funções. No entanto, não há cientistas de dados suficientes para a contratação dos milhares necessários para atender a demanda dos clientes. Já que a empresa precisa conhecer as habilidades de seus funcionários para designá-los a contratos, eles têm um inventário de habilidades integrado ao processo de integração, com uma avaliação fazendo parte de seu plano de desenvolvimento de talentos. Com esses dados, a empresa calcula um quociente de habilidades para cada funcionário em relação à função de cientista de dados, identificando rapidamente quem poderiam desenvolver para preencher a lacuna.

Programa de Mentoria

Uma empresa de mídia social do Vale do Silício com estrutura matricial de tipo fraca decidiu promover a mentoria interna. Para cada funcionário, eles identificam a habilidade de maior deficit e o nível de habilidades esperado para sua função. Em seguida, identificam três pessoas do mesmo local com nível mais alto na habilidade e o maior excedente entre os níveis real e esperado. Esses orientadores e orientandos se encontram então para definir qual personalidade se enquadra melhor. Os orientandos progridem rapidamente com a aceleração do seu ritmo e os mentores ficam satisfeitos em usar uma habilidade subutilizada para ajudar alguém.

Inventário de Habilidades

Uma gigante de tecnologia da área de softwares quer identificar que treinamento de habilidades traria maior benefício para os funcionários. Como parte de uma iniciativa em toda a empresa, cada funcionário é solicitado a identificar suas cinco habilidades mais fortes e apontar seu nível atual nelas. Além disso, os gerentes são responsáveis por definir as habilidades esperadas e os níveis de habilidades necessários para cada função, para que esses requisitos possam ser incluídos na divulgação de vagas. Com essas informações, a empresa calcula as habilidades que as pessoas têm e divide o valor pelas habilidades necessárias. Em seguida, eles diminuem esses quocientes de 100 e multiplicam pelo número de pessoas que precisam de cada habilidade.

A classificação dos resultados do maior para o menor mostra rapidamente as habilidades específicas em que os funcionários poderiam ter treinamento adicional. A empresa, então, procura um grande agregador de conteúdo para essas habilidades, filtrando pelos níveis que mais precisam de melhorias, e usa conteúdos de alta qualidade que atendam várias de suas necessidades. Para as outras, eles utilizam especialistas internos de design de aprendizagem e seus próprios especialistas nas áreas para criar conteúdo personalizado, perfeito para suas necessidades empresariais.

Avaliação por Treinamento

A equipe executiva de um marketplace online selecionou a qualidade gerencial como sua principal iniciativa de desenvolvimento para 2020. Para melhorar o desempenho, eles decidiram que todos os gerentes passarão por programas de treinamento intensivos com um acompanhamento sendo feito durante todo o ano. No começo do ano, um grupo aleatório de gerentes passará por um processo de avaliação rigoroso que medirá seus níveis em cinco habilidades-chave. No fim do ano, eles repetiram esse processo, aplicando tudo que aprenderam. A empresa calculará seu quociente de habilidades médio no início e no fim do ano, mostrando o impacto real do programa de treinamento sobre a qualidade da gerência.

Programas de Diplomação

Uma prestigiosa universidade técnica identificou um conjunto crucial de habilidades e níveis de habilidades que todos os graduados de seu programa de mestrado em gestão da cadeia de suprimentos precisam ter. Para cumprir essa meta, os graduandos passam por um rigoroso processo de avaliação relativo a cada uma das habilidades críticas como parte do semestre anterior à graduação. As habilidades que apresentam os menores níveis reais em comparação com os esperados recebem atenção adicional, com projetos relevantes sendo incorporados a vários cursos básicos. Com o tempo, a universidade calcula o quociente de habilidades de cada graduando em relação ao conjunto de aptidões desejado para fazer o rastreamento à medida que a qualidade do programa melhora.

Resumo

Fazer a expertise ter valor na era da expertise competitiva está ganhando mais força em todos os setores — junto às universidades, empresas e pessoas. Todos querem uma maneira melhor de poder falar sobre o que sabemos e o que podemos fazer. Uma linguagem de habilidades comum ajudará a nos comunicarmos eficazmente para que os recrutadores possam triar melhor os candidatos e os gerentes possam contratar os talentos certos, para que os líderes possam designar os profissionais corretos para os locais certos e para que as pessoas tenham uma forma de impulsionar suas carreiras durante suas vidas.

CONCLUSÃO

O Futuro Já Está Aqui

IMAGINE VIVER EM um mundo em que as pessoas não precisem mais trabalhar, em que elas trabalhem porque querem. O trabalho é um hobby, e todas as necessidades da vida e de felicidade estão disponíveis porque o mundo é muito produtivo. Embora isso possa parecer ficção científica, Alan Walton acredita que a crescente sofisticação das máquinas acabará transformando essa visão em realidade.

Walton é um cientista de dados sênior que inventou e ajudou a construir um sistema híbrido homem-máquina que mede habilidades de qualquer área em todos os níveis de expertise. Ele está sempre aprendendo e construindo suas próprias habilidades e, nos últimos anos, se dedica à ciência de dados e ao aprendizado de máquina, o que o levou à área do aprendizado profundo, que enfoca redes sofisticadas: redes neurais profundas, redes de crenças profundas e redes neurais recorrentes. Essas redes são aplicadas a áreas como reconhecimento de voz, processamento de linguagem natural, reconhecimento de imagem e de áudio e visão computacional para citar algumas. Agora ele está estudando o aprendizado profundo para imaginar a força de trabalho daqui a 100 anos.

Walton enfatiza: "Precisamos de computadores que façam mais coisas que só os humanos fazem. E quando pensamos nas ferramentas que permitem que os computadores façam mais coisas, o aprendizado profundo é *a* ferramenta certa. Ela está expandindo muito o que os computadores podem fazer."[1]

Quando o aprendizado profundo é aplicado ao mundo real, gera resultados poderosos. Ele está por trás da tecnologia de reconhecimento de imagem do Facebook para a postagem de fotos, da tecnologia de tradução do Google[2], que traduz instantaneamente mais de 100 idiomas quase tão bem quanto os humanos, e dos poderosos algoritmos de aprendizagem de cibersegurança da Deep Instinct[3], que preveem e detectam ameaças a sistemas de computador.

O grupo de pesquisa em inteligência artificial do Google, o DeepMind, talvez seja o mais influente em superar os limites da inteligência artificial. Em 2017, um documentário premiado mostrou o sistema AlphaGo do DeepMind, que aprendeu o sofisticado e antigo jogo chinês "Go" tão bem que venceu o grão-mestre sul-coreano Lee Sedol, considerado em ordem de grandeza melhor do que qualquer outro jogador de Go do mundo. O jogo Go é uma simulação de guerra abstrata criado na China há 2.500 anos. É ao mesmo tempo simples e complexo; sua complexidade vem do fato das possibilidades de jogo serem quase intermináveis. Foram precisos 2.500 anos para os humanos o dominarem, enquanto a equipe do DeepMind de mais de 100 cientistas[4] criou um sistema distribuído que usou o aprendizado profundo para vencer o grão-mestre em apenas três anos.

O que é interessante na história homem versus máquina é como as emoções humanas entram predominantemente em cena. Sedol admitiu que sentiu-se envergonhado por sua "humanidade". Antes do jogo começar, ele era o campeão mundial, confiante de que venceria a máquina. Mesmo depois de perder o primeiro jogo, ainda acreditava que poderia se sair melhor do que seu adversário não-humano. Mesmo assim, à medida que o jogo continuava, Sedol teve dificuldades para saber o que a máquina estava fazendo; ele repensou sua estratégia e, portanto, ficou tenso e inseguro. Quando Sedol perdeu de quatro jogos a um, ficou emotivo. Tentou manter a compostura e desculpou-se por decepcionar as pessoas. Acabou aceitando a derrota pela máquina.

A próxima versão do DeepMind para essa tecnologia chama-se AlphaGo Zero, um supercomputador que aprendeu Go jogando sozinho milhões de vezes sem intervenção humana a não ser pelo fornecimento das regras. David Silver, principal pesquisador do AlphaGo, disse: "É mais poderoso do que abordagens anteriores porque, já que não usa dados humanos ou qualquer expertise humana, removemos as restrições do conhecimento humano e ele pode criar seu próprio conhecimento."[5] Com o AlphaGo Zero, agora os computadores estão ensinando os humanos a jogar Go.

Os avanços no aprendizado profundo estão ocorrendo rapidamente. Passaram-se apenas duas décadas desde que o computador DeepBlue venceu o campeão mundial de xadrez Garry Kasparov em uma partida e menos de oito meses desde que o Watson venceu os campeões no jogo Jeopardy. O rápido avanço — de máquinas aprendendo com humanos ao supercomputador do grupo DeepMind aprendendo por conta própria — ilustra a inacreditável evolução tecnológica, uma evolução que avançará ainda mais rápido quando pusermos fim ao "mito da inteligência".

O Mito da Inteligência

O economista Daniel Susskind, autor de *The Future of the Professions: How Technology Will Transform the Work of Human Experts*[6] [O Futuro das Profissões: Como a Tecnologia Vai Transformar o Trabalho de Humanos Especialistas, em tradução livre] acredita que temos que desafiar o "mito da inteligência", que é a "crença de que as máquinas têm que copiar como os humanos pensam e raciocinam".[7] Há pouco tempo, pensava-se que certas tarefas não rotineiras não podiam ser automatizadas e que os humanos continuariam executando-as. Mas tecnologias recentes mostram o contrário. Os carros não precisam de motoristas humanos, as máquinas diagnosticam com precisão alguns tipos de câncer e sugerem tratamento e, como o exemplo do jogo Go mostra, os computadores podem vencer humanos em desafios "de raciocínio" complexos.

Susskind disse que pôr fim ao mito da inteligência mostrará que nosso "conhecimento limitado da inteligência humana, de como pensamos e raciocinamos, é uma restrição menor do que já foi no passado".[8] Além disso, já que não entendemos totalmente a inteligência humana, não há razão para achar que sabemos o que as máquinas são capazes de fazer no futuro.

No entanto, pensar no que as máquinas podem fazer é uma tarefa assustadora para muitas pessoas. Afinal, pode ser assustador pensar que as máquinas se apropriarão das profissões e carreiras do futuro — que nossos professores, médicos e motoristas podem ser substituídos por máquinas. Mas não devemos ver as máquinas como uma ameaça. Quando a inteligência humana é aumentada com máquinas e tecnologia, temos o melhor dos dois mundos. Não precisa ser uma proposição "ou isso, ou aquilo".

O famoso campeão de xadrez Garry Kasparov, que perdeu para uma máquina em 1997, concorda. Desde sua conhecida partida, ele pensou bastante sobre a humanidade e as máquinas. Kasparov disse que "como sempre, o triunfo da máquina foi um triunfo humano — algo que tendemos a esquecer quando os humanos são superados por suas próprias criações".[9]

Em outras palavras, já que os humanos criaram as máquinas, devemos celebrar suas realizações. O mais importante, de acordo com Kasparov, "é como nós humanos nos sentimos vivendo e trabalhando com elas".[10]

As máquinas têm objetividade, fazem cálculos e aprendem, mas os humanos têm compreensão, finalidade e paixão. Os computadores não podem, ainda, mostrar compaixão, empatia ou emoções humanas profundas cruciais para a sobrevivência básica, a construção de relacionamentos e a criação de comunidades. Quando a inteligência humana e a das máquinas são combinadas, elas têm o poder de criar coisas incríveis.

Como Walton, Kasparov acredita que "precisaremos da ajuda de novas máquinas inteligentes para transformar nossos sonhos grandiosos em realidade". As máquinas e a tecnologia nos darão novas opções de como trabalhar e de como viver nossas vidas. E a aprendizagem continuará desempenhando um papel importante nesse futuro.

Carreiras que Ainda Não Foram Inventadas

Quando pensamos em trabalho, empregos e carreiras, é difícil prever para onde iremos. Um pouco mais de uma década atrás, os iPhones da Apple começavam a ser introduzidos; eles mudaram nossas vidas de maneiras que não podíamos imaginar. Hoje, a maioria das pessoas não consegue viver sem telefones móveis e computadores em seus bolsos. Paralelamente, o mercado de trabalho mudou muito. Empregos como os de engenheiro de carros autônomos e criador de conteúdo no YouTube não existiam há 10 anos, e, se você tem filhos com menos de cinco anos, provavelmente 65% deles terão empregos e carreiras que ainda não foram inventados.[11]

Logo, quando pensamos nas habilidades do futuro, é difícil prever do que as pessoas precisarão. Temos que pensar menos na visão tradicional de carreiras como cargos e descrições de funções e mais nas habilidades que as pessoas precisarão ter para resolver os problemas mundiais mais urgentes. É por isso que a aprendizagem e a construção contínua de habilidades são tão importantes e os funcionários precisam ser aprendizes ágeis para acompanhar e se preparar para o que é novo e para os avanços da tecnologia no mundo real. As habilidades são moeda de troca na era da expertise competitiva, e as empresas mais bem-sucedidas já estão pensando nisso e definindo estratégias — essas são as empresas que prosperarão em um futuro incerto.

Habilidades para o Futuro

Há certas habilidades e conhecimentos que serão valiosos no futuro, mesmo com o avanço da inteligência artificial e do aprendizado de máquina. Andrew Scott, professor na London School of Economics e coautor de *The 100-Year Life: Living and Working in an Age of Longevity* [A Vida de 100 Anos: Viver e Trabalhar em uma Era de Longevidade, em tradução livre] identifica três áreas-chave em que a educação e a aprendizagem poderão dar suporte às carreiras do futuro:

1. Suporte ao desenvolvimento de ideias e à criatividade.
2. Promoção de empatia e habilidades humanas.
3. Desenvolvimento de agilidade e flexibilidade mental.[12]

Scott também prevê que a tecnologia afetará muito o setor de educação. O ensino em sala de aula e os livros didáticos serão substituídos por versões digitais adaptáveis (isso já aconteceu em várias escolas) e a ênfase se voltará, então, para como os educadores e instrutores podem motivar, tornar apreciável e encorajar a aprendizagem.[13] A forma como aprendemos também mudará. O que fazemos com o conhecimento será mais importante do que o que sabemos (já que será mais fácil ganhar conhecimento com a tecnologia). A maestria e a comprovação de habilidades, e não os diplomas, serão a moeda do futuro.

Sal Khan, fundador da Khan Academy, concorda. Ele acredita que construir um portfólio que mostre o que podemos fazer será um diferencial-chave: "Será interessante ver a criação do portfólio de uma pessoa. 'Ei, por que você não cria algo assim, escreve isso, faz aquilo, gera um vídeo e então obterá feedback e poderá revisar'. É fácil perceber que se tivermos todos esses recursos nos próximos 10 anos, só haverá restrições de tempo e motivação."

Um dos objetivos da Khan Academy é alcançar pessoas motivadas no mundo todo e possibilitar que recebam uma educação que de outra forma não conseguiriam. Khan continua: "Temos pessoas na Khan Academy que são refugiadas, mas estão tão motivadas que literalmente concluem todo o ensino fundamental e médio em três anos e se tornam engenheiras." Em outras palavras, uma pessoa altamente motivada já pode ter educação e abrir oportunidades de carreira antes impossíveis de imaginar com as restrições financeiras e geográficas.

Khan também acredita que a plataforma da Khan Academy ajudará a motivar as pessoas, já que "quem quiser aprender algo poderá começar em qualquer nível, obter explicações, praticar, obter a mecânica de jogos — poderão aprender o que quiserem. Também terão como provar o que sabem para os outros e essa prova estará diretamente conectada às oportunidades. Isso é empolgante!"[14].

As Habilidades e a Economia Gig

Em *The 100-Year Life*, Scott diz que no futuro a tecnologia que conectará uma pessoa às empresas interessadas em contratar suas habilidades será mais global, barata e sofisticada. Essas plataformas de conexão já estão se disseminando, levando a um crescente comentário sobre a "economia gig" e a "economia do compartilhamento". Já é possível vender quase qualquer habilidade no mercado.[15]

Para ilustrar o que Scott disse, quando Kelly viaja a negócios, ela usa a Airbnb para suas acomodações, a Uber para se locomover na Europa, a Lyft no transporte nos Estados Unidos e a Rover.com como serviço de babá de cães. Convenientemente, a mesma pessoa da Rover.com trabalha como motorista da Lyft e, por ser autônoma, pode gerenciar o trabalho que executa, tem flexibilidade em sua agenda e decide quanto ganhará. É a economia gig em ação.

O número de trabalhadores da economia gig continua crescendo. Alguns participam dela em meio expediente, outros em tempo integral. Quando as pessoas começarem a pensar em divulgar e vender suas habilidades para projetos ou empregos de meio expediente no futuro, será ainda mais importante termos um conhecimento comum das habilidades que elas têm e uma maneira comum de pensar e falar nelas.

E Quanto aos Baby Boomers?

Embora estejamos muito focados em prever a tecnologia do futuro, comparativamente pouca atenção tem sido dada ao futuro dos humanos — principalmente no caso da geração baby boomer. Karie Willyerd, uma futurista da área do ambiente de trabalho, previu as tendências futuras do mundo da aprendizagem e do trabalho em seu livro *O Ambiente de Trabalho de 2020: Como as Empresas Inovadoras Atraem, Desenvolvem e Mantêm os Funcionários do Futuro nos Dias de Hoje* (Alta Books, 2013). É interessante olhar para trás e ver como as previsões se concretizaram. Ela menciona que há oito anos o mundo estava preocupado com a aposentadoria em massa dos baby boomers, mas com a combinação da grande recessão forçando as pessoas a continuar trabalhando e o fato de que, em geral, as carreiras são mais longas porque estamos vivendo mais, os baby boomers *não* estão deixando a força de trabalho. Eles não estão tão preparados financeiramente, logo, há mais baby boomers na força de trabalho e não estamos preparados ou nos adaptamos para isso.[16]

Além das pessoas precisarem trabalhar mais, elas também *querem* fazê-lo. Muitos profissionais que se aposentaram dizem que a única coisa de que se arrependem é de terem se aposentado cedo demais e que a aposentadoria é superestimada. Willyerd disse: "As pessoas querem dar uma contribuição significativa à sociedade, e, se não for pelo trabalho, será retribuindo de alguma outra forma. Elas podem mudar a maneira de trabalhar, mas pretendem fazê-lo por mais tempo."[17]

As pessoas passam por diferentes estágios na vida. Em um deles o funcionário pode estar "totalmente dedicado" à carreira. Em outros, pode ter afazeres diferentes a se dedicar. Por exemplo, Willyerd explica: "Se você tivesse pais idosos, ou nascessem gêmeos um ano depois do nascimento de seu outro filho, talvez precisasse avançar um pouco mais lentamente. Mas teria que interromper a ascensão na carreira se não pudesse avançar tão rápido quanto os outros? Você pode aprender e seguir em seu próprio ritmo."[18]

Encontrar objetivo na vida através do trabalho não é apenas para a força de trabalho mais jovem. Para seu livro *Stretch: How to Future-Proof Yourself for Tomorrow's Workplace*[19] [Expanda-se: Como se Proteger do Futuro para o Ambiente de Trabalho do Amanhã, em tradução livre], Willyerd entrevistou seis pessoas que tinham mais de 100 anos. Durante a conversa, elas só falavam no que iam fazer a seguir. "Isso é natural no ser humano saudável que pensa: 'Certo, o que mais preciso fazer?'"

Para outras pessoas, o sonho era manter o emprego que tinham. Willyerd disse: "Ninguém é dono de um emprego. Não há algo como o 'meu emprego' a não ser que você seja o empreendedor que fundou a empresa, porque os empregos pertencem às empresas."[20] Logo, a mensagem é: se você quer manter o emprego, precisa acompanhar suas mudanças.

Nigel Paine, autor de *The Learning Challenge* [O Desafio da Aprendizagem, em tradução livre], concorda que não temos dado ênfase suficiente à população ativa com mais de 50 anos. "O que temos agora é uma obsessão demasiada por pessoas com menos de 30 anos — e precisamos pensar nelas, nos preocupar com elas, construir para elas e assegurar que sejam incluídas. O que *não* estamos fazendo é assegurar que pessoas de 50 e 60 sejam incluídas com os cerca de 20 anos a mais de carreira. Ainda temos aquela ideia de que quando alguém chega aos 50 tornou-se obsoleto e não há o que fazer."

A mudança de mindset que precisa ocorrer nas empresas é substancial. Nossa sociedade, em geral, não valoriza trabalhadores mais velhos e Paine nos lembra que "estendemos o tempo de carreira, mas não ampliamos nossa mentalidade. Em outras palavras, esperamos que as pessoas trabalhem até os 70, mas as excluímos aos 50". O envelhecimento está mesmo ocorrendo e se tornará um problema maior nas próximas décadas. Precisamos valorizar essa população como membros participantes da força de trabalho. Eles querem e precisam trabalhar, e fornecem um nível de expertise que vem da experiência que não conseguimos de alguém que deixou a escola há apenas alguns anos.

Os funcionários nessa faixa etária também podem ser ótimos mentores e compartilhar com os outros o que sabem e podem fazer. Em vez disso, Paine diz: "As empresas estão desperdiçando muito potencial humano porque pedem às pessoas [mais velhas] para terem calma, não se preocuparem e apenas executarem seu trabalho." O que deveriam dizer é: "Temos um novo desafio; vamos desenvolver você, mudar sua carreira, procurar uma nova função e mantê-lo motivado e empolgado pelos próximos 10 a 15 anos."[21]

Lynda Gratton, coautora de *The 100-Year Life*, defende que "precisamos abandonar a ideia tradicional de uma vida predefinida em três estágios compostos por educação, carreira e aposentadoria. Temos que abraçar um curso de vida de múltiplas fases em que as pessoas continuem aprendendo por toda a sua existência, façam intervalos e entrem e saiam de cargos e carreiras".[22]

Unindo Forças para Lidar com a Lacuna de Habilidades

Nenhuma empresa, universidade, pessoa, grupo ou até mesmo geração pode resolver sozinho o problema da lacuna de habilidades. Também não podemos abordá-lo isoladamente já que as áreas são muito independentes para obter sucesso. Precisamos lidar com as habilidades, a aprendizagem e a educação onde todos esses elementos se encontram: na interseção de universidades, empresas e pessoas. Cada um tem um papel a desempenhar. Não se trata de uma solução que reformule esses sistemas; na verdade, ela surge da sua união de uma maneira mais deliberada.

Todas essas forças têm objetivos gerais semelhantes — resolver a lacuna de habilidades e ajudar a sociedade a se tornar mais educada, produtiva e bem-sucedida. Mas é difícil. A aprendizagem e a educação são multifacetadas, às vezes polarizadas, e complexas. Mesmo assim, há inúmeras ideias surgindo em relativo isolamento que podem mostrar o que os outros estão pensando e fazendo com relação à transformação da aprendizagem.

É possível, no entanto, fazermos algum progresso e pensar como essas três forças poderiam ficar mais alinhadas com o futuro para onde vamos. Achamos que há uma maneira das universidades fazerem sua parte, das empresas permanecerem competitivas e das pessoas aproveitarem a melhor chance de concretizar seus objetivos e sonhos profissionais unindo forças e adotando abordagens de aprendizagem novas e atuais. As seções a seguir são recomendações gerais do que podemos fazer como universidades, empresas e pessoas para nos prepararmos para as habilidades como moeda da era da expertise competitiva.

O que as Universidades Podem Fazer

As universidades são incrivelmente caras e a pergunta que os alunos e pais fazem é: "Vale a pena?" Elas estão preparando os alunos com as habilidades necessárias para serem bem-sucedidos na força de trabalho? As universidades não foram formadas para ajudar as pessoas a conseguir emprego. Foram criadas com o fim de educar para sermos cidadãos mais informados. No entanto, ao passarmos da época de Sócrates e Platão para a revolução industrial e agora para a era da expertise competitiva, as universidades, às vezes relutantemente, assumiram outro papel.

Estudos mostram que, nessa economia, pessoas formadas em universidades têm vantagens na força de trabalho. De acordo com o Economic Policy Institute, pessoas com ensino superior ganhavam em média 56% mais do que aquelas com apenas o ensino médio em 2015.[23] Trinta e três por cento dos norte-americanos são universitários e estão pagando centenas de milhares de dólares para conseguir um emprego melhor e gerar mais renda durante suas vidas. Já que os custos do ensino e paralelamente os débitos dos alunos aumentaram, estes estão pedindo às universidades mais do que apenas informações teóricas; querem informações práticas que os ajudem a conseguir um emprego e serem bem-sucedidos quando isso ocorrer.

Ainda não eliminamos a lacuna existente entre o que os alunos aprendem na universidade e o que eles precisam fazer na prática para ser bem-sucedidos no ambiente de trabalho. Mas há maneiras de aproximar mais o ensino superior das necessidades reais das empresas sem reformulá-lo ou descartá-lo totalmente, dando então aos alunos uma oportunidade melhor de ganharem as habilidades relevantes para o mercado de trabalho.

1. As universidades devem ficar em contato com os graduados

Normalmente as universidades enfocam a área e não a carreira. Os alunos formam-se em matemática ou ciência da computação, marketing ou relações públicas, e isso lhes dá uma base sólida para a carreira. Mas eles ainda precisam de desenvolvimento profissional. As universidades tendem a deixá-los de lado quando se formam e só entram em contato para a participação em grupos de ex-alunos ou para doações. Mas a educação não termina quando eles se formam. Na verdade, está apenas começando, porque a maioria pode ficar na força de trabalho de 50 a 60 anos.

O que ocorre com os graduados que querem aprender mais em suas carreiras? Jaime Casap, propagador de educação do Google, diz: "... as pessoas não voltam à universidade quando precisam de desenvolvimento profissional. Recorrem à empresa ou a outras soluções como a Degreed ou a Khan Academy. Se você passou quatro ou mais anos no ensino superior, e ele direcionou sua vida, deveria ser um lugar com o qual se sentisse conectado e de onde quisesse tirar mais proveito."

Casap conta a história de sua filha, Elaine. Há dois anos ela formou-se na universidade, que desde então não entrou mais em contato. Casap queria saber por que ela não recebeu um e-mail um ano depois perguntando: "Olá, Elaine. O que você está fazendo? Nossa, está trabalhando em produção de vídeo no *New York Times*. Examinamos seu histórico e há algumas atualizações para as habilidades que você aprendeu; temos um curso de atualização em habilidades de produção." Ou: "Notamos que você não fez jornalismo mas agora está na área; temos uma turma de jornalismo na qual poderia entrar. A propósito, há mais nove pessoas de sua universidade que vivem em Nova York e também estão interessadas em aulas de jornalismo. Por que vocês não se inscrevem em um programa juntos?"[24] Embora isso possa parecer uma grande mudança, ajudar as universidades a ficarem conectadas com os graduados no decorrer de suas carreiras beneficiaria os dois lados.

2. As universidades devem associar-se às empresas

Fora algumas exceções, muitas faculdades e universidades não fazem o bastante para ajudar os novos graduados a se prepararem para o mercado de trabalho e não adaptam os programas para os alunos conseguirem empregos para iniciantes após a graduação. Mesmo havendo mais de seis milhões de vagas abertas, os novos graduados estão lutando para pôr sua educação em ação. Quarenta por cento têm subempregos e não conseguem um trabalho que use o que aprenderam.[25] Seria uma grande oportunidade haver uma associação maior com as empresas para sabermos o que está ocorrendo na força de trabalho e que habilidades os alunos precisarão para ser bem-sucedidos e fechar a lacuna do que os empregadores esperam.

Mesmo quando os graduados conseguem emprego, não estão preparados para atender as expectativas. De acordo com uma pesquisa do PayScale, "mais de metade de todas as empresas (60%) disseram que novos graduados não têm habilidades de raciocínio crítico e não dão atenção aos detalhes (56%), 44% acharam sua proficiência em redação insatisfatória e 39% criticaram sua aptidão para falar em público".[26] Há uma grande oportunidade para as universidades se aproximarem mais das empresas e ajudarem a eliminar a lacuna existente entre o que elas esperam e o que os funcionários precisam para ser bem-sucedidos.

O programa de relações públicas da Universidade do Oregon é um bom exemplo de como as universidades podem associar-se às empresas para ajudar novos graduados a se prepararem para o mercado de trabalho. Os veteranos passam seu último ano trabalhando com empresas reais como clientes. Eles constroem um portfólio de seu trabalho e o apresentam para um painel não só de professores de RP, mas para profissionais da área. Quando terminam o ano, já se expuseram trabalhando em um projeto real, praticaram em uma situação de alta pressão e receberam feedback sobre o trabalho. Isso lhes dá parte da experiência necessária para prepará-los para o mundo real do trabalho.

3. As universidades devem usar tecnologia emergente

Algumas universidades estão fazendo um ótimo trabalho ao usar a tecnologia para ajudar seus alunos a aprenderem. Programas online para graduandos e graduados dão aos alunos as oportunidades de aprender em qualquer lugar e em seu próprio ritmo. Isso é particularmente benéfico para quem quer obter um diploma de mestre porque a aprendizagem online ou a combinação de aulas online e presenciais não obriga a pessoa a fazer um intervalo de dois anos na carreira para obter um MBA.

Os melhores programas de aprendizagem do ensino superior usam tecnologias como vídeo e ferramentas de colaboração para ajudar os participantes a aprenderem com professores e colegas. Nesses casos, os alunos aprendem novos assuntos, praticam habilidades, obtêm feedback e refletem sobre o que aprenderam (o modelo do Loop da Aprendizagem). Os programas menos eficazes fazem as pessoas assistirem conteúdo desinteressante online ou apenas colocam aulas online. Apesar de alguns lapsos na qualidade, a educação online está se tornando mais popular e pode acabar substituindo algumas instituições tradicionais.

Clayton Christensen, professor da Harvard Business School e autor de *O Dilema da Inovação*,[27] acredita que a educação online provocará uma disrupção no ensino superior. O ambiente para a disrupção é criado quando uma firma ou indústria excede no atendimento à sua base de clientes, dando espaço para a concorrência oferecer soluções apenas suficientes que geralmente são mais baratas, acessíveis e convenientes para outras camadas de clientes. As universidades costumam ir além das necessidades tanto dos empregadores quanto dos alunos e como resultado a educação corporativa apresenta uma oportunidade disruptiva.

Christensen também vê as credenciais da aprendizagem vitalícia desempenhando um papel importante no futuro da educação. Ele acredita que para algumas funções a educação de Harvard simplesmente não é necessária. É aí que entram as credenciais. "Estamos vendo esse fenômeno no ensino superior e a certificação em habilidades é um ótimo exemplo de como habilidades e credenciais modulares e prontas para uso têm o potencial de provocar a disrupção dos diplomas."[28]

O que as Empresas Podem Fazer

A maioria das empresas sabe que não é possível conseguir graduados prontos para acompanhar o ritmo quando entram na força de trabalho e que o dinheiro gasto em treinamento corporativo são com frequência desperdiçados em treinamentos desnecessários focados nas coisas erradas. No entanto, há três maneiras delas poderem qualificar a força de trabalho:

- As empresas estão na dianteira em termos de novas tecnologias, o que significa que podem avançar mais rápido do que as universidades para ajudar as pessoas a adquirirem novas habilidades.
- Os gerentes contratantes podem usar as habilidades como nova moeda de avaliação de candidatos para vagas de emprego em vez de se basearem apenas em seu histórico.
- Os gerentes podem trabalhar com os funcionários para assegurar que permaneçam motivados e engajados encorajando-os a crescer, aprender e transformar suas carreiras.

1. As empresas podem qualificar a força de trabalho rapidamente

As empresas sempre foram consumidoras de educação e aprendizagem. Elas precisam que as universidades treinem as pessoas que contratam e então esperam que os funcionários aprendam no trabalho com algum treinamento gerencial adicional. Mas, como a era da aceleração avança cada vez mais rápido, as universidades não conseguem se atualizar para ensinar as novas tecnologias e metodologias. Quando o desenvolvimento de software móvel tornou-se uma habilidade desejada, as empresas não puderam confiar nas universidades para ensinarem a tecnologia móvel mais recente e tiveram que construir talentos internamente.

No entanto, e se as empresas também fossem produtoras além de consumidoras de educação? Algumas já estão fazendo isso. Por exemplo, por décadas a General Electric, e não Harvard, ficou famosa por produzir os melhores líderes de seu segmento. Alguns dos melhores treinamentos empresariais vêm da firma de consultoria McKinsey, e não de Wharton. Se pensarmos em tecnologias como cibersegurança, criptomoeda, aprendizado profundo e inteligência artificial, as empresas que fazem uso delas podem ajudar as pessoas a construir habilidades em uma área específica e desenvolver talentos para o segmento e não apenas para si próprias.

2. Não contrate pelo histórico e sim pelas habilidades reais

Os gerentes contratantes têm um importante papel a desempenhar no futuro da aprendizagem e das habilidades. Eles são os articuladores. Se continuarem contratando com base em sinais diferentes das habilidades, como qual faculdade seus funcionários frequentaram (Stanford ou Harvard, por exemplo), seu CR (coeficiente de rendimento) ou o nome da empresa para a qual trabalharam (uma das gigantes da tecnologia), a lacuna de habilidades persistirá.

Os líderes precisam colocar as habilidades e o que a pessoa pode *fazer* acima do histórico. O fato de ela ter obtido um diploma em comunicações ou economia na Universidade Columbia 10 anos atrás não diz nada sobre suas habilidades atuais ou o que pode fazer. Os gerentes devem enfatizar a capacidade e o desejo da pessoa de aprender coisas novas continuamente — a agilidade na aprendizagem deve ser a primeira da lista de habilidades desejadas.

3. Após contratá-los, ajude seus funcionários a ficarem motivados

Seja com um graduado novo ou um profissional experiente, os gerentes precisam desafiar seus funcionários continuamente para que as empresas permaneçam competitivas. Isso significa saber que há um ciclo pelo qual os funcionários passam quando começam uma nova função ou tarefa.

De acordo com Whitney Johnson, autor de *Build an A-Team: Play to Their Strengths and Lead Them Up the Learning Curve*[29] [Construa uma Equipe de Primeira: Use Suas Forças e Guie-a para Cima da Curva de Aprendizagem, em tradução livre]: "Todos estamos em uma curva de aprendizagem, uma curva em S, em nossa função atual. Inicialmente você não tem experiência, depois se engaja e então conquista a maestria." As empresas podem ajudar os funcionários a permanecerem engajados e motivados sabendo em que ponto eles estão na curva.

Na extremidade baixa da curva, normalmente entre seis meses e um ano na função, as pessoas são mais inexperientes e inseguras no que estão fazendo. Johnson diz: "É bom que cerca de 15% de sua força de trabalho ou equipe esteja em um certo momento nessa extremidade baixa da curva, porque eles irão questionar tudo que estão vendo e geralmente isso leva a uma maneira melhor de fazer as coisas. É a curva da inexperiência."[30]

Após esse estágio vem a fase da curva referente ao engajamento, que dura de dois a três anos. É nela que as pessoas tornam-se mais competentes e confiantes. "É recomendável que cerca de 70% de sua equipe esteja nessa parte da curva em algum momento", diz Johnson. "Eles sabem que são capazes, porém com restrições, logo, seus neurônios estão ativos, mas ainda não há tédio. Você pode lidar com essas pessoas designando *stretch assignments*."

Durante a fase de maestria da curva, "o funcionário sabe o que está fazendo, as tarefas são fáceis. O cérebro não está mais apreciando os efeitos agradáveis da aprendizagem; as pessoas ficam entediadas".[31]

Para manter os funcionários motivados a aprender e crescer mais, a fase de maestria precisa ser um trampolim para a próxima curva. Como líderes e gerentes, queremos que eles ajam como iniciantes novamente e comecem a questionar e pensar como fazer as coisas de outra forma. Então passarão mais uma vez ao engajamento e o ciclo recomeçará.

A força de trabalho ideal é composta por 70% de pessoas no agradável ponto de engajamento, 15% na extremidade baixa da inexperiência e 15% na fase de maestria. Como empresa, se você estiver a ponto de sofrer disrupção, deve avaliar sua força de trabalho. Pessoas demais na extremidade alta da curva levam ao tédio e à complacência. Funcionários entediados e complacentes não inovam; sofrem disrupção.

O que as Pessoas Podem Fazer

Geralmente, as pessoas não são preparadas para o sucesso pelas universidades ou pelas empresas que as empregam. Elas precisam tomar as rédeas de sua própria educação e aprendizagem e se responsabilizar pelo sucesso na carreira e no trabalho. Como Willyerd diz: "Não há uma força mágica nos bastidores pensando em sua carreira — *tudo depende de você!*"[32]

A consumerização de conteúdo, junto à padronização de uma língua comum para as habilidades, leva a vários benefícios. As pessoas podem adquirir expertise continuamente, receber educação relevante e de qualidade por menos dinheiro e ganhar crédito pelo que aprendem, enquanto ganham habilidades para suas funções e futuras carreiras. Há quatro maneiras das pessoas assumirem o controle de sua própria aprendizagem:

1. Invista em sua própria aprendizagem para adquirir expertise.
2. Trate a aprendizagem como uma forma de exercício.
3. Procure mentores e exemplos na profissão.
4. Crie um perfil de aprendizagem.

1. Adquira expertise continuamente

Para as pessoas, a melhor estratégia é construir habilidades e expertise continuamente. Elas precisam assumir o controle do futuro de sua carreira e da aprendizagem. Em uma pesquisa de 2016,[33] a Manpower cita que 93% dos millennials querem gastar seu próprio dinheiro no treinamento adicional que não estão tendo nas universidades e empresas. Os líderes e gerentes têm que apoiá-los em sua mensagem de que assumirão sua própria aprendizagem e carreira, mas devem guiá-los durante o percurso.

2. Trate a aprendizagem como um exercício

Algumas pessoas adoram aprender, assim como outras gostam de se exercitar e ir à academia. Para obter resultados e aperfeiçoar-se, é preciso trabalho. Em alguns momentos é difícil e, em outros, desconfortável. É difícil aprender e crescer, mas quando entramos em uma rotina de aprendizagem, a melhoria mental dá prazer. Khan mencionou que de 30 a 40 anos atrás não era comum as pessoas irem à academia regularmente. Você iria à escola e praticava algum esporte lá, mas, ao sair, a maioria das pessoas não ia à academia nem de vez em quando. Então, nos anos 80, a mentalidade mudou e ir à academia tornou-se parte da rotina. Khan diz: "Acho que isso tem uma analogia direta com a aprendizagem."

Recursos tecnológicos como a Degreed e a Khan Academy poderiam ser sua academia de aprendizagem — uma maneira de exercitar o cérebro. Khan diz: "O mais importante é reservar um tempo, como você faria para a academia, e dizer: 'Dedicarei 30 minutos à aprendizagem todo dia.' Na verdade isso é muito mais fácil atualmente porque você pode aprender em seu smartphone, ou em qualquer dispositivo, e fazer as duas coisas ao mesmo tempo — oxigênio fluindo para o cérebro é ótimo para aprender."[34]

3. Encontre mentores e exemplos na profissão

Se você perguntar a pessoas bem-sucedidas o que teve maior impacto em suas carreiras, quase sempre ouvirá elas falarem de seus mentores e exemplos na profissão. Muitas empresas tentaram criar programas de mentoria sem sucesso. Johnson, coach executivo e autor de *Disrupt Yourself: Putting the Power of Disruptive Innovation to Work*[35] [Seja Disruptivo: Fazendo o Poder da Disrupção Inovadora Funcionar, em tradução livre], acredita que encontrar o mentor certo é um processo semelhante a namorar: tem que haver alguma química. "É em algum nível uma relação parecida com o namoro. Como mentor, acho que tem que haver algo na pessoa em que você queira investir tempo. Com frequência, ela é uma versão sua menos experiente, então, é divertido orientá-la. Também há o senso de busca, e queremos ajudar a próxima geração. A mentoria nos dá algo que é o legado que queremos deixar."

A tecnologia está facilitando superar algumas das limitações da mentoria tradicional. Por exemplo, em MasterClass.com [conteúdo em inglês] são oferecidos cursos do jogador de basquete Steph Curry e da atriz Helen Mirren. Johnson diz: "Matriculei-me no curso para atores da Helen Mirren, não porque quero ser ator, mas porque acho que me ajudaria a falar melhor em público. Ela é minha mentora? Bem, algo semelhante. Considero isso mentoria. Ouvir audiolivros, webinars — esses são tipos de mentoria. Claro que há o elemento pessoal, mas quase sempre acho essa abordagem bem singular."[36]

4. Crie um perfil de aprendizagem

Na era da expertise competitiva, as habilidades é que mandam. Somos trabalhadores do conhecimento, mesmo assim não sabemos o que aprendemos ano passado. Então, como falar de suas habilidades e mostrar o que vem aprendendo anualmente, mensalmente e diariamente? Como levar sua aprendizagem e habilidades com você ao percorrer sua jornada profissional?

A aprendizagem não é apenas um diploma universitário — tenha você um ou não. É o que você sabe e o que pode fazer. A Degreed permite criar um perfil de aprendizagem para a pesquisa, rastreamento e medição de toda a aprendizagem — formal e informal. Embora você possa incluir seus diplomas formais no perfil, também pode adicionar tudo que aprende diariamente, como o último artigo que leu, ou seu podcast ou livro favorito — toda a aprendizagem informal fica disponível. O perfil de aprendizagem da Degreed também rastreia as credenciais de aprendizagem de toda a carreira. Ele nos ajuda a ver as habilidades que temos, as que precisamos ter e as que estamos construindo. Você pode usar seu perfil de aprendizagem como uma visão personalizada para rastrear seus objetivos profissionais ou para conversar com seu gerente, colegas ou possíveis empregadores sobre as habilidades que tem e o que pode fazer.

Um perfil de aprendizagem não serve apenas para substituir o diploma universitário. Pelo contrário, ele ajuda a informar o que você aprendeu durante sua carreira. No futuro não vão querer saber como você se tornou um especialista, apenas que se tornou. Você construirá continuamente habilidades no decorrer de sua vida e vai querer uma boa maneira de poder falar sobre isso.

Os Aprendizes Herdarão o Mundo

A expertise competitiva é um futuro em que aprenderemos juntos durante toda a nossa vida, em que a aprendizagem nos permitirá permanecer competitivos em um mundo mudando em velocidades cada vez maiores. Nas palavras do filósofo americano Eric Hoffer: "Em tempos de mudança os aprendizes herdarão a Terra, enquanto os experientes estarão totalmente preparados para um mundo que não existe mais."

Todos nós temos sido afetados pela aprendizagem e a educação de algum modo. Bons professores, líderes e mentores ajudam a moldar nossa visão de mundo e nos apoiam ao longo de nossa jornada de aprendizagem. As empresas têm a oportunidade de desempenhar um papel importante nessa transformação em nossas vidas e em prover aprendizagem e educação em sua melhor forma — disponíveis para todos que quiserem e precisarem delas para serem bem-sucedidos. Além da educação levar ao sucesso econômico, ela ajuda a resolver os problemas mundiais mais urgentes. Com a expertise competitiva, temos a responsabilidade de ensinar e guiar uns aos outros para atingir o sucesso coletivo.

NOTAS FINAIS

Introdução

1. "Oracle Buys Sun", *Oracle*, 20 de abril de 2009, http://www.oracle.com/us/ corporate/press/018363
2. Molly Brown, "Zuckerberg's Not-So-Subtle Message to Facebook Employees: Don't End up Like Sun Microsystems", *GeekWire*, 8 de dezembro de 2014, https://www.geekwire.com/2014/zuckerbergs-not-subtle-message-facebook-employees-dont-end-like-sun-microsystems/
3. Scott D. Anthony, S. Patrick Viguerie, Evan I. Schwartz e John Van Landeghem, "2018 Corporate Longevity Forecast: Creative Destruction is Accelerating", *Innosight*, https://www.innosight.com/insight/creative-destruction/
4. Pablo Illanes, Susan Lund, Mona Mourshed, Scott Rutherford e Magnus Tyreman, "Retraining and Reskilling Workers in the Age of Automation", *McKinsey Global Institute*, janeiro de 2018, https://www.mckinsey.com/global-themes/future-of-organizations-and-work/retraining-and-reskilling-workers-in-the-age-of-automation
5. *Ibid.*
6. *Ibid.*
7. Jonathan Munk, "Universities Can't Solve Our Skills Gap Problem, Because They Caused It", *TechCrunch*, 8 de maio de 2016, https://techcrunch.com/2016/05/08/universities-cant-solve-our-skills-gap-problem-because-they-caused-it/
8. Quentin Hardy, "Gearing Up for the Cloud, AT&T Tells Its Workers: Adapt, or Else", *The New York Times*, 13 de fevereiro de 2016, Tech, https://www.nytimes.com/2016/02/14/technology/gearing-up-for-the-cloud-att-tells-its-workers-adapt-or-else.html

9. Tim Munden (Chief Learning Officer, Unilever), entrevistado por Kelly Palmer, março de 2018.

Capítulo 1

1. Bror Saxberg (vice-presidente de ciência da aprendizagem, Chan Zuckerberg Initiative — CZI), entrevistado por Kelly Palmer, novembro de 2017.
2. *Ibid.*
3. *Ibid.*
4. *Ibid.*
5. Artin Atabaki, Stacey Dietsch e Julia M. Sperling, "How to Separate Learning Myths from Reality", *McKinsey Quarterly*, julho de 2015, Organization, https://www.mckinsey.com/business-functions/organization/our-insights/how-to-separate-learning-myths-from-reality
6. Julia Sperling, "McKinsey on Neuroscience and Learning", *YouTube*, https://www.youtube.com/watch?v=vp60MMtJ_30&ab_channel=McKinseyLD (acessado em 14 de março de 2018).
7. "The Learning Brain. Your Brain Is You: Learning & Memory", *BioEd Online*, 9 de maio de 2013, https://www.youtube.com/watch?v=27ZsQ9PjSW0 (acessado em 14 de março de 2018).
8. Julia Sperling, "McKinsey on Neuroscience and Learning", *YouTube*, https://www.youtube.com/watch?v=vp60MMtJ_30&ab_channel=McKinseyLD (acessado em 14 de março de 2018).
9. *Ibid.*
10. Melanie Curtin, "Want to Strengthen Your Brain? Neuroscience Says to Start Reading This Immediately", Inc., https://www.inc.com/melanie-curtin/want-to-improve-brain-functioning-neuroscience-says-to-start-reading-this-immedi.html (acessado em 14 de março de 2018).
11. Todd Rose, *The End of Average: How We Succeed in a World that Values Sameness* (New York: HarperOne, 2016).
12. *Ibid.*
13. Maria Konnikova, "Does Thinking Fast Mean You're Thinking Smarter?", *Smithsonian Magazine*, abril de 2014, https://www.smithsonianmag.com/science-nature/does-thinking-fast-mean-youre-thinking-smarter-180950180/
14. "Motivation in Adult Education Theory", *Mighty Mustangs UTK*, http://mightymustangsutk.weebly.com/motivation-in-adult-education-theory.html (acessado em 14 de março de 2018).

15. D. H. Schrunk, *Motivation in Education: Theory, Research, and Applications* (New York: Pearson Education, Inc., 2014), p. 237.
16. Daniel H. Pink, *Drive: The Surprising Truth About What Motivates Us* (New York: Riverhead Books, 2011), p. 10.
17. *Ibid*, p. 10.
18. Kenneth W. Thomas, *Intrinsic Motivation at Work: What Really Drives Employee Engagement* (AudioGO, 2012), p. 47.
19. Natasha Bowman, "Do This, Not That: 10 Ways You Accidentally Contribute To Employee Disengagement", *Forbes Community Voice* (blog), Forbes.com, julho de 2017, https://www.forbes.com/sites/forbescoachescouncil/2017/07/13/do-this-not-that-10-ways-you-accidentally-contribute-to-employee-disengagement/#114d98132d9a
20. Bob Moritz, "The U.S. Chairman of PwC on Keeping Millennials Engaged", *Harvard Business Review*, novembro de 2014, https://hbr.org/2014/11/the-us-chairman-of-pwc-on-keeping-millennials-engaged
21. "2015 Workforce Purpose Index", *Imperative*, https://cdn.imperative.com/media/public/Purpose_Index_2015 (acessado em 14 de março de 2018).
22. Alison Alexander, "The Power of Purpose: How Organizations are Making Work More Meaningful", *Northwestern University School of Education and Social Policy*, dezembro de 2015, http://www.sesp.northwestern.edu/masters-learning-and-organizational-change/knowledge-lens/stories/2016/the-power-of-purpose-how-organizations-are-making-work-more-meaningful.html
23. Carol Dweck, "The Power of Believing that You Can Improve", *TEDx*, novembro de 2014, https://www.ted.com/talks/carol_dweck_the_power_of_believing_that_you_can_improve
24. Carol Dweck, *Mindset* (New York: Ballantine Books, 2007).
25. Carol Dweck, "The Right Mindset for Success", *Harvard Business Review*, Education, https://hbr.org/2012/01/the-right-mindset-for-success (acessado em 14 de março de 2018).
26. Carol Dweck, "The Power of Believing that You Can Improve", *TEDx*, novembro de 2014, https://www.ted.com/talks/carol_dweck_the_power_of_believing_that_you_can_improve
27. Dina Bass, "Satya Nadella Talks Microsoft at Middle Age", *Bloomberg Businessweek*, 4 de agosto de 2016, https://www.bloomberg.com/features/2016-satya-nadella-interview-issue/ (acessado em 14 de março de 2018).
28. *Ibid*.

29. *Ibid.*
30. Angela Lee Duckworth, "Grit: The Power of Passion and Perseverance", *TED Talks Education*, abril de 2013, https://www.ted.com/talks/angela_lee_duckworth_grit_the_power_of_passion_and_perseverance#t-78738
31. Aleszu Bajak, "Lectures Aren't Just Boring, They're Ineffective Too, Study Finds", *Science*, 12 de maio de 2014, http://www.sciencemag.org/news/2014/05/lectures-arent-just-boring-theyre-ineffective-too-study-finds
32. Audie Cornish e Sam Gringlas, "Vermont Medical School Says Goodbye To Lectures", *NPR*, 3 de agosto de 2017, https://www.npr.org/sections/health-shots/2017/08/03/541411275/vermont-medical-school-says-goodbye-to-lectures
33. "What is Reflective Practice?" *Skills You Need*, https://www.skillsyouneed.com/ps/reflective-practice.html (acessado em 14 de março de 2018).
34. Dorothy Leonard, "How to Build Expertise in a New Field", *Harvard Business Review*, 8 de abril de 2015, Developing Employees, https://hbr.org/2015/04/how-to-build-expertise-in-a-new-field#comment-section
35. *Ibid.*
36. Tracy Maylett, "6 Ways to Encourage Autonomy With Your Employees", *Entrepreneur*, 4 de março de 2016, Leadership, https://www.entrepreneur.com/article/254030
37. Guadalupe Gonzales, "How Elon Musk, Warren Buffett, and Other Bil- lionaires Learn New Things", *Inc.*, 20 de setembro de 2017, https://www.inc.com/video/how-brilliant-billionaires-learn-new-things.html?cid=readmorevideoimage
38. Drake Baer e Shana Lebowitz, "14 Books that Inspired Elon Musk", *Business Insider UK*, 21 de outubro de 2015, http://uk.businessinsider.com/elon-musk-favorite-books-2015-10
39. Richard Feloni, "20 Books Mark Zuckerberg Thinks Everyone Should Read", *Business Insider UK*, 22 de outubro de 2015, http://www.businessinsider.com/mark-zuckerberg-book-recommendations-2015-10/#why-nations-fail-by-daren-acemolu-and-james-robinson-1
40. Michael Simmons, "Bill Gates, Warren Buffett e Oprah Winfrey All Use the 5-Hour Rule", *Observer*, 8 de maio de 2016, http://observer.com/2016/08/bill-gates-warren-buffett-and-oprah-winfrey-all-use-the-5-hour-rule/
41. Kai Sato, "Why the 5 People Around You Are Crucial to Your Sucess", *Entrepreneur*, maio de 2014, https://www.entrepreneur.com/article/233444

Capítulo 2

1. Jennifer Reingold, "What the Heck Is Angela Ahrendts Doing at Apple?", *Fortune*, 10 de setembro de 2015, http://fortune.com/2015/09/10/angela-ahrendts-apple/
2. Ibid.
3. Ibid.
4. Ilan Brat, "Starbucks to Pay Full Cost of Online Degree for Employees", *The Wall Street Journal*, 6 de abril de 2015, Business, www.wsj.com/articles/starbucks-to-pay-full-cost-of-online-degree-for-employees-1428359401
5. William Arruda, "5 Great Companies That Get Corporate Culture Right", *Forbes*, 17 de agosto de 2017, Leadership, www.forbes.com/sites/williamarruda/2017/08/17/5-great-companies-that-get-corporate-culture-right/#4d5e82241582
6. Larry Alton, "How Millennials Are Reshaping What's Important in Corporate Culture", *Forbes*, 20 de junho de 2017, Under 30, www.forbes.com/sites/larryalton/2017/06/20/how-millennials-are-reshaping-whats-important-in-corporate-culture/#5e3062472dfb
7. Deloitte, "Cultural Issues in Mergers and Acquisitions", (PDF), https://www2.deloitte.com/content/dam/Deloitte/us/Documents/mergers-acqisitions/us-ma-consulting-cultural-issues-in-ma-010710.pdf (acessado em 14 de março de 2018).
8. Sarah Jacobs, Áine Cain e Jacquelyn Smith, "A Look Inside $23 Billion LinkedIn's New York Office, Where Employees Enjoy Perks Like Free Gourmet Meals and a Speakeasy Hidden in the Empire State Building", *Business Insider UK*, 4 de novembro de 2016, Tech, http://uk.businessinsider.com/a-look-inside-linkedins-empire-state-building-office-2016-10
9. Benjamin Snyder, "14% of Zappos' Staff Left After Being Offered Exit Pay", *Fortune*, 18 de maio de 2015, Retail, http://fortune.com/2015/05/08/zappos-quit-employees/
10. Reid Hoffman, *Masters of Scale*, podcast, 27 de junho de 2017, https://mastersofscale.com/
11. Richard Feloni, "LinkedIn Founder Reid Hoffman Shares the Management Epiphany that Took His Company to the Next Level", *Business Insider UK*, 2 de março de 2016, Strategy, http://uk.businessinsider.com/reid-hoffman-explains-why-corporate-culture-needs-to-be-codified-2016-3

12. Jodi Kantor e David Streitfeld, "Inside Amazon: Wrestling Big Ideas in a Bruising Workplace", *The New York Times*, 15 de agosto de 2015, Business Day, www.nytimes.com/2015/08/16/technology/inside-amazon-wrestling-big-ideas-in-a-bruising-workplace.html?mcubz=0
13. Davey Alba, "Ellen Pao Ends Her Lawsuit Against Kleiner Perkins", *Wired*, 10 de setembro de 2015, Business, www.wired.com/2015/09/ellen-pao-ends-lawsuit-kleiner-perkins/
14. T. C. Sottek, "Former Engineer Says Uber is a Nightmare of Sexism", *The Verge*, 19 de fevereiro de 2017, www.theverge.com/2017/2/19/14664474/uber-sexism-allegations
15. Ron Williams, "A Positive, High Performance Culture Can Reap the Biggest Rewards. Ignoring Culture Can Result in Disaster", *LinkedIn*, 5 de junho de 2017, www.linkedin.com/pulse/positive-high-performance-culture-can-reap-biggest-rewards-williams/
16. Josh Bersin, "Becoming Irresistible: A New Model for Employee Engagement", *Deloitte Review*, 6 de janeiro de 2015, https://dupress.deloitte.com/dup-us-en/deloitte-review/issue-16/employee-engagement-strategies.html
17. Melissa Llarena, "How Not to Lose Your New Employees in Their First 45 Days", *Forbes*, 19 de julho de 2013, https://www.forbes.com/sites/85broads/2013/07/19/how-not-to-lose-your-new-employees-in-their-first-45-days/#2aff06073be3
18. Bhaswati B., "Employee Onboarding at Facebook, Google and Apple", *Capabiliti*, 24 de fevereiro de 2016, https://blog.capabiliti.co/employee-onboarding-facebook-google-apple/
19. Daniel H. Pink, *Drive, The Surprising Truth about What Motivates Us* (London: Canongate, 2011).
20. *Ibid*, p. 90.
21. Charles Arthur, "Yahoo Chief Bans Working from Home", *The Guardian*, 25 de fevereiro de 2013, Technology, www.theguardian.com/technology/2013/feb/25/yahoo-chief-bans-working-home
22. Reid Hoffman, *The Alliance: Managing Talent in the Networked Age* (Boston: Harvard Business Review Press, 2014).
23. "Growithus: professional development within Pirelli", YouTube, 23 de novembro de 2016, https://www.youtube.com/watch?v=3fEnYtZad3k
24. Joanne Wells, "10 Ways to Build a Culture of Continuous Learning", *Association for Talent Development*, fevereiro de 2017, www.td.org/Publications/Magazines/TD/TD-Archive/2017/02/Webex-10-Ways-to-Build-a-Culture-of-Continuous-Learning

Capítulo 3

1. Victoria Hoffman, "The Current State of Corporate Personalized Learning", *eLearning Industry*, 30 de maio de 2017, https://elearningindustry.com/corporate-personalized-learning-current-state
2. *Ibid.*
3. Todd Rose (diretor do programa de graduação Mind, Brain, and Education em Harvard), entrevistado por Kelly Palmer, abril de 2017.
4. *Ibid.*
5. Dale J. Stephens, *Hacking Your Education* (New York: Penguin Random House, 2013).
6. Dale J. Stephens (fundador do movimento social UnCollege), entrevistado por Kelly Palmer, novembro de 2017.
7. Laurie Pickard, *Don't Pay for Your MBA: The Faster, Cheaper, Better Way to Get the Education You Need* (Amacom, 2017).
8. Tim Walker, "As More Schools Look to Personalized Learning, Teaching May Be About to Change", *NEA Today*, 9 de junho de 2017, http://neatoday.org/2017/06/09/personalized-learning/
9. Todd Rose (diretor do programa de graduação Mind, Brain, and Education em Harvard), entrevistado por Kelly Palmer, abril de 2017.
10. Timothy Scott, "Education Technology, Surveillance and America's Authoritarian Democracy", *Narrative Disruptions* (blog), https://narrativedisruptions.wordpress.com/education-technology-surveillance-and-americas-authoritarian-democracy/ (acessado em 14 de março de 2018).
11. Todd Rose (diretor do programa de graduação Mind, Brain, and Education em Harvard), entrevistado por Kelly Palmer, abril de 2017.
12. *Ibid.*
13. Rico Rodriguez (desenvolvedor de software), entrevistado por Kelly Palmer, outubro de 2017.
14. Todd Rose (diretor do programa de graduação Mind, Brain, and Education em Harvard), entrevistado por Kelly Palmer, abril de 2017.
15. Guy Kawasaki, "How to Rock Social Media", *Lynda.com*, 19 de setembro de 2015, https://www.lynda.com/Facebook-tutorials/How-Rock-Social-Media/373993-2.html
16. Brian Honigman, "Social Media Marketing Foundations", *Lynda.com*, 19 de junho de 2017, https://www.lynda.com/Marketing-tutorials/Marketing-Foundations-Social-Media/567790-2.html
17. https://brilliant.org

18. Todd Rose (diretor do programa de graduação Mind, Brain, and Education em Harvard), entrevistado por Kelly Palmer, abril de 2017.

Capítulo 4

1. "The Exponential Growth of Data", *Inside Big Data*, 16 de fevereiro de 2017, https://insidebigdata.com/2017/02/16/the-exponential-growth-of-data/
2. Research Report, "How the Workforce Learns in 2016", *Degreed*, https://get.degreed.com/how-the-workforce-learns-in-2016-report (acessado em 14 de março de 2018).
3. Apresentação de Tim Quinlan na Degreed LENS, São Francisco, setembro de 2016, https://degreed.com/videos/degreed-lens-sf--tim-quinlan?d=3547967&view=false
4. TheSecondCityWorks.com, http://secondcityworks.com/offerings/licensed-video/ (acessado em 14 de março de 2018).
5. John B. Horrigan, "Lifelong Learning and Technology", *Pew Research Center*, 22 de março de 2016, http://www.pewinternet.org/2016/03/22/lifelong-learning-and-technology/
6. Sal Khan (fundador da Khan Academy), entrevistado por Kelly Palmer, fevereiro de 2018.
7. Khan Academy Annual Report 2017, http://khanacademyannualreport.org/ (acessado em 14 de março de 2018).
8. Clive Thompson, "How Khan Academy Is Changing the Rules of Education", *Wired*, 15 de julho de 2011, https://www.wired.com/2011/07/ff_khan/
9. "Passion vs. Paycheck? Bank of America, Khan Academy Help New Grads Succeed in Life's Next Chapter", *Bank of America*, 7 de junho de 2017, http://newsroom.bankofamerica.com/press-releases/community-development/passion-vs-paycheck-bank-america-khan-academy-help-new-grads-su
10. *Ibid.*
11. Stanford Undergraduate Admissions, *Stanford.edu*, https://admission.stanford.edu/apply/selection/profile16.html (acessado em 14 de março de 2018).
12. Tamar Lewin, "Instruction for Masses Knocks Down Campus Walls", *The New York Times*, 4 de março de 2012, Education, http://www.nytimes.com/2012/03/05/education/moocs-large-courses-open-to-all-topple-campus-walls.html

13. Chen Zhenghao, Brandon Alcorn, Gayle Christensen, Nicholas Eriksson, Daphne Koller e Ezekiel J. Emanuel, "Who's Benefiting from MOOCs, and Why", *Harvard Business Review*, 22 de setembro de 2015, Education, https://hbr.org/2015/09/whos-benefiting-from-moocs-and-why
14. *Ibid.*
15. https://www.coursera.org/learn/gcp-big-data-ml-fundamentals
16. "Coursera Partners with AXA to Bring World-Class Learning into the Workplace", *Business Wire*, 18 de julho de 2017, http://www.businesswire.com/news/home/20170717006299/en/Coursera-Partners-AXA-Bring-World-Class-Learning-Workplace
17. "Coursera Launches Coursera for Business, an Enterprise Platform for Workforce Development at Scale", *Marketwired*, 31 de agosto de 2016, http://www.marketwired.com/press-release/coursera-launches-coursera-business-enterprise-platform-workforce-development-scale-2154565.htm
18. Monika Hamori, "Can MOOCs Solve Your Training Problem?", *Harvard Business Review*, janeiro-fevereiro de 2018, https://hbr.org/2018/01/can-moocs-solve-your-training-problem
19. Jenna Sargent, "Google and Pluralsight Partner on Developer Skills and Compuware and SonarSource's COBOL Code Coverage", *SD Times*, 4 de janeiro de 2018, https://sdtimes.com/cobol/sd-times-news-digest-google-pluralsight-partner-developer-skills-compuware-sonarsources-cobol-code-coverage/
20. Alex Khurgin, "How Microlearning Will Shape the Future of Work", *Association for Talent Development*, 30 de agosto de 2017, https://www.td.org/insights/how-microlearning-will-shape-the-future-of-work
21. https://www.grovo.com
22. Maksim Ovsyannikov (antigo vice-presidente de produto, Grovo), entrevistado por Kelly Palmer, fevereiro de 2018.
23. *Ibid.*
24. *Ibid.*
25. James Densmore (diretor de ciência de dados, Degreed), entrevistado por Kelly Palmer, julho de 2017.
26. Karie Willyerd (autora, *Stretch: How to Future-Proof Yourself for Tomorrow's Workplace*), entrevistada por Kelly Palmer, novembro de 2017.
27. *Ibid.*

Capítulo 5

1. Josh Bersin, "Watch Out, Corporate Learning: Here Comes Disruption", *Forbes*, 28 de março de 2017, www.forbes.com/sites/joshbersin/2017/03/28/watch-out-corporate-learning-here-comes-disruption/#5ebb9533dc59
2. Art Kohn, "Brain Science: The Forgetting Curve—The Dirty Secret of Corporate Training", *Learning Solutions Magazine*, 13 de março de 2014, www.learningsolutionsmag.com/articles/1379/brain-science-the-forgetting-curvethe-dirty-secret-of-corporate-training
3. Jacob Morgan, "The Top 10 Factors for On-the-Job Employee Happiness", *Forbes*, 15 de dezembro de 2014, www.forbes.com/sites/jacobmorgan/2014/12/15/the-top-10-factors-for-on-the-job-employee-happiness/#328f1c5c5afa
4. T. Cornelissen et al, "Peer Effects in the Workplace", *American Economic Review*, v. 107, n. 2 (2017): 425–56.
5. Albert Bandura, *Social Learning Theory* (New York: General Learning Press, 1977).
6. Jaime Casap (evangelista de educação, Google), entrevistado por Kelly Palmer, junho de 2017.
7. Jennifer Porter, "Why You Should Make Time for Self-Reflection (Even If You Hate Doing It)", *Harvard Business Review*, 21 de março de 2017, https://hbr.org/2017/03/why-you-should-make-time-for-self-reflection-even-if-you-hate-doing-it
8. Peter Drucker, *Drucker Institute*, 16 de fevereiro de 2011, https://www.drucker.institute/thedx/high-time-for-think-time/
9. Cadie Thompson, "The Top 10 Skills that Will Be in Demand by All Employers by 2020", *Business Insider UK*, 21 de janeiro de 2016, http://uk.businessinsider.com/wef-report-skills-workers-need-2016-1/
10. Fred Kofman, *Consciência nos negócios: como construir valor através de valores* (Elsevier, 2007).
11. *Ibid*.
12. Jaime Casap (evangelista de educação, Google), entrevistado por Kelly Palmer, junho de 2017.
13. Ruth Helyer, "Learning through Reflection: The Critical Role of Reflection in Work-Based Learning (WBL)", *Journal of Work-Applied Management*, v. 7, n. 1: 15–27. Online em www.emeraldinsight.com/doi/full/10.1108/JWAM-10-2015-003
14. Charles Duhigg, "What Google Learned From Its Quest to Build the Perfect Team", *The New York Times*, 25 de fevereiro de 2016, www.ny-

times.com/2016/02/28/magazine/what-google-learned-from-its-quest--to-build-the-perfect-team.html
15. *Ibid.*
16. Michael Grothaus, "The Six Google Tech Talks Every Developer Should Watch", *Fast Company*, 19 de agosto de 2013, www.fastcompany.com/3015964/the-six-google-tech-talks-every-developer-should-watch
17. "Leaders Teaching Leaders", *Adobe Life*, 9 de janeiro de 2013, http://blogs.adobe.com/adobelife/2013/01/09/leaders-teaching-leaders/
18. *Ibid.*
19. *Ibid.*
20. Shawn Achor, "The Benefits of Peer-to-Peer Praise at Work", *Harvard Business Review*, 19 de fevereiro de 2016, https://hbr.org/2016/02/the--benefits-of-peer-to-peer-praise-at-work
21. Paula Newton, "Jack Welch Online MBA", *Intelligent HQ*, 4 de fevereiro de 2015, www.intelligenthq.com/business-education/inside-the-online-jack-welch-mba/
22. Jeff Kauflin, "Jack Welch's Third Act: An Online MBA Program That's Thriving", *Forbes*, 22 de novembro de 2016, www.forbes.com/sites/jeffkauflin/2016/11/22/jack-welchs-third-act-an-online-mba-program--thats-thriving/2/#66b40d6f121c
23. Brigitte Cutshall, "altMBA Is Like a Tough Sailing Adventure", *The Blog, HuffPost*, 30 de julho de 2015, www.huffingtonpost.com/brigitte--cutshall/altmba-is-like-a-tough-sa_b_7904916.html
24. Joanne Heyman (fundadora e CEO da Heyman Partners e professora adjunta na Universidade Columbia), entrevistada por Kelly Palmer, julho de 2017.
25. *Ibid.*
26. Wouter de Bres (fundador da Bread & Pepper e da Gibbon), entrevistado por Kelly Palmer, agosto de 2017.
27. www.dribbble.com.
28. *Ibid.*
29. Jennifer Porter, "Why You Should Make Time for Self-Reflection (Even If You Hate Doing It)", *Harvard Business Review*, 21 de março de 2017, https://hbr.org/2017/03/why-you-should-make-time-for-self-reflection--even-if-you-hate-doing-it
30. Yael Bacharach, "How to Give Constructive Feedback", *Inc.*, www.inc.com/yael-bacharach/how-to-give-feedback-developmental-conversations.html (acessado em 14 de março de 2018).

31. Susan M. Heathfield, "Receive Feedback With Grace and Dignity", *The Balance*, 17 de outubro de 2016, www.thebalance.com/receive-feedback-with-grace-and-dignity-1916643

Capítulo 6

1. Bror Saxberg (vice-presidente de ciência da aprendizagem, Chan Zuckerberg Initiative — CZI), entrevistado por Kelly Palmer, novembro de 2017.
2. Nigel Paine (líder de pensamento na área de aprendizagem e autor, *The Learning Challenge*), entrevistado por Kelly Palmer, novembro de 2017.
3. Steve Jobs, "Computers Are Like Bicycles for Our Minds", *YouTube*, 1 de junho de 2006, https://www.youtube.com/watch?v=ob_GX50Za6c
4. Nigel Paine (líder de pensamento na área de aprendizagem e autor, *The Learning Challenge*), entrevistado por Kelly Palmer, novembro de 2017.
5. Anne Fulton (fundadora do Fuel50), entrevistada por Kelly Palmer, janeiro de 2018.
6. Global Disruptive HR Technologies Report, IQPC, 2017, https://www.fuel50.com/2018/01/hr-tech-global-report
7. Anne Fulton (fundadora do Fuel50), entrevistada por Kelly Palmer, janeiro de 2018.
8. https://www.taprootfoundation.org/
9. "2015 Workforce Purpose Index", *Imperative*, https://cdn.imperative.com/media/public/Purpose_Index_2015
10. Aaron Hurst, *The Purpose Economy: How Your Desire for Impact, Personal Growth and Community is Changing the World* (Boise: Elevate, 2014).
11. Aaron Hurst (fundador, Taproot Foundation e Imperative), entrevistado por Kelly Palmer, novembro de 2017.
12. "Purpose in Higher Education", *Imperative*, https://cdn.imperative.com/media/public/Purpose_in_Higher_Education.pdf
13. "2015 Workforce Purpose Index", *Imperative*, https://cdn.imperative.com/media/public/Purpose_Index_2015
14. Thomas L. Friedman, "How to Get a Job at Google", *The New York Times*, 22 de fevereiro de 2014, Sunday Review, https://www.nytimes.com/2014/02/23/opinion/sunday/friedman-how-to-get-a-job-at-google.html
15. Emily Foote (cofundadora da Practice), entrevistada por Kelly Palmer, 19 de dezembro de 2017.

16. *Ibid.*
17. Sam Herring (fundador do Intrepid Learning), entrevistado por Kelly Palmer, 15 de dezembro de 2017.
18. "Microsoft Transforms Global Salesforce With Revolutionary Corporate MOOC", (PDF), *Intrepid*, https://www.intrepidlearning.com/wp-content/uploads/2016/11/Intrepid-CaseStudy_MSFT_BusinessSchool.pdf
19. *Ibid.*
20. Sam Herring (fundador do Intrepid Learning), entrevistado por Kelly Palmer, 15 de dezembro de 2017.
21. Innovator's Guide to Learning Technology, *Degreed*, 2017.

Capítulo 7

1. Peter M. Senge, *A quinta disciplina: arte e prática da organização que aprende* (Editora Best-Seller, 2013), citado na capa do livro.
2. Susie Lee (chefe de soluções empresariais globais, Degreed), entrevistada por Kelly Palmer, fevereiro de 2018.
3. *Ibid.*
4. *Ibid.*
5. Louis Columbus, "LinkedIn's Fastest Growing Jobs Today Are in Data Science and Machine Learning", *Forbes*, 11 de dezembro de 2017, Tech, https://www.forbes.com/sites/louiscolumbus/2017/12/11/linkedins-fastest-growing-jobs-today-are-in-data-science-machine-learning/#1db7c54751bd
6. Deanna Mulligan, "We Have the Tools to Reskill for the Future. Where Is the Will to Use Them?", *Fórum Econômico Mundial*, 19 de janeiro de 2018, https://www.weforum.org/agenda/2018/01/tools-reskill-future-will-labour-disruption-automation/
7. *Ibid.*
8. Maksim Ovsyannikov (vice-presidente de produto na Degreed), entrevistado por Kelly Palmer, março de 2018.
9. "LinkedIn Workforce Report San Francisco Bay Area", 5 de janeiro de 2018, https://www.linkedin.com/jobs/blog/linkedin-workforce-report-january-2018-san-francisco-ca
10. Janice Burns (Chief Learning Officer, Mastercard), tirado de Estudo de impacto do cliente da Degreed, agosto de 2017.
11. Towards Maturity, 2018, https://towardsmaturity.org/

12. Webinar da Degreed com Tony Gagliardo, 15 de agosto de 2017, http://webcasts.td.org/webinar/2256
13. Shum Attygalle, "Measuring What Matters", *Axonify,* The Knowledge Blog (webinar), 23 de junho de 2017, https://axonify.com/blog/measuring-what-matters/
14. Kristi Hedges, "How to Tell a Good Story", *Forbes*, 11 de dezembro de 2013, https://www.forbes.com/sites/work-in-progress/2013/12/11/how-to-tell-a-good-story/

Capítulo 8

1. Thomas L. Friedman, *Obrigado pelo atraso: um guia otimista para vencer na era da velocidade,* edição Kindle (Editora Objetiva, 2017).
2. *Ibid*, p. 206.
3. Reid Wilson, "More Americans Have College Degrees than Ever Before", *The Hill*, 4 de março de 2017, http://thehill.com/homenews/state-watch/326995-census-more-americans-have-college-degrees-than-ever-before
4. Steven Forth, "Skill and Expertise Management 2018 — Preliminary Survey Results", TeamFit, 29 de janeiro de 2018, http://hq.teamfit.co/skill-and-expertise-management-2018-preliminary-survey-results/
5. http://www.skillsfuture.sg/AboutSkillsFuture
6. "Bill McDermott: Never Too Old — or Young — to Learn and Grow", *IESE Insight*, 20 de março de 2018, http://www.ieseinsight.com/fichaMaterial.aspx?pk=148438&idi=2&origen=1&ar=15&buscador=1&general=learn&_ga=2.120077962.323679558.1530119839-1104372969.1530119839
7. "Boeing announces details of $100 million employee education investment", *Boeing*, 4 de junho de 2018, http://boeing.mediaroom.com/2018-06-04-Boeing-announces-details-of-100-million-employee-education-investment
8. *Ibid*.
9. Steven Pearlstein, "Marlin Steel's smart matrix for job and wage growth", *The Washington Post*, 12 de dezembro de 2014, https://www.washingtonpost.com/business/marlin-steels-smart-matrix-for-job-and-wage-growth/2014/12/12/977cd030-8151-11e4-81fd-8c4814dfa9d7_story.html?noredirect=on&utm_term=.c2b8569e0b54
10. *Ibid*.

11. Mikel Blake (desenvolvedor web), entrevistado por Kelly Palmer, fevereiro de 2018.
12. http://www.mothercoders.org/
13. Sal Khan (fundador da Khan Academy), entrevistado por Kelly Palmer, fevereiro de 2018.
14. Jamie Merisotis, "Powerful, New Technology Isn't Just Displacing Workers. It's Uncovering Learning Pathways to Employment in New Fields", *Lumina Foundation*, 7 de dezembro de 2017, News & Views, https://www.luminafoundation.org/news-and-views/powerful-new-technology-isnt-just-displacing-workers-its-uncovering-learning-pathways-to-employment-in-new-fields

Conclusão

1. Alan Walton (cientista de dados, Degreed), entrevistado por Kelly Palmer, fevereiro de 2018.
2. Tom Simonite, "Google's New Service Translates Languages Almost as Well as Humans Can", *MIT Technology Review*, 27 de setembro de 2016, https://www.technologyreview.com/s/602480/googles-new-service-translates-languages-almost-as-well-as-humans-can/
3. "About Us", *Deep Instinct*, 2018, https://www.deepinstinct.com/who-we-are/#block1
4. Christopher Moyer, "How Google's AlphaGo Beat a Go World Champion", *The Atlantic*, 28 de março de 2016, Technology, https://www.theatlantic.com/technology/archive/2016/03/the-invisible-opponent/475611/
5. Ian Sample, "'It's Able to Create Knowledge Itself': Google Unveils AI that Learns on Its Own", *The Guardian*, 18 de outubro de 2017, Science, https://www.theguardian.com/science/2017/oct/18/its-able-to-create-knowledge-itself-google-unveils-ai-learns-all-on-its-own
6. Daniel Susskind, *The Future of the Professions: How Technology Will Transform the Work of Human Experts* (Oxford: Oxford University Press, 2015).
7. Daniel Susskind, "3 Myths About the Future of Work (and Why They're Not True)", filmado em dezembro de 2017 em Darmstadt, Alemanha, vídeo do TED, 15:48, https://www.ted.com/talks/daniel_susskind_3_myths_about_the_future_of_work_and_why_they_re_not_true#t-478070
8. *Ibid.*

9. Garry Kasparov, "Don't Fear Intelligent Machines. Work With Them", *Tiny TED*, https://en.tiny.ted.com/talks/garry_kasparov_don_t_fear_intelligent_machines_work_with_them
10. *Ibid.*
11. "Chapter 1: The Future of Jobs and Skills", Relatório O Futuro do Trabalho, *Fórum Econômico Mundial*, 2016, http://reports.weforum.org/future-of-jobs-2016/chapter-1-the-future-of-jobs-and-skills/
12. Lynda Gratton e Andrew Scott, *The 100-Year Life: Living and Working in an Age of Longevity* (London: Bloomsbury Information Ltd, 2016), p. 137.
13. Lynda Gratton e Andrew Scott, *The 100-Year Life*, p. 139.
14. Sal Khan (fundador da Khan Academy), entrevistado por Kelly Palmer, fevereiro de 2018.
15. Lynda Gratton e Andrew Scott, The *100-Year Life: Living and Working in an Age of Longevity* (London: Bloomsbury Information Ltd, 2016), 93.
16. Karie Willyerd (autora, *O ambiente de trabalho de 2020: como as empresas inovadoras atraem, desenvolvem e mantêm os funcionários do futuro nos dias de hoje,* Editora Alta Books, 2013), entrevistada por Kelly Palmer, novembro de 2017.
17. *Ibid.*
18. *Ibid.*
19. Karie Willyerd, *Stretch: How to Future-Proof Yourself for Tomorrow's Workplace* (New Jersey: John Wiley, 2016).
20. Karie Willyerd (autora, *O ambiente de trabalho de 2020: como as empresas inovadoras atraem, desenvolvem e mantêm os funcionários do futuro nos dias de hoje*), entrevistada por Kelly Palmer, novembro de 2017.
21. Nigel Paine (autor, *The Learning Challenge*), entrevistado por Kelly Palmer, novembro de 2017.
22. Delia Lloyd, "21st Century Skills for Older Workers", *The Oxford Institute of Population Ageing* (blog), Universidade de Oxford, 14 de março de 2018, https://www.ageing.ox.ac.uk/blog/skills-for-older-workers?platform=hootsuite
23. Christopher S. Rugaber, "Pay Gap Between College Grads and Everyone Else at a Record", *USA Today*, 12 de janeiro de 2017, https://www.usatoday.com/story/money/2017/01/12/pay-gap-between-college-grads-and-everyone-else-record/96493348/
24. Jaime Casap (evangelista de educação, Google), entrevistado por Kelly Palmer, junho de 2017.

25. Ryan Craig e Brian Weed, "Helping New Grads Launch in the Workforce — And Why It's Vital to Companies", *Forbes*, 19 de janeiro de 2018, Education, https://www.forbes.com/sites/ryancraig/2018/01/19/helping-new-grads-launch-in-the-workforce-and-why-its-vital-to-companies/#3f41fa1f2d8a
26. Lydia Dishman, "These Are the Biggest Skills that New Graduates Lack", *Fast Company*, 17 de maio de 2016, https://www.fastcompany.com/3059940/these-are-the-biggest-skills-that-new-graduates-lack
27. Clayton M. Christensen, *O dilema da inovação: quando as novas tecnologias levam as empresas ao fracasso* (MBOOK, 2011).
28. Clayton Christensen (professor, Harvard Business School, e autor, *O dilema da inovação* [MBOOK, 2011]), entrevistado por Kelly Palmer, fevereiro de 2018.
29. Whitney Johnson, *Build an A-Team: Play to Their Strengths and Lead Them Up the Learning Curve* (Boston: Harvard Business Review Press, 2018).
30. Whitney Johnson (autora, *Build an A-Team: Play to Their Strengths and Lead Them Up the Learning Curve*), entrevistada por Kelly Palmer, janeiro de 2018.
31. *Ibid.*
32. Karie Willyerd (autora, *O ambiente de trabalho de 2020: como as empresas inovadoras atraem, desenvolvem e mantêm os funcionários do futuro nos dias de hoje*, Editora Alta Books, 2013), entrevistada por Kelly Palmer, novembro de 2017.
33. "Millennial Careers: 2020 Vision", *Manpower Group*, https://www.manpowergroup.com/wps/wcm/connect/660ebf65-144c-489e-975c--9f838294c237/MillennialsPaper1_2020Vision_lo.pdf?MOD=AJPERES
34. Sal Khan (fundador da Khan Academy), entrevistado por Kelly Palmer, fevereiro de 2018.
35. Whitney Johnson, *Disrupt Yourself: Putting the Power of Disruptive Innovation to Work* (Abingdon: Routledge, 2015).
36. Whitney Johnson (autora, *Build an A-Team: Play to Their Strengths and Lead Them Up the Learning Curve*), entrevistada por Kelly Palmer, janeiro de 2018.

ÍNDICE

A

Airbnb, 34
ambiente de trabalho, 19
análise de dados, 140
  nível empresarial, 141, 144-145
  nível individual, 141, 147
  nível industrial, 140, 142-145
  nível organizacional, 141, 145-146
Apple, 23
aprendizado de máquina, xxii, 78
aprendizado profundo, 175-176
aprendizagem
  autodirigida, 137
  avançar na carreira através da, 113
  a verdade sobre a, 5
  ciência da, 2
  colaborativa em escala, 129
  como controlar sua própria, 191
  condutores da, 9
  corporativa, 137
    como negócio, 137-138
  credenciais de, 162
  crie um perfil de, 192
  dados fragmentados de, 149
  de mídia social, 65
  digital, 80
  empírica
    o valor da, 116
  entre pares, 101
    aprendendo junto, 103
    construindo um ambiente seguro, 97
    habilidades-chave, 105
    no LinkedIn, 94
    reconhecimento, 100
  habilidades como moeda de troca na, 143
  história da, 149-150
  lapsos na produtividade, 112
  modelo de análise de, 140
  neuromitos sobre a, 4
  novas tecnologias, 132
  o poder da, 24
  personalizada, 54-64
  tipos de culturas de, 32
  vitalícia, 187
  vulnerabilidade na, 19
autorreflexão do modelo de educação, 127
avaliação por treinamento, 172
Aviva, 24

B

baby boomers, 181
Bror Saxberg, 111
Burberry, 23

C

capacitando pessoas, 156
ciência da aprendizagem, 2
compliance, 2

treinamento de, 33
condutores da aprendizagem, 9
Coursera, 73
crie metas de carreira, 113
cultura
  colaborativa, 27
  de aprendizagem contínua, 43
  empresarial, 28, 132
    princípios orientadores de uma, 30
  voltada ao propósito, 118
curva
  da inexperiência, 190
  de aprendizagem, 189
  do engajamento, 190

D

diplomas e credenciais, 162
disrupção no ensino superior, 187

E

eBay, 58
ecossistema de aprendizagem, 139
e-learning assíncrono, 128
empresa
  ajude motivando funcionários, 189
  como um mercado de trabalho, 160
  comprometimento da, 43
  contrate pelas habilidades reais, 189
  produtoras de educação, 188
  qualificar a força de trabalho, 188
ensino de Okamoto, 124–126
estratégia
  baseada em habilidades, 153
  pessoal
    adquira conhecimento continuamente, 191
    aprendizagem como um exercício, 191
    crie um perfil de aprendizagem, 192
    encontre mentores, 192

F

Facebook, xv
feedback, 18, 93, 97, 107
  construtivo, 93
força de trabalho ideal, 190
Fuel50, 113–115
  metas do, 114
funcionários
  comportamento dos, 139
  conectando a oportunidades, 114
  desempenho dos, 14
  empresas têm que se adaptar aos, 132
  motivando, 189
  orientados ao propósito, 119
  relações de mentoria, 115
  trajetória de carreiras, 115

G

geração Z, 118
gigs, 114–115
Go, jogo, 176

H

habilidades
  como moeda de troca, 161
  constroem capacidade e inteligência coletiva, 163
  estratégia baseada em, 153
  inventário de, 172
  lacuna de, 183
  medindo, 165

para uma nação, 153
quociente de, 166, 171
relevantes para uma empresa, construindo, 153
substitutos de
  credibilidade da universidade, 159
  experiência contida no currículo, 159
  habilidades de entrevista, 160
  referências, 160
  títulos dos cargos, 159
  vestibular/ENEM, 160

I
IA, xxii
impulsionadores de propósito, 118
inovar, 134

J
Java, xv

L
liderança
  habilidade-chave, 150
líderes de aprendizagem de sucesso, 137
LinkedIn, 29
lista de promoção, 171
LMS (Sistema de Gestão de Aprendizagem), 129
loop da aprendizagem, 17
  ensino de Okamoto, 125–127

M
marketing de mídia social, 57
Mastercard, 77, 115, 137
MBA, 101
mentalidade de escassez, 116

mentoria, 192
mercado de trabalho, 160
microaprendizagem, 75
millennials, 9
mito da inteligência, 177
MOOC, 128–130
motivação, 7
motivadores externos, 9
mudança de mindset, 182

N
Netflix, 30, 78

O
Okamoto
  modelo de ensino, 124
Oracle, xv

P
Pirelli, 44
Practice, 125–134
  como funciona, 126
  praticar a autorreflexão, 127
  treinamento gerencial, 126
práticas de contratação, 158
programa
  de diplomação, 173
  de mentoria, 171

Q
QI, 14

R
recrutamento interno, 170
relação empregador/empregado, 41
requalificação, 171
retorno sobre o investimento (ROI), 135

S

sala de aula invertida, 70
sistema de gestão de aprendizagem (LMS), 129
Spotify, 78
stretch assignments, 114–115
Sun, xv

T

tecnologia
  como ser bem-sucedido, 133–134
  de mentoria, 133
TED, 69
trabalho
  propósito, 119
treinamento de compliance, 33

U

Uber, 31
Udacity, 73
Unilever, xix
universidades, 184
  associar-se às empresas, 186
  contato com os graduados, 185
  uso de tecnologia emergente, 186

V

vantagens competitivas
  aprendizagem e mentalidade como, 12
Visa, xix

Y

Yahoo!, 39
YouTube, 69

Z

Zappos, 30